U0634183

权威·前沿·原创

皮书系列为
"十二五""十三五"国家重点图书出版规划项目

中国社会科学院创新工程学术出版项目

广东省高校人文社科重点基地广州大学广州发展研究院、广州市首批新型智库建设试点单位、广东省高校"广州城市综合发展决策咨询创新团队"研究成果

广州蓝皮书
BLUE BOOK OF
GUANGZHOU

丛书主持／涂成林

2019 年
中国广州社会形势分析与预测

ANALYSIS AND FORECAST ON SOCIAL SITUATION OF
GUANGZHOU IN CHINA (2019)

主 编／张 强 何镜清
副主编／涂成林 桑晓龙 王福军

社会科学文献出版社
SOCIAL SCIENCES ACADEMIC PRESS (CHINA)

图书在版编目（CIP）数据

2019 年中国广州社会形势分析与预测/张强，何镜
清主编 . —北京：社会科学文献出版社，2019.9
（广州蓝皮书）
ISBN 978 - 7 - 5201 - 5379 - 9

Ⅰ. ①2… Ⅱ. ①张… ②何… Ⅲ. ①社会调查 - 研究
报告 - 广州 - 2019 Ⅳ. ①D668

中国版本图书馆 CIP 数据核字（2019）第 180344 号

广州蓝皮书

2019 年中国广州社会形势分析与预测

主 编/张 强 何镜清
副 主 编/涂成林 桑晓龙 王福军

出 版 人/谢寿光
组稿编辑/任文武
责任编辑/高 启

出 版/社会科学文献出版社·城市和绿色发展分社（010）59367143
地址：北京市北三环中路甲 29 号院华龙大厦 邮编：100029
网址：www. ssap. com. cn
发 行/市场营销中心（010）59367081 59367083
印 装/天津千鹤文化传播有限公司

规 格/开 本：787mm × 1092mm 1/16
印 张：25 字 数：374 千字
版 次/2019 年 9 月第 1 版 2019 年 9 月第 1 次印刷
书 号/ISBN 978 - 7 - 5201 - 5379 - 9
定 价/128.00 元

本书如有印装质量问题，请与读者服务中心（010 - 59367028）联系

▲ 版权所有 翻印必究

广州蓝皮书系列编辑委员会

丛书执行编委 （以姓氏笔画为序）

丁旭光	王宏伟	王桂林	王福军	邓佑满
邓建富	冯　俊	刘保春	刘　梅	刘瑜梅
孙延明	孙　玥	李文新	吴开俊	何镜清
沈　奎	张其学	张跃国	张　强	陈浩钿
陈　爽	陈雄桥	屈哨兵	贺　忠	顾涧清
涂成林	徐　柳	陶镇广	桑晓龙	彭诗升
彭高峰	曾进泽	蓝小环	赖天生	赖志鸿
谭苑芳	樊　群	魏明海		

《2019年中国广州社会形势分析与预测》
编 辑 部

主　　　编	张　强　何镜清
副　主　编	涂成林　桑晓龙　王福军
本 书 编 委	（以姓氏笔划为序）

丁艳华	王　朋	王清明	邓尧伟	田　文
冯星树	刘　妍	刘　峰	孙晓莉	李　锐
李克伟	李盛祥	何莉丽	何晓晴	陆财深
陈　敏	陈少华	陈玉元	陈忠文	陈穗雄
林　娟	林海英	林清才	欧洁华	周后鲜
周林生	胡　浩	钟丽英	聂衍刚	郭炳发
涂敏霞	黄远飞	彭小刚	温凌飞	谢大均
谢志斌	谢俊贵	蔡兴勇	潘应强	

编 辑 部 成 员	周　雨　曾恒皋　粟华英　梁华秀　戴荔珠			
	卢护峰　魏高强　黄　娟　张　辛　范银芝			

主要编撰者简介

张　强　现任广州大学副校级领导，经济学硕士，副教授。1982年起任共青团石家庄市委办公室主任、宣传部长，1990年起任原广州大学办公室副主任、维修工程技术学部党支部书记、党委宣传部部长，2001年起任合并后的广州大学党委宣传部部长、组织部部长，2005年起任广州医学院党委副书记、纪委书记，2012年11月至今任广州大学党委副书记、纪委书记。第十一届广州市政协委员。兼任广州市社科联副主席、广州城市民族关系研究中心主任、教育部内地高校少数民族学生教育管理服务重点研究基地主任、广东省少数民族学生教育管理服务研究和指导中心主任。曾获得"广州市优秀党务工作者"称号。

何镜清　现任广州市民政局局长、党委书记。管理学博士。1991年10月至2006年9月在广州医学院工作，任第一附属医院团委书记，医学院团委书记、组织部副处级组织员兼校办公室主任，第二附属医院党委副书记兼纪委书记，医学院学生处处长、学工部部长；2006年9月任中共从化市委常委，2006年11月任中共从化市委常委、组织部部长、市编办主任、市委党校校长，2011年9月任从化市委副书记；2013年3月任广州市城管委党委副书记，2015年1月任广州市城管委副主任、党委副书记；2015年9月任广州市民政局局长、党委书记，兼任市政法委委员。

涂成林　现任广州大学二级研究员，博士生导师，广州市政协委员，广东省区域发展蓝皮书研究会会长，广州市政府第三、第四届决策咨询专家。获国务院特殊津贴专家、国家"万人计划"领军人才、中宣部"文化名家暨四个一批"领军人才、广东省"特支计划"哲学社会科学领军人才、广州市杰出专家等称号。1985 年起，先后在湖南省委理论研究室、广州市社会科学院、广州大学工作。目前主要从事城市综合发展、文化科技政策、国家文化安全及马克思主义哲学等方面研究。在《中国社会科学》《哲学研究》《中国社会科学内部文稿》《教育研究》等刊物发表论文 100 余篇，专著有《现象学的使命》《国家软实力和文化安全研究》等十余部，主持和承担国家社会科学基金重大项目、一般项目、省市社会科学规划项目、省市政府委托项目 60 余项。获得国家教育部及省、市哲学社会科学奖项和人才奖项 20 余项，获得多项"皮书奖"和"皮书报告奖"，2017 年获"皮书专业化 20 年致敬人物"。

桑晓龙 现任广州市社会工作委员会专职副主任、广州市政法委专职委员。1980 年 7 月参加工作，1985 年 6 月加入中国共产党，中共广东省委党校在职研究生学历。历任广州市公安局黄埔区分局党委副书记、政委；广州市公安局政治部教育培训处处长、政治部党总支副书记、副主任等职务。

王福军 现任广州市民政局党委委员、广州市社会组织管理局局长。经济学硕士。1992 年 9 月至 1999 年 7 月，在中山大学岭南（大学）学院国际商务系学习。1999 年 7 月，在广州市国土资源和房屋管理局办公室工作；2002 年 11 月，在广州市民政局办公室工作；2004 年 8 月，任广州市市政园林局团委副书记；2006 年 8 月，任共青团广州市委青工青农部副部长、组织部副部长、部长；2008 年 10 月，任广州市民政局社会事务处处长、办公室主任、宣传和政策法规处处长；2014 年 4 月至今，任广州市民政局党委委员、广州市社会组织管理局局长，中共广州市社会组织委员会党委书记。

摘　要

《2019年中国广州社会形势分析与预测》由广州大学、广东省区域发展蓝皮书研究会与广州市委宣传部、广州市人力资源和社会保障局、广州市民政局、广州市社会组织管理局联合编撰。本书由总报告、社会治理篇、民生保障篇、教育发展篇、法治建设篇、社会调查篇、专题研究篇七个部分组成。汇集了广州科研团队高等院校和政府部门诸多社会问题研究专家、学者和相关部门工作者的最新研究成果，是关于广州社会运行情况和相关专题分析与预测的重要参考资料。

2018年，广州坚持稳中求进的工作总基调，继续大力贯彻新发展理念，以普惠性、保基本、均等化、可持续为方向，统筹推进稳增长、促改革、调结构、惠民生、防风险工作，加大基本公共服务投入力度，建立基本公共服务清单，健全基本公共服务制度，提高基本公共服务合格率，人民群众基本生存发展需求得到有效保障，居民福祉稳中有升。在医疗、教育、养老等公共服务供给上持续加大力度，不断优化与升级，在民生建设、社会治理等重要社会建设与发展领域，稳中创新，稳中趋好，好中趋优，形成了良好的发展态势。

与此同时，广州超强的人口吸引力，促使每年人口流入量持续保持高位，常住人口数量急剧增加，为广州保持合理的公共服务供给增长带来一定的压力，这些压力在教育、养老、医疗服务上表现得尤为突出。仍然存在基层治理能力薄弱，基本公共服务供给总量不足，教育、养老等服务体系滞后，高层次高素质人才引进与服务机制有待进一步完善等问题。

展望2019年，广州将坚持把人民利益放在首位、以人民为中心的发展

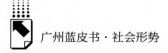

思想，以保障和改善民生为重点，不断补齐民生领域的短板，尤其是将优质教育、医疗事业、住房保障作为主攻方向，加快优质公共资源配置向基层下沉的速度，公共资源均等化和优质化程度进一步提升，做到基本公共服务的提供与经济社会发展以及财政收入增长保持同步，确保改革发展成果持续为人民群众所共享。此外，在实施粤港澳大湾区战略的背景下，2019 年广州市将探索共建粤港澳大湾区优质生活圈。

关键词： 广州　社会发展　公共服务　民生保障

目 录

Ⅲ 民生保障篇

Ⅳ 教育发展篇

Ⅴ 法治建设篇

Ⅵ　社会调查篇

Ⅶ　专题研究篇

皮书数据库阅读 **使用指南**

总　报　告

General Report

B.1

2018年广州社会发展形势分析
与2019年展望*

广州大学广州发展研究院课题组**

摘　要：　2018年广州坚持稳中求进工作总基调，继续大力贯彻新发展
理念，以保障和改善民生为重点，全力推进社会保障体系建
设，城乡社会保障水平稳步提升，养老、医疗、教育等公共
服务资源均等化、优质化进一步提升，中心城区优质化公共
服务资源向周边城区下沉速度加快，经济发展稳中趋优，宜居

*　本研究报告系广州市首批新型智库建设试点单位、广东省高校创新团队项目"广州城市综合
发展决策咨询团队"的研究成果。

**　课题组组长：谭苑芳，广州大学广州发展研究院副院长，教授，硕士生导师；课题组成员：
周利敏，博士，广州大学公共管理学院教授、硕士生导师；姬磊磊，广州大学公共管理学院
研究生；曾恒皋，广州大学广州发展研究院所长、副研究员；彭晓刚，广州大学广州发展研
究院特聘研究员；周雨，博士，广州大学广州发展研究院助理研究员；范银芝，广州大学广
州发展研究院科研助理。执笔：周利敏、姬磊磊。

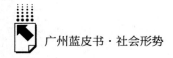

宜业平安广州建设获得市民肯定，居民获得感、安全感、治安满意度持续提升。展望 2019 年，广州市的社会建设与发展的趋势是：养老、医疗、教育等公共服务资源配置均衡化、优质化持续提升；社会保障安全网和公共服务体系继续完善；各类社区社会组织大量涌现，现有的社会组织发展进一步规范化；共建共享共治的社会治理格局构建工作将迈上新台阶。

关键词： 民生建设　社会治理　经济发展　社会组织　广州

一　2018年广州社会发展总体形势分析

2018 年，广州市坚持稳中求进工作总基调，继续大力贯彻新发展理念，统筹推进稳增长、促改革、调结构、惠民生、防风险工作，全市经济社会发展稳中创新，稳中向好，居民福祉稳中有升。

在经济发展上，2018 年全市经济质量效益稳步提升，全市地区生产总值达 22859.35 亿元，按可比价格计算，比上年增长 6.2%，居全国城市年度 GDP 排名第四位；地方一般公共预算收入 1632.3 亿元，同比增长 6.5%；人民生活水平不断提高，城乡居民人均可支配收入同比分别增长 8% 和 10%，全市城市居民消费价格（CPI）同比上涨 2.4%，涨幅低于上年 0.1 个百分点；城镇常住居民和农村常住居民人均可支配收入分别为 59982 元和 26020 元，同比分别增长 8.3% 和 10.8%，增速高于同期地区生产总值。[①]

在社会发展领域，2018 年广州市始终将人民利益放在首位，坚持以人民为中心的发展思想，以保障和改善民生为重点，不断加大民生领域投入力度，完成了 10 件民生实事，全力推进普惠共享型社会保障体系建设，在构

---

① 根据广州市统计局的数据和《2019 年广州市政府工作报告》整理而得。

建"幼有所育、学有所教、劳有所得、病有所医、老有所养、住有所居、弱有所扶"的社会保障体系方面取得了新的成果。2018年，广州市不断推进教育、医疗、文化等基本公共服务均等化和优质化进程，加大保障房建设力度，持续扩大租赁住房面积，加快构建购租并举住房体系，不断完善和加强就业创业政策和资金支持，加快推进城市"微改造"，大力贯彻绿色发展理念，全面整治城乡环境，不断加强和创新社会建设与社会治理机制，加强城市精细化管理，提升社会治理的法制化，全面提高服务型和法治型政府的水平和效能，宜居宜业平安广州建设稳步推进。

（一）推动实行民生财政，促进公共服务均等化、优质化

2018年，广州市坚持将补齐民生短板作为主攻方向，共计投入443.9亿元保障和改善民生事业，较上年实际投入数增长了13.4%。投入10件民生实事资金共158.5亿元，同比增长190.45%。在发展学前教育、中小学教育、高等教育事业上共计投入154.4亿元，同比增长15.5%。在完善医疗、养老、社会救济、就业等社会保障和就业体系上共计投入123.3亿元，同比增长4.14%。[①] 进一步织密织牢了民生保障网，健全了多层次社会保障体系，市民获得感和幸福感不断提升，《中国经济生活大调查（2018~2019年）》显示广州市美好生活指数高于全国平均美好生活指数，在全国城市排名中居第四位，市民的幸福感、获得感和安全感均高于全国平均水平。[②]

1. 推行集团化、学区化办学，学前教育、义务教育进一步走向均衡化和普惠化

2018年，通过实施学前教育和中小学校三年提升计划，进一步推进教育资源均衡化布局和优质化发展，加大推进基础教育高层次人才内培外引力度，继

---

① 《广州市第十五届人民代表大会预算委员会关于广州市2018年预算执行情况和2019年预算草案的审查结果报告》，广州人大网站，http://www.rd.gz.cn/rdhy/cwhhy/bg/content/post_83896.html，2019年1月19日。

② 申卉、张姝泓：《请查收！这份大数据里藏着广州人的幸福密码》，《广州日报》2019年3月9日。

续巩固广东省推进教育现代化先进市水平，稳步推进"普及惠民"教育路线。2018 年，财政投入 8.3 亿元学前教育补助资金，新增学前教育学位 3.89 万个；全年全市共有幼儿园 1846 所，同比增长 3.8%。其中民办幼儿园 1289 所，占比为 69.8%，比 2017 年增加 44 所；公办幼儿园 557 所，占比为 30.17%，比 2017 年增加 27 所。其中普惠性幼儿园（557 所公办幼儿园和 875 所普惠性民办幼儿园）1432 所，比 2017 年增加 132 所，同比增长 10.15%，普惠率达到了 77% 左右。[①] 投入 6.8 亿元完成中小学校基础设施三年提升计划，新增中小学学位 13.79 万个，新增 10 所市示范性高中和 3 个市属教育集团，成为国家级教育综合改革实验区；投入 6 亿元用于城乡免费义务教育补助和随迁子女学位补贴。与此同时，大力推动"租购同权"政策落地，进一步推动来穗人员随迁子女接受义务教育工作，新增来穗人员随迁子女中小学学位 2.87 万个[②]，继续推动中心城区将优质教育资源向外围城区和农村地区覆盖，进一步推进和拓宽了学前教育、义务教育优质化、均衡化和普惠化发展。

2. 全面深化医药卫生体制改革，进一步完善基层医疗服务体系

2018 年，广州市共计投入 104.9 亿元发展医疗卫生和计划生育事业，加快推进分级诊疗制度，探索建立紧密型医疗联合体，提升高品质家庭医生服务工作，全面取消了公立医院医用耗材加成，按病种分值付费进入全面实施阶段，新增医疗服务项目 677 项，基层医疗卫生改革成效显著，分级诊疗态势逐步显现，基层门诊量占医疗机构诊疗总量的 33.49%，比上年提高 1.59 个百分点[③]，有力地促进了医疗资源向基层优质化和均等化方向发展。2018 年，对城乡居民社会医疗保险进行大幅度调整，住院政策范围内报销比例达到 70% 左右，比 2017 年提高近 10 个百分点；自 2017 年开展按病种

---

① 广州市教育局：《2018 年广州市教育统计手册》，2018 年 9 月。

② 《广州市第十五届人民代表大会预算委员会关于广州市 2018 年预算执行情况和 2019 年预算草案的审查结果报告》，广州人大网站，http：//www.rd.gz.cn/rdhy/cwhhy/bg/content/post_83896.html，2019 年 1 月 19 日。

③ 唐小平：《把握新时代激发新动能以高质量发展推动健康广州建设再启航——在 2019 年全市卫生健康工作会议上的报告》，广州市卫生健康委员会网站，http：//www.gzmed.gov.cn/gzmed/jhzj/201902/894ba889ace243baae6880a7c70ab301.shtml，2019 年 2 月 12 日。

付费以来，2018 年参保人住院人次均自负费用较 2017 年下降 1.98%、住院人次均自费费用较 2017 年下降 1.4%。① 与此同时，进一步推进妇幼健康保障工作，专门投入 7.3 亿元计划生育和优生优育资金，为全市市民免费提供孕前优生健康检查、产前三大重点病种筛查、遗传代谢性疾病筛查和听力筛查等服务。② 2018 年，广州市一系列医药卫生改革和保障措施获市民肯定，有效地缓解了市民"看病难、看病贵、看病远"的局面，根据广州市社情民意中心调查结果显示"医疗服务"的满意度较 2017 年上升了 4 个百分点，为 46%，不满意度降至两成以下，为 19%，③ 健康广州建设不断迈上新台阶。

（二）社会保障水平稳步提高，居民获得感明显增强

近年来，广州市始终坚持以人为本，织密织牢社会保障网，大量财政资金持续向民生领域倾斜，社会保障体系不断完善，保障水平稳步提高。随着人民生活水平提高和经济发展，2018 年继续实施医疗、失业、工伤保险降费率政策，各项保险覆盖面得以巩固与扩大，基本社会保险覆盖率预计达到 98%。

1. 职工医保、城乡居民医保、大病医保年度报销最高支付限额大幅提高，医疗保险和救助水平持续提升

在医疗保险方面，广州市投入 24.3 亿元资助城乡居民医疗保险，惠及 214.4 万人，加大困难群众医疗救助力度，投入 4.6 亿元资金安排困难群众医疗救助;④ 2018 年首次将人工耳蜗纳入广州市社会医疗保险统筹基金支付范围，

---

① 黄艳：《医院"挣工分"患者住院更省钱》，广州日报大洋网，http：//news. dayoo. com/guangzhou/201904/23/139995_ 52547909. htm，2019 年 4 月 23 日。

② 《广州市第十五届人民代表大会预算委员会关于广州市 2018 年预算执行情况和 2019 年预算草案的审查结果报告》，广州人大网站，http：//www. rd. gz. cn/rdhy/cwhhy/bg/content/post_ 83896. html，2019 年 1 月 19 日。

③ 广州社情民意研究中心：《广州城市状况获肯定，社会治理评价持续上升》，广州社情民意研究中心网站，http：//www. c-por. org/index. php？ c = news&a = baogaodetail&id = 4262&pid = 5，2019 年 1 月 24 日。

④ 《广州市第十五届人民代表大会预算委员会关于广州市 2018 年预算执行情况和 2019 年预算草案的审查结果报告》，广州人大网站，http：//www. rd. gz. cn/rdhy/cwhhy/bg/content/post_ 83896. html，2019 年 1 月 19 日。

首次将符合条件的非户籍老年人纳入广州低保范围。① 用人单位的职工社会医疗保险缴费率从 8% 降为 6.5%，灵活就业人员、退休延缴人员、失业人员的职工社会医疗保险缴费率从 10% 降为 8.5%。② 职工医疗保险基金对参保人员的年度最高支付限额达到 88.8 万元；城乡居民大病医保年度报销最高支付限额由12 万元提高到 40 万元，连续达到 2 年及以上参保年限的提高到 45 万元；③ 城乡居民医疗保险基金对参保人员年度最高支付限额也达到了 68.7 万元。

2. 城乡社会保障水平持续提高，居民获得感进一步增强

在社会救助和保障方面，为了切实保障城乡居民和农转居人员保险待遇，2018 年投入 30.4 亿元资金用于养老保险资助，同时投入 10.2 亿元资金用于低保、救济、残疾人补助等，投入 2.6 亿元资金用于抚恤安置。④ 进一步加强困境儿童保障工作，全年有 1.8 万名困境儿童受到了分类帮扶保障。通过建立城乡居民基础养老、救助、供养正常调整机制等措施，2018年全市城乡居保人均养老金调整到 639 元/月，城乡居保基础养老金标准由每人 202 元/月调整为每人 211 元/月，企业退休人员月均养老金由 3471 元提至 3513 元，将低保标准由原来的 900 元提高到 950 元，城乡特困人员供养标准分别提高到 1721 元和 1964 元，失业保险金达到 1890 元/月，一次性工伤死亡补助金最高达 72.8 万元。⑤

---

① 《广州市人力资源和社会保障局关于将人工耳蜗纳入广州市社会医疗保险统筹基金支付范围的通知》（穗人社规字〔2018〕4 号），2018 年 3 月；《广州市人民政府办公厅关于印发深入组织实施老年人照顾服务项目工作方案的通知》（穗府办函〔2018〕142 号），2018 年 8 月。

② 《广州市人力资源和社会保障局 广州市财政局关于印发阶段性降低职工社会医疗保险缴费率的通知》（穗人社规字〔2018〕14 号），2018 年 12 月。

③ 《广州市人民政府办公厅关于印发广州市城乡居民大病医疗保险办法的通知》（穗府办规〔2017〕23 号），2017 年 12 月。

④ 《广州市第十五届人民代表大会预算委员会关于广州市 2018 年预算执行情况和 2019 年预算草案的审查结果报告》，广州人大网站，http：//www. rd. gz. cn/rdhy/cwhhy/bg/content/post_ 83896. html，2019 年 1 月 19 日。

⑤ 《广州市人力资源和社会保障局 广州市财政局关于调整我市城乡居民基本养老保险基础养老金标准的通知》（穗人社规字〔2018〕13 号），2018 年 12 月；《广州市第十五届人民代表大会预算委员会关于广州市 2018 年预算执行情况和 2019 年预算草案的审查结果报告》，广州人大网站，http：//www. rd. gz. cn/rdhy/cwhhy/bg/content/post_ 83896. html，2019 年 1 月 19 日。

3. 加大力度推进住房保障措施，圆住房困难群体"安居梦"

在住房保障方面，2018 年保障住房建设稳步快速推进，加大力度完善租购并举的住房制度，出台专门的政策规范房屋租赁市场健康发展。① 2018年全年基本建成保障性安居工程住房 31982 套，新增公共租赁住房面积110.4 万平方米，发放租赁补贴 11689 户，全年推出公共租赁住房 1.3 万套，② 在一定程度上解决了全市户籍中等偏下收入家庭、新增就业无房职工、来穗务工人员以及新增大学生等住房困难群体安居的问题，在兜住民生底线上持续发力。

2018 年，社会保障水平稳步提高，居民获得感明显增强。相关统计显示，2018 年市民对"社会保障"满意度为 53%，同比增长 3 个百分点③，连续四年稳步提升。

（三）经济发展趋势稳中趋好，就业形势持续稳定

保障人民安居乐业是民生基础性工作，"稳就业"是我国"六稳"工作之首。2018 年，广州市在保障市民安居的同时，通过深化重点领域改革，继续优化投资结构，着力发展实体经济，加大营商环境改革力度，增强科技创新引领经济发展的作用，在新能源、新材料、生物医药和人工智能等新兴产业领域加大产业扶持力度，逐步落实各项创业就业政策，一系列深化改革的政策红利为 2018 年广州市稳定就业带来了利好。2018 年，广州市三次产

---

① 2018 年 11 月 21 日，广州市住建委和市国规委联合起草了《关于对新增租赁住房有关管理工作的通知（征求意见稿）》。通知明确规定了"自持租赁住房，房地产开发企业应整体申请登记，不得分割、销售、转让及拆分抵押；租赁住房在项目宣传推广时，不得诱导、引导和强迫承租人参与任何有金融风险的行为"等内容，有利防范出现"明租实售"等扰乱租赁市场健康发展的风险。

② 广州市住房保障办公室：《2018 年广州市住房保障工作目标任务圆满完成》，广州市人民政府网站，http：//www.gzcc.gov.cn/gzcc/zbdt/201901/31885352058b4093bd00358978f56ad4.shtml，2019 年 1 月 18 日。

③ 广州社情民意研究中心：《2018 年度广州城市状况市民评价》，广州社情民意研究中心网站，http：//www.c-por.org/index.php？c=news&a=baogaodetail&id=4274&pid=5，2019 年3 月 14 日。

业均实现了不同程度的增长,第一产业增加值为223.44亿元,同比增长2.5%;第二产业增加值为6234.07亿元,同比增长5.4%;第三产业增加值为16401.84亿元,同比增长6.6%;在全市35个工业行业大类中,有23个行业实现同比增长,占65.7%。① 此外,重点培育了6个新支柱产业集群,新兴产业增加值同比增长7%。② 在新消费习惯、新商业模式转型过程中,广州继续保持传统商贸中心的优势,2018年全市实现社会消费品零售总额9256.19亿元,同比增长7.6%;在进出口贸易和吸引外贸投资上继续保持增长态势,全年商品进出口总额9810.15亿元,同比增长1.0%;跨境电子商务进出口246.8亿元,同比增长8.4%,新签外商直接投资项目5376个,同比增长118.6%以上。③

拉动经济增长的"三驾马车"持续稳中趋好发展,为广州市民提供了良好的就业环境。企业经济效益好转、创业氛围好转和新办经济主体增多,带动了新的就业需求,提升了就业服务质量,新增和再就业数据稳中有进,失业率同比下降。全年城镇新增就业33.70万人,11.39万就业困难人员实现了再就业;城镇登记失业率1.9%,同比下降0.5个百分点,为近五年来最低;城镇登记失业人员再就业率达到76.47%,享受失业保险金人数为12.67万人,下降5.9%。④ 为了保障失业人员基本生活需求,建立失业保险稳岗补贴业务"五同步"⑤ 工作机制,实行全流程网办。

经济发展趋势稳中向好,就业形势持续稳定,为城乡居民收入稳步增

---

① 广州市工业和信息化局运行监测协调处:《2018年广州市工业经济运行情况》,广州市工业和信息化局网站,http://www.gzii.gov.cn/gzgxw/jjyxfxbg/201902/3c29c25d46a7493589fb7fa76bf3dfdc.shtml,2019年2月14日。
② 《2019年广州市政府工作报告》,2019年1月。
③ 广州市工业和信息化局运行监测协调处:《2018年广州市工业经济运行情况》,广州市工业和信息化局网站,http://www.gzii.gov.cn/gzgxw/jjyxfxbg/201902/3c29c25d46a7493589fb7fa76bf3dfdc.shtml,2019年2月14日。
④ 广州市统计局、国家统计局广州调查队:《2018年广州市国民经济和社会发展统计公报》,广州市统计局网站,http://www.gzstats.gov.cn/gzstats/tjgb_qstjgb/201904/369f2210193c45eb8e225374ea28d3a4.shtml,2019年4月2日。
⑤ "五同步"工作机制具体指"印发文件,规范流程,新业务必须对业务标准、信息系统、工作手册、风险评估、宣传培训五方面同步规划、同步设计、同步进行"。

长、居民消费水平提升提供了有力保障。中国南方人才市场等机构发布的《2018-2019年广东地区薪酬报告调查》显示，2018年广州市从业人员月均薪酬达到8603元，同比增长19.32%①，全省薪酬增速最快。市民收入的稳定增长提振了消费信心，消费意愿有所增强，居民对"消费安全"的满意度为52%，首次突破50%。② 2018年，全年社会消费品零售总额为9256.19亿元，同比增长7.6%；与居民服务消费密切相关的行业实现了平稳增长，如批发零售业零售额、住宿餐饮业、日用品类、粮油食品类、中医药类商品零售额同比分别增长7.9%、5.8%、23.4%、23.1%、22.7%；与居民追求品质化消费相关的通信器材、化妆品类、金银珠宝类、汽车类等商品零售额分别增长16.5%、12.0%、5.4%、6.4%。③

（四）"长者饭堂"全覆盖服务网络形成，养老服务体系向精细化发展

2018年，广州市利用全国养老服务业综合改革试点城市的优势，继续在改革和创新养老服务上"深耕细作"，深化社区居家养老服务"3 + X"（助餐配餐、医养结合、家政服务3个基础项目 + 若干个特色试点项目），相继完善和优化"长者饭堂"服务网络，进一步推进和完善社区居家养老和院舍养老，纵深推进医养结合养老、智慧养老服务体系，大力扶持社会力量参与养老服务等工作。

2018年，广州市继续扩大"长者饭堂"数量，不断优化布局，提高便捷度。2018年，全市"长者饭堂"有1002个，全年新增156个，实现了街道（镇）、

① 南方人才市场等机构编《2018-2019年广东地区薪酬报告调查》，南方人才网，https://www.job168.com/channel/salary/2018/，2018年10月11日。
② 广州社情民意研究中心：《2018年度广州城市状况市民评价》，广州社情民意研究中心网站，http://www.c-por.org/index.php? c = news&a = baogaodetail&id = 4274&pid = 5，2019年3月14日。
③ 广州市统计局、国家统计局广州调查队：《2018年广州市国民经济和社会发展统计公报》，广州市统计局网站，http://www.gzstats.gov.cn/gzstats/tjgb_qstjgb/201904/369f2210193c45eb8e225374ea28d3a4.shtml，2019年4月2日。

社区（村）覆盖率100%，基本形成中心城区10~15分钟、外围城区20~25分钟的长者配餐服务网络全覆盖。同时也对"养老配餐"服务项目进行升级，扩展服务内容，优化服务形式，将志愿服务、上门探访、家庭医生等服务项目与之相融合，全市有95%的"长者饭堂"已经实现刷社会保障卡就餐功能，进一步提升了"长者饭堂"服务的便捷化程度。全市老人对"养老大配餐"满意率达到了84.76%①，这一独具羊城特色的"养老配餐"项目在全省被推广。②此外，继续加大扶持社会力量参与养老服务的力度。2018年，广州市投入1003万元择优资助71个社会组织为养老服务公益创投项目。为了吸引和留住服务养老领域人才，2018年广州市出台了《养老机构服务人员就业补贴及岗位补贴试行办法》，是国内首部专门面向服务养老领域人才补贴的地方性法规，在一定程度上有利于解决养老服务人才缺口大、流失率高的问题。

2018年，广州市社区居家养老和院舍养老服务不断优化，"银龄安康行动"驻点服务实现了全市覆盖，具有广州特色的医养结合养老服务体系向纵深发展。在加快推进"1+5""1+6"公办养老机构新建、扩建工作的同时，投入7268.82万元扶持民办养老机构，全年新增民办养老机构8家，相关调查显示，广州市民营养老机构总体服务水平良好。③ 通过加强院舍养老设施建设，2018年全市养老床位增加到6.5万张，比上年增加3000张，每千名老人拥有养老床位40张，高于同期国家水平（每千名老人拥有养老床位29.9张④），便利了失能、高龄老年人的院舍化养老。2018年，广州市围绕交通出行、医疗、居家养老、法律援助、文娱教育等推出56项照顾老年人的具体服务措施。⑤ 此外，广州

---

① 广州市民政局：《2018年全市民政工作情况》，2019年1月。
② 《广东省民政厅关于推广广州市社区居家养老"大配餐"经验做法的工作方案》（粤民函〔2018〕1117号），2018年5月。
③ 广州市消费者委员会：《广州市2018年民营养老机构服务现状调研报告》，广州消费者之家网站，http://www.guangzhou315.com/show-14-14592-1.html，2019年2月27日。
④ 民政部发布的《2018年民政事业改革发展情况》显示，截至2018年底，全国养老服务床位746.4万张；根据国家统计局数据，按2018年全国60周岁及以上人口24949万人计算，全国每千名老年人口拥有养老床位约29.9张。
⑤ 《广州市人民政府办公厅关于印发深入组织实施老年人照顾服务项目工作方案的通知》（穗府办函〔2018〕142号），2018年8月。

市加快推进"互联网＋智慧养老"相关工作，初步探索了"互联网＋长者配餐"，开发"长者饭堂"网上点餐、送餐服务，初步研究部署居家养老上门服务系统与 App 试点工作，"平安通"智慧养老服务用户数达到了 9.7万。2018 年，广州市还确定了 11 个街道为智慧健康养老项目试点单位。2016 年，广州市启动医养结合社区居家养老服务项目试点，经过两年多的发展，已在全市遴选确定了 39 家社区护理站开展试点工作，为长期卧床、患病、残疾等老人提供上门护理服务，确定了 63 家长期护理险协议定点机构，有 5165 位老人享受了长护险待遇。① 此外，2018 年投入 505 万元资助32 家民办养老机构医养结合项目②，全市具有医养结合服务功能的养老机构覆盖率已经达到 90%。

（五）社会治理体制创新不断推进，社会组织活力持续激发

党的十八大以来，广州市大力贯彻落实习近平总书记提出的一系列创新社会治理的新思想新理念，继续深入探索和创新基层社会治理体制建设，积极激发各类社会组织活力，不断改进社会治理方式，搭建全民共建共治共享社会治理平台。

1. 大力培育发展各类社会组织，推进社会治理创新

社会组织是实现多元主体参与社会治理的重要主体和依托，目前广州市社会组织发展运行态势良好，在共建共治共享社会治理格局中的作用日趋明显与关键。2018 年广州市继续紧紧围绕"党建引领、有序发展、有力扶持、有效监管"的工作思路，通过购买服务与加快社会组织孵化等举措，全年新成立社会组织 687 家；截至 2018 年底，登记注册的社会组织发展到 7901 家，其中社会团体 3269 个、民办非企业单位 4568 个、基金会 64 个；登记认定慈善组织 105 个；启动建设了全国首个慈善城市发展研究基地；推动了 97 个街

---

① 广州市民政局：《2018 年全市民政工作情况》，2019 年 1 月。
② 具体内容见《2018 年广州市民办养老机构资助项目》，广州市民政局官网，http://www. gzmz. gov. cn/gzsmzj/tzgg/201812/3ecf1f731a684cd6becbfe2a113839eb/files/。9f1abb426a944df5aeb2b364530dcb89. pdf，2018 年 12 月 29 日。

（镇）社区社会组织联合会（平安建设促进会）的成立。① 向社会工作组织购买服务是广州市在创新社会治理格局方面的典型经验之一，截至 2018 年底，广州市以 407 家社会工作机构的数量稳居全国第一位，广州市政府已累计投入 25 亿元资金向社会工作机构购买服务，广州社工累计为居民群体提供服务约 2316 万人次。②此外，为了更好地发挥社会工作组织参与社会治理的作用，2018 年广州市在全国率先制定了《广州市社会工作服务条例》。

2. 搭建多元共治社区治理平台，破解社区治理"最后一公里"难题

2018 年广州市继续加快推进打造"共建共治共享的社会治理格局"的战略任务，全面推进创新城乡社区治理改革试点工作，实现了村居议事厅全覆盖。在全市大力推广增城区下围村"一事一议、民主协商"治理模式、越秀区五羊社区"分层议事"协商、越秀区东湖新村社区党建引领社区治理等经验，加速打造村（居）议事组织、议事与执行制度，引导群众运用村（居）议事组织/平台，通过法治、民主、协商的办法，进行民主协商、调解纠纷、化解矛盾，推动解决了一批集体资产管理、土地确权、旧楼安装电梯、环境卫生等难题。截至 2018 年 12 月，全市共建成各村（居）议事平台 2725 个，比上年增加 458 个，实现了全市村居议事厅、村务监督委员会全覆盖。自 2017 年以来，全市各城乡社区共议事 27129 次，决策事项 34960 项，执行决议 32966 项，执行率为 94.3%，为村（居）民明确集体资产管理、土地确权等事项 3977 项，涉及资金 16.02 亿元；推动完成旧楼安装电梯 2084 台，解决社区环境卫生问题 7413 件、为老服务 3618 件、青少年服务 1176 件、社区消防 2115 件、邻里互助 1675 件、社区安全事务 2744 件，化解矛盾纠纷 4080 件，③ 一大批影响村居和谐与稳定的重大事项，在

---

① 《广州市社会组织管理局关于印发〈广州市社会组织管理局 2018 年工作总结和 2019 年工作计划〉的通知》（穗社管发〔2019〕3 号），2019 年 3 月。

② 李雄鹰：《广州累计投入政府购买社会工作服务资金 25 亿元》，新华网，http://www.gd. xinhuanet. com/newscenter/2018 – 12/18/c_ 1123872396. htm，2018 年 12 月 18 日。

③ 符畅、廖培金：《广州实现城乡社区议事工作全覆盖》，金羊网，http://news. ycwb. com/ 2019 – 01/03/content_ 30167805. htm，2019 年 1 月 3 日。

村居议事组织/平台下，通过"集体商议、集体解决"将矛盾化解在基层，初步形成了居民的共建共治共享的多元共治基层社区治理格局，破解了社区治理"最后一公里"难题。此外，2018年广州市设立了33个市区共建、基层社区、社会服务机构共建共治共享实践基地，在营造"共建共治共享社会治理格局"上力争走在全国前列。

（六）"平安广州"建设扎实推进，群众安全感、治安满意度持续提高

经过五年艰苦卓绝的奋斗，广州市已经实现了连续多年的"一强二升三降"，即群众安全感不断增强；破案率、起诉率、审结率、执结率、调解率上升，人民群众对政法工作的满意度上升；重大刑事案件数量下降、重大群体性事件数量下降、重大安全事故数量下降的目标。[①] 2018年"平安广州"建设工作的扎实推进，为如期实现下一阶段平安广州创建工作目标打下了坚实的基础。

1. 全民共建"平安广州"格局形成，社会治安环境持续向好

2018年，广州市加大力度继续开展为期3年（2015～2018年）的出租屋专项整治活动，在全市范围内开展以"人、屋、单位、设施、门禁视频、消防、违建、违法"为核心内容的"城中村"基础信息大排查专项行动。据广州市公安局统计，2018年广州市警情继续实现下降，案件类刑事警情同比下降14.2%，刑事立案同比下降13.2%；"两抢"警情同比下降53.2%，盗窃警情同比下降44.3%；命案首次压减在百宗以下，创历史新低，且破案率达100%；实现了重特大交通、消防、治安事故零发生。[②] 此外，广州在营造"共建共治共享社会治理格局"中充分动员群众力量参与

---

① 《中共广州市委广州市人民政府关于全面创建平安广州的实施意见》（穗字〔2013〕2号）提出了创建平安广州的十年阶段目标：2013年前初见成效，2015年前明显进步，2017年前良性发展，2022年前国内领先。

② 广州市公安局：《广州警方以人民为中心，立足智慧新警务，着力营造共建共治共享社会治理新格局》，广州市人民政府网站，http://www.gz.gov.cn/gzgov/s5823/201903/4b92eb7fbe904fdfaefbbb7a3de76666.shtml，2019年3月28日。

"平安广州"建设,2017年广州市组建了第一批群防共治队伍"广州街坊",截至2018年底,广州全市已实名注册"广州街坊"超过47.49万人,目前这一独具羊城特色的群防共治队伍已经成为广州一张亮丽的城市名片。2018年"广州街坊"共参与社会面治安防控200多万人次,举报线索4240件,助力公安部门破案3367件;参与调解案件纠纷64332件,调解成功63978件,① 为"平安广州"建设贡献出巨大的力量。2018年"平安广州"建设工作扎实推进,为广州市民营造了平安有序的生活环境,群众安全感、治安满意度持续保持高位,中山大学城市社会研究中心最近调查数据显示,2018年广州市群众安全感和治安满意度分别高达98.4%和97.8%。②

2. 食品药品安全形势趋好,市民消费满意度大幅提升

"民以食为天",为了让市民安全放心"食在广府",2018年广州市继续以创建国家食品安全示范城市为主线、以风险防控为重点,加强源头综合治理,聚焦食品安全突出问题,2018年在全市范围内稳步推进"放心肉菜示范超市"创建活动及大型超市快检工作,全面开展食品药品安全领域风险隐患排查和突出问题整治,通过巡查检查和监督抽检、飞行检查、专项检查等形式,对日常餐饮、食品、药品、化妆品等重点领域加强监管和百分百覆盖抽检,试点推广免费快检点,为广大市民提供免费快检服务。2018年广州市食品安全状况总体稳定且持续向好,居民日常消费的粮、油、调味品、菜、肉、水果、奶、茶叶、酒等大宗食品合格率保持在98%以上,食品生产企业抽检实物质量合格率为98.95%。③

2018年,广州扎实的食品安全工作获得了市民的肯定,中国消费者协

① 罗艾桦、贺林平:《北有"朝阳群众",南有"广州街坊"》,人民网,http://society.people.com.cn/n1/2019/0425/c1008-31049624.html,2019年4月25日。
② 章程、政法宣:《2018年广州群众安全感和治安满意度分别高达98.4%和97.8%》,《广州日报》2019年2月28日。
③ 广州市质量技术监督局副局长张嘉红在广州市政府部门定期新闻发布会2018年第20场发言,广州市人民政府新闻发布会网站,http://www.gz.gov.cn/gzgov/fbt/201811/7398144916d34cb58ab069fb86d23703.shtml,2019年1月24日。

会公布的《2018年70个城市消费者满意度测评报告》显示，广州市城市消费者满意度综合得分为75.12分，居全国第四位；[1] "消费安全" 满意度达到52%，较2017年提高了4个百分点。[2]

二 2018年广州市社会发展存在的主要问题

整体来看，2018年广州市经济社会发展总体形势呈现稳中趋好、好中趋优，市民对经济社会发展的总体满意度较高，但是从内部具体结构和质量方面看，仍存在较多的问题及挑战。广州市统计局发布的数据显示，2018年末，广州市户籍人口927.69万人，常住人口1490.44万人，[3] 比2017年增加了40.6万人，连续四年常住人口增长超40万人，这显示出广州巨大的人口吸引力。虽然广州在医疗、教育、养老等公共服务供给上持续加大力度，不断优化与升级，但是由于超强的人口吸引力，每年人口流入量持续保持高位，常住人口数量急剧增加，为广州保持合理的公共服务供给增长带来了一定的压力，这些压力在教育、养老、医疗服务上表现得尤为突出。

（一）学前教育发展与市民期望仍然有一定的差距

学前教育 "入园难，入园贵" 的问题依然存在。调查显示，选择 "幼儿园收费贵" 和 "学位不足" 的市民分别占被调查总人数的63%和53%。[4]

---

① 中国消费者协会：《2018年70个城市消费者满意度测评报告》，中国消费者协会网站，http：//www.cca.org.cn/jmxf/detail/28402.html，2019年2月26日。
② 广州社情民意研究中心：《广州市民对消费安全的满意度突破五成》，广州社情民意研究中心官方网站，http：//www.c-por.org/index.php？c=news&a=baogaodetail&id=4274&pid=5，2019年3月14日。
③ 广州市统计局：《2018年广州市人口规模及分布情况》，广州市统计局网站，http：//www.gzstats.gov.cn/gzstats/tjgb_qtgb/201902/da07f05ce86a41fd97415efec5637085.shtml，2019年2月15日。
④ 广州社情民意研究中心：《广州市民对消费安全的满意度突破五成》，广州社情民意研究中心官方网站，http：//www.c-por.org/index.php？c=news&a=baogaodetail&id=4274&pid=5，2019年3月14日。

目前，广州市公办幼儿园比例严重偏低，按照相关数据计算，2018 年广州市占比仅为30.17%，这与《广州市加快推进新时代全面深化改革勇当"四个走在全国前列"排头兵三年行动方案（2018～2020 年）》提出的力争到 2020 年公办学位数占比达到 50% 以上有较大差距。① 而同为一线城市的上海在 2017 年公办幼儿园占比就达到了 62.2%②，广州要在两年时间内将公办幼儿园占比提高 20 个百分点，按照 2018 年底已有的幼儿园数量粗略测算每年大约需要增加 360 所公办幼儿园，这对广州来说是一个不小的压力。单从 2018 年学前教育学位实际供给数量来看，是可以满足当年所有适龄儿童入园的需求。③ 如果忽略婴儿死亡率，将 2014 年和 2015 年各区的户籍出生人数情况与 2017 年和 2018 年各区拥有的普惠性幼儿园（公办幼儿园 + 民办普惠性幼儿园）数量进行对比④，可以发现普惠性幼儿园分布不均，呈现周边城区分布数量少、密度低，中心城区分布数量多、密度高的现状，也就是说个别区虽然人口出生率增长快，但是普惠性幼儿园数量增长缓慢，比如从化区、增城区、花都区（见图 1 和图 2）。

这种不均衡的分布现状不仅体现在数量上也体现在幼儿园办学质量上，仅就广州市省级和市级幼儿园分布就可以看到这一分布现状。办学质量高的幼儿园多集中于越秀、天河等中心城区，南沙、从化、花都等周边城区较少（见图 3）。值得注意的是，公办幼儿园、普惠性幼儿园、优质学前教育资源分布不均的现象不仅仅体现在区与区之间，在每个区内部也同样存在。

---

① 《广州市加快推进新时代全面深化改革勇当"四个走在全国前列"排头兵三年行动方案（2018～2020 年）》，于 2018 年 8 月 14 日在广州市全面深化改革工作会议上通过。

② 据上海市统计局相关数据显示，2017 年上海市共有幼儿园 1591 所，其中民办幼儿园 601 所，据此算得同期公办幼儿园为 990 所。

③ 据广州市教育局发布的《2018 年广州市教育统计手册》显示，2018 年广州市 3 周岁及以上幼儿毛入园率为 107.26%。

④ 按照 3～5 岁为入园年龄，2014 年和 2015 年出生的幼儿入园时间多集中在 2017 年和 2018 年。

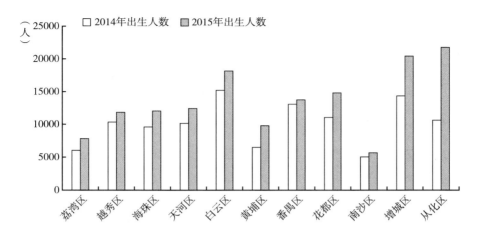

图1 广州市各区2014年和2015年户籍人口出生数

资料来源：广州市统计局：《2015年广州市统计年鉴》《2016年广州市统计年鉴》。

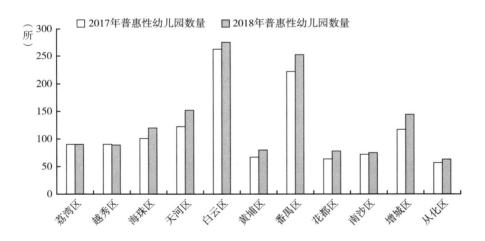

图2 广州市各区2017年和2018年普惠性幼儿园数量

资料来源：广州市教育局：《2017年广州市教育统计手册》《2018年广州市教育统计手册》。

通过以上分析可以发现，广州市目前公办幼儿园数量、普惠性学前教育学位供给不足和分布不均，个别区增长速度较慢，导致市民产生"入园难、入园贵"的感受，这实际上反映的是入普惠性幼儿园难，就近入公办园难，入非普惠性幼儿园学费贵。未来两年正是二胎政策后学前幼儿入园高峰期，

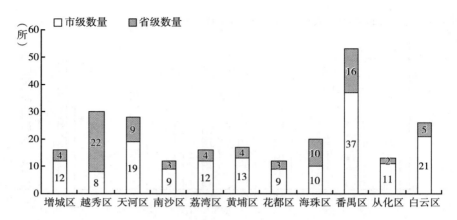

图3　广州市省、市级幼儿园数量

注：省级幼儿园数量统计时间为2018年4月，市级幼儿园数量统计时间为2018年12月。
资料来源：广州市教育局。

加之随迁来穗人员幼儿逐渐增多，如果不改变目前学前教育存在的供给、分布、增长困境，市民"入园难、入园贵"的感受会更加强烈。

（二）快速老龄化与养老服务体系滞后的矛盾

养老市场供需矛盾，养老床位紧缺仍然是制约广州养老服务发展的短板，相关调查显示，广州市市民对"养老服务"的满意度近年均保持在四成左右，上涨幅度较小，较多市民认为目前广州市面向老年人的服务仍然不足。[①] 2012～2018年，广州市60周岁及以上人口每年以平均7万人左右的速度增长（见表1），预计到2020年户籍60周岁及以上人口将超过180万人。广州市民政局相关数据显示，截至2018年底，广州市60周岁及以上老年人口达到了169.3万人，占户籍人口的18.25%，比上年增加0.22个百分点，高于同期全国老龄化水平（17.9%），全市有8个区的老年人口超过10万人，其中越秀区、海珠区、荔湾区三个区的老年人口超过20万人，已经

---

① 广州社情民意研究中心：《2018年度广州城市状况市民评价》，广州社情民意研究中心网站，http：//www. c-por. org/index. php？c = news&a = baogaodetail&id = 4262&pid = 5，2019年1月24日。

进入中度老龄化，老龄化率已超过25%。广州市近年来在民生财政投入养老服务中的力度持续加大，但随着快速老龄化和经济发展，广州养老服务需求在量和质上的压力进一步加大。相关调查显示，60岁以上年龄段对入住养老机构养老的态度积极性最高，[①] 他们很多出于年纪较大行动不便、失能，或子女较忙无暇照顾，或者请保姆照料费用相比进养老院贵，鳏寡生活单调等原因选择入住养老院。

表1　2012～2018年广州市户籍60周岁及以上人口情况

单位：万人，%

年份	户籍60周岁及以上人口	同比增长人口数	占户籍人口比重
2012	126.43	—	15.42
2013	133.04	6.61	16.03
2014	140.65	7.61	16.75
2015	147.53	6.88	17.27
2016	154.61	7.08	17.76
2017	161.85	7.24	18.03
2018	169.30	7.45	18.25

资料来源：广州市统计局、民政局。

截至2018年底，广州全市拥有养老床位共6.5万张，每千位老人拥有养老床位达到了40张。虽然2018年广州市养老机构护理型养老床位占比达到了50%，但目前护理型床位供给缺口仍较大。目前，各公办养老院的床位申请也呈现白热化状态，无论是已建成还是在建的公办养老院轮候人数竞争激烈，尤其是位于中心城区的公办养老院轮候人数有时超过了千人，轮候时间超过一年的占轮候人数的一半以上，中心城区公办养老院出现了严重的供不应求，郊区养老院床位有一定的富余，部分民办养老机构出现了高空置率。

通过广州市2018年上半年的养老机构数据可以发现，广州的养老机构分布密度呈现由周边城区向中心城区抬升的现状，低城镇化率意味着低分布

---

① 《广州市消委会发布〈广州市2018年民营养老机构服务现状调研报告〉》，养老信息网，http://www.yanglaocn.com/shtml/20190228/1551337344118219.html，2019年2月27日。

率，这也反映出了农村地区养老服务供给缺乏（见表2）。① 花都区、南沙区、从化区、增城区的养老机构分布密度和全市平均分布密度差距较大。可见，广州市养老机构在地理分布上呈现出不均的现状。

表2　广州市养老机构分布

区	2018年养老机构数（家）	2017年末户籍60周岁及以上人口数（万人）	养老机构数/2017年末户籍60周岁及以上人口数（1/万人）	行政区面积（平方公里）	养老机构数/行政区面积（平方公里）	2018年城镇化率（%）
荔湾区	60	19.69	3.05	59.10	1.02	100
越秀区	33	28.90	1.14	33.80	0.98	100
海珠区	44	25.13	1.75	90.40	0.49	100
天河区	18	12.34	1.46	96.33	0.19	100
白云区	59	16.53	3.57	795.79	0.07	64.91
黄埔区	17	6.76	2.51	484.17	0.04	82.93
番禺区	28	12.88	2.17	529.94	0.05	91.00
花都区	24	11.55	2.08	970.04	0.02	56.09
南沙区	18	6.91	2.60	783.86	0.02	63.3
从化区	21	8.20	2.56	1974.5	0.01	32.75
增城区	22	12.93	1.70	1616.47	0.01	57.72
总　计	344	161.82	2.24	7434.40	0.26	79.78

资料来源：广东省人民政府、广州市统计局。

从2017年末户籍60周岁及以上人口数来看，已经进入中度老龄化的越秀区、海珠区每万名老人拥有的养老机构数与同样进入中度老龄化的荔湾区差距较大，且比全市平均水平低了约一半。也就是说虽然越秀区、海珠区拥有全市最多的户籍老年人口，但是服务老人的养老机构严重不足。

（三）来穗人员公共服务覆盖面存在缺口，社区治理"年轻态"待提升

2018年5月底，广州市登记在册的外来人口数量超出同期户籍人口数

---

① 《广州市养老机构信息》，广东省人民政府网站，http：//www.gddata.gov.cn/index.php/data/datasetdetail/id/1813.html，2018年6月24日。

55.35万人，达到了967.33万人，出现了"人口倒挂"现象，来穗人员在公平享受优质的公共服务上仍然存在困难。相关调查显示，来穗人员尤其在子女入学、医疗、住房、就业、意见反馈等方面存在一定的困难。此外，来穗人口在社会融入上仍然存在困难，在共建共治共享治理平台上融合来穗人员的力度有待加大，调查显示，有超过70%的来穗人员对参与社会治理有兴趣，[①] 但参与社会治理的途径和方式较为缺乏，来穗人员参与社会治理的社会组织发育不足，导致大量有兴趣参与社会治理的来穗人员自感参与社会治理能力不足，从而对参与社会治理失去了实际的行动力。值得注意的是，近几年新增来穗人员以"80后""90后"年轻群体占多数，他们共同构成了来穗的新社会阶层青年群体，他们有较强的参与感、自我价值感、创新能力，对社会治理也有较高的要求，他们是广州市经济发展的动力源泉之一，也是社会治理创新的动力源泉之一。虽然广州市目前已经探索了来穗人员社会治理参与的"三元里模式"，但目前多数社区参与机制或者平台对年轻人群体特点、实际情况与需求把握不精准、不细化，这些参与平台或者机制还是以中年人群为主导；而且群体文化存在的差异，青年群体较难融入，符合青年群体特征的社区治理参与渠道的缺乏使年轻人对社区治理的参与感和兴趣降低，长此以往导致青年群体的社区治理主体意识淡薄。因此，面对数量庞大的"年轻来穗群体"充分调动和发挥他们对社区治理参与的积极性和作用、加强他们参与社区治理的责任感、创新治理形式从而增加广州社区治理的"年轻态"是今后广州创新社会治理的重要内容，在形成社会治理人人参与、人人尽责的工作上还需要更加精细化。

三　2019年广州社会发展的趋势及其建议

2019年是我国实现全面小康社会的关键之年，在经济和社会发展方面，2019年广州市将坚持稳中求进工作总基调，坚持以人民利益为首、以人民

---

① 尹来、董晓妍：《来穗人员最需要什么样的公共服务？》，《南方都市报》2018年7月24日。

为中心的发展思想，以保障和改善民生为重点，不断补齐民生领域的短板，完成新一年的 10 件民生实事，尤其是将优质教育、医疗事业、住房保障作为主攻方向，加快优质公共资源配置向基层下沉的速度，促进公共资源均等化和优质化程度进一步提升，普惠共享型社会保障体系建设取得新的发展和突破，人民群众幸福感和获得感稳步提升。此外，在实施粤港澳大湾区战略的背景下，2019 年广州市将探索共建粤港澳大湾区优质生活圈。

（一）2019 年广州市社会建设与社会发展将呈现的态势

1. 在医疗上将会持续深化公立医院改革，加大对社区医院的扶持力度，医疗保障体系更加完善

2019 年，广州市将继续深度推进优质医疗资源向基层下沉，基层诊疗医保支付比例、住院报销比例将进一步提高，家庭医生签约服务进一步向规范化水平发展。在医疗保险上，继续加大城乡居民医疗保险资助资金投入力度，特别是加大对困难群众医疗救助的力度。继续对城乡医保缴费标准进行调整，提高财政补贴标准，市民"看病难、看病贵、看病远"的局面将进一步得到缓解。

2. 大幅度增加学前教育、义务教育学位供给量，注重特殊儿童、来穗子女教育问题的解决

2019 年，广州市将继续推行集团化、学区化办学，推动中心城区优质学前、义务教育资源向外围城区和农村地区覆盖，扩大学位供给。继续全面实施学前教育三期行动计划，大幅度提升普惠性幼儿园比率，公办幼儿园比重增加到 40% 左右，"入园难、入园贵"的困境将得到一定程度的缓解。特殊儿童教育问题一直是教育的重点问题之一，2019 年广州市将加大对特殊儿童教育资源的投入力度，继续加大力度实施特殊教育提升计划，回应社会对特殊儿童教育问题的关注。此外，加大力度做实来穗人员随迁子女接受义务教育工作，保障来穗人员子女公平享受公办教育资源。

3. 养老服务体系不断完善，社区嵌入式养老、"家政 + 养老"等创新服务模式取得新的发展

2019 年，广州市将继续降低养老市场准入门槛，全面开放养老服务市场，充分激活和发挥市场在提供优质养老服务资源上的作用，在"养老配餐"提供主体上将会出现更多的高校和企业事业单位响应政府政策加入养老配餐队伍，将重度残疾人和医疗、护理、心理等服务纳入配餐体系的覆盖面大幅度增加。同时，长期护理保险协议定点服务机构数量将进一步增加，长期护理保险制度有望在全市全面推开，将会有更多的老人享受长护险，"医养结合"继续向纵深方向推进，全市具有医养结合服务功能的养老机构有望实现基本覆盖，着重推进"家政＋养老"融合试点工作。此外，随着一批公办养老院扩建工程的完工和民办养老服务机构的增加，每千位老人拥有养老床位数量将得到提升，尤其是护理型床位比重将大幅度增加。

4. 社会保障安全网和公共服务体系继续完善，市民在社会保障上的获得感、幸福感进一步提升

2019 年，将持续加快建立多主体供应、多渠道保障，完善租购并举的住房制度，加强住房租赁市场培育工作，推进和完善住房租赁立法工作，住房市场体系和住房保障体系持续健全，让住房困难群体和新市民住有所居。社会保险降费减负政策继续推进，企业社保负担进一步减轻，参保人待遇水平、社会救助标准持续稳步提升，城乡居民养老保险和医疗保险补助标准进一步提高，困境儿童分类救助帮扶制度将得到进一步健全。可以预计，2019年广州市的社会保障体系将获得大的发展，市民在社会保障上的获得感、幸福感进一步提升。

5. 共建共享共治社区治理格局更加完善，社区社会组织进一步发展，社区服务水平再上新台阶，社会大局保持稳定

2019 年，广州市将加大力度继续推动社区、村议事厅等社区共建共治平台的建设，来穗人员参与社区治理渠道进一步扩展，社会矛盾纠纷多元化解机制将在缓解基层矛盾中发挥极大的作用；"社工＋"战略实施向深化方向发展，社会工作者在基层中解民难、排民忧的作用进一步凸显；促进社会组织发展的政策将进一步完善和健全，具有羊城特色的品牌社会组织发展进一步深化，优势主导型"三社联动"机制将进一步健全，社区治理制度体系的科学性与高效性进一步提升；共建共治共享实践基地在全市各区全面覆

盖，共建共治共享中心试点和社区基金（会）试点进入经验总结和初步推广阶段。

（二）针对2018年广州社会建设和发展中存在的若干问题，提出如下政策建议

1. 多渠道提高公办园学位数量，重视质与量分布的合理化

幼儿教育的发展离不开立法的保障，应该通过完善立法体系明确规定幼儿园建设用地，管理主体，保障经费投入比例，教职工培、聘、用、留管理。公办园提供的主体需要调动多方积极性，可以采用"公建、公管、公运营"的模式，也可以采用"公建、公管、民运营"的模式。扩大公办幼儿园办园的规模，公办幼儿园学位的供给要采取多管齐下，既要依靠新建园和扩建已有园的规模，也要通过鼓励已有的优质幼儿园和品牌幼儿园扩大教学规模，如开办分园等方式提高优质学位供给量。此外，还可将教育集团化模式引入公办幼儿园建设中。在提升量的供给时也要重视质的提升和布局的合理性，应制定完善的监督和规范机制引导公办幼儿园的发展，加快优质学前教育资源向周边城区下沉的速度。目前，值得关注的是学前教育教师缺口问题，据统计广州幼儿教师缺口达1.8万人[①]，由于幼师工资待遇普遍较低、工作压力较大等原因，多数人不愿从事幼教岗位，在广州学前教育学位大量增加的背景下这一缺口必定会越来越大，打造优质的学前教育资源离不开对学前教育管理、教学岗位人才的吸引和培育，因此广州需要出台学前教育人才激励和培育措施，保障优质学前教育的发展有坚实的人才基础。

2. 促进城乡养老体系合理布局，着力满足乡村养老需求

针对广州市周边城镇化率较低和城乡养老服务机构缺乏的现状，建议以"长者饭堂"和家庭综合服务中心为服务基地，不断开拓适合当地实际情况的养老服务项目，引导和支持市场开拓农村养老服务，同时在政府布局养老

---

① 《广州幼师缺口或达1.8万　幼师学校毕业生1人可选13个岗位》，大洋网，http：//news. dayoo. com/zhongzhi/201901/15/154589＿52456045. htm，2019年1月15日。

服务设施时要优先考虑养老服务设施欠缺的城乡地区，加大资金的投入力度。针对农村空巢、残疾、失独、高龄老人加大政府兜底力度，开发专项和有针对性的养老服务项目。中心城区老龄化严重，养老服务需求较大，在院舍养老上应加大公建民营的力度，在大力发展公办养老院的同时，支持民营养老院分类发展；要遏制普惠性民营养老院过分逐利行为，加大普惠性民营养老院补贴和优惠力度，降低运营成本；在一定程度上降低民营养老院收费额度，将公办养老院压力分流到普惠性养老院中；对高端民营养老院，要加强监督，规范发展。目前，社区嵌入式养老模式的发展有望缓解广州市养老压力，2018年广州市也进行了相关的试点工作，2019年在大力推进社区嵌入式养老模式时可借鉴日本相关经验，着力构建和完善广州本土化嵌入式养老服务体系。

3. 畅通青年社区治理参与渠道，构建社区治理参与法律保障体系

上海支持和引导青年参与社区治理一直走在全国前列，早在2015年，上海就在全市建成青年中心500家左右，为社区青年参与社区治理搭建了平台，增加了渠道。通过对社区治理参与主体分类分层，满足社区中不同年龄群体社区治理参与的需求，上海静安区成立社区青年理事会为青年参与社区治理增加了渠道，做出了有意义的示范。社区青年理事会通过居委会青年干事邀请青年理事会成员，参与各项社区事务，改变了以中年群体为主的原有社区治理机制，通过青年集体讨论、决策解决社区中青年普遍关注的停车难、无门禁、设施缺乏等问题，通过由青年组成的社区议事厅，将青年从社区问题的批评者变成了治理者。① 近年来，上海通过人才政策引进了一大批来自不同地域、不同行业的"高学历、高技能、高智商"青年英才，为了提升他们的社区认同感和城市归属感，达到让青年们共建共治共享社区的目的，上海市在人才安居小区成立青年议事会，如由当地街道和居委会支持成立的虹口区"彩虹桥公租房青年议事会"，通过搭建共建共治共享的社区治

① 范彦萍：《从"吃瓜群众"到小区"治理先锋"——阳城贵都成立青年理事会用年轻力量解决小区痛点》，《青年报》2018年2月7日。

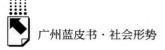

理平台，这群青年人通过自我组织、自我管理解决和化解了小区遇到的问题和矛盾，同时形成了亲密、友善、和谐的社区文化氛围。

通过梳理上海青年参与社区治理的实践，基于广州市目前的实际情况，有必要鼓励和引导广州新阶层青年群体参与社区治理，构建更具有年轻活力和创新性的共建共治共享社区治理平台，对此提出以下建议。

（1）制定和完善保障青年参与社区治理的相关法律法规，促进青年参与社区治理的法制化。在制定青年参与社区治理相关法律和政策时，应明确青年参与社区治理的主体地位、参与的权利与责任、形式与程序等，同时给予资金、物质和行政支持和保障。

（2）发挥党建引领，共青团主导，街道、居委会、物业公司等多部门协同的支持系统，鼓励和支持社区青年成立诸如社区青年议事会、理事会等形式的小型社会组织和社区治理平台。在青年社区治理平台孵化期要发挥这一支持系统的鼓励、引导、培育作用，在成长期和成熟期起到规范、监督、支持作用。

（3）扩大青年社区治理参与内容。青年参与社区治理不能仅仅局限于社区经济、文化方面，还应涉及民主选举、民主管理、民主决策和民主监督等政治性参与内容。

（审稿人：杨建城　田丰　梅声洪　孙晓莉）

社会治理篇
Social Governance

B.2

广州市营造社会治理新格局在共建共治
共享上走在全国前列研究

——广州市营造共建共治共享社会治理格局，
满足人民美好生活需要研究

蔡兵　赵超　王升平　刘丽*

摘　要：　在共建共治共享上走在全国前列，是习近平总书记对广东提出的
"四个走在前列"新要求的重要内容之一。广州作为省会和国家
中心城市，责无旁贷地应当率先完成好这一任务。近年来，广州
以基层党建为抓手，以体制完善为重点，在形成多元化共建格

---

* 蔡兵，博士，中共广东省委党校决策咨询研究中心教授，主要研究技术经济学，研究方向为
创新驱动与广东经济社会发展；赵超，博士，中共广东省委党校决策咨询研究中心副主任、
副教授，主要研究方向为区域经济、产业经济、共享经济等；王升平，博士，中共广东省委
党校编辑部副主任、教授，主要研究方向为行政哲学、基层治理等；刘丽，博士，广东省委
党校法学教研部副教授，主要研究方向为国际经济法、政府经济与法治等。

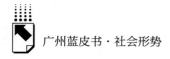

局，开拓协同治理新局面，提升共享服务质量和水平等方面取得了一定的成效。当然，也还存一些亟须解决的、制约广州社会治理水平进一步提升的问题。本文在认真总结广州社会治理方面取得的成绩的同时，以国内外社会治理先进城市为参照，分析了广州目前在社会治理方面存在的不足，并提出了具体的解决对策。

关键词： 广州　社会治理　共建共治共享

2018 年 3 月 7 日，习近平总书记在"两会"上参加广东代表团审议时，对广东提出了"四个走在全国前列"的新要求，为广东营造共建共治共享的社会治理格局进一步明确了使命。

打造共建共治共享的社会治理格局，必须形成对共建共治共享的正确理解。共建共治共享是对社会治理形态的描绘，其本质上是一种多元主体共同参与社会建设和社会治理，并由社会成员共同享有社会治理成果的治理格局。具体来看，其包含了共建、共治和共享三个基本维度。三个维度既各有侧重，又相互统一、不可分割。其中，共建和共治是共享的前提，共享是共建和共治的目的。

广州市作为广东省省会和国家中心城市，是海上丝绸之路的重要节点，中国的南大门，粤港澳大湾区重要支点，责无旁贷地应在营造共建共治共享的社会治理格局上走在全省全国最前列。

一　广州推进共建共治共享的基本现状及主要成绩

（一）以基层党建为抓手，以体制完善为重点，多元化共建格局初步形成

1. 强化基层党建，着力营造以基层党建促基层治理新局面

（1）积极推进社区"大党委"设置，促进基层党建与广州城市发展相

融合。为加强社区党组织与辖区单位党组织的互动，实现与驻区单位的事务共商、平台共建、资源共享，广州市在社区"大党委"设置上进行了形式多样的探索。广州市天河区以"红棉心语"党群服务中心（站）为平台，主要探索成立了三种模式的商务楼宇党组织：一是以整栋商务楼宇为单位成立党委，二是由楼宇所在街道、园区成立"龙头企业＋"党委，三是依托楼宇产权单位、物业公司成立联合党组织。"红棉心语"服务站的建立，为工作场所党建的运作提供了新模式，发挥了其党员和群众的整合功能，成为宣传党的主张、服务群众的重要平台。

（2）构建和完善切近群众的基层党建体系，推动基层党建与社区治理相结合。近年来，广州市坚持通过党建的形式创新，拉近党建与基层社会建设的距离。如越秀区在推动基层党建引领基层治理的过程中，在区级及各街道分别成立了新时代讲习所，打造街道社区"家门口的红色学堂"，初步形成了区、街两级讲习体系，并不断扩大讲习活动的覆盖面和影响力，探索在社区、机关、企业、园区等结合各自实际情况，更加生动灵活地开设各类主题讲习所。

2. 推进主体协同，着力完善社会共建各项体制机制

（1）社会共建的协同机制构建成效明显。近年来，广州市开展了建立优势主导型"三社联动"工作机制的尝试。基本形成了社区居委会、社会组织、专业社工在处理社区事务中，依据相关法律、法规及职责分工，以"谁有优势谁主导，其他各方联动参与"为原则，协同解决社区问题、推动社区发展的工作机制。"三社联动"工作机制有效推动了"三社"的一体化联动发展，实现了党委、政府、居委会、社会组织、社工之间的协同。

（2）社会共建的协商机制稳步发展。社会主义协商民主体系包括政党协商、人大协商、政协协商、政府协商、人民团体协商、基层协商等。在政协协商方面，广州市政协于2018年启动了"有事好商量"民生实事三年协商行动，并与广州市广播电视台、广州日报社联合打造了"有事好商量——广州市政协民生实事协商平台"。在基层协商方面，广州市目前已形成了增城

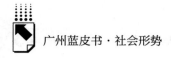

区石滩镇下围村"民主协商,一事一议"民主自治模式、三元里街道社区共治议事会模式、越秀区东山街五羊社区分层协商议事等典型。

3. 完善基层治理,着力促进基层社会共建体系快速发展

(1)基层网格化治理不断推进和完善。在网格化应用系统构建方面,全市有11区161个街(镇)的网格化信息应用系统上线运行,信息化覆盖率达94.7%,已整合民政、公安、国土、卫计、人社等12个部门60个主题数据(含人口、法人、部件),初步建成了具备录入、交办、督查等功能的信息应用平台。

(2)形成了一批基层群防群治品牌。如荔湾区在群防群治上采取"警民联防""自主防控""企地联防""区域联防""整体防范"五种模式,在社会安全维护上起到了良好的效果。在荔湾打造的群防群治品牌中,石围塘如意平安骑行队、上下九步行街"十铺联防"等都产生了较大的影响,具有较高的知名度。

(二)以顶层设计为引领,以存在问题为导向,大力开拓协同治理新局面

1. 坚持问题导向,建设干净整洁平安有序城市环境

(1)精准发力破解难题。广州市委主要领导亲自研究推动开展越秀区登峰街、白云区石井街等重点地区整治,强力整治社会治安、市容市貌环境、市场经营秩序、交通秩序、安全隐患等突出问题。以白云区为主战场持续开展禁毒整治百日行动,对物流业寄递行业实行数字化堵源截流、网格化摸排管理、全链条打击,建立吸戒毒人员动态管控机制,对户籍吸毒人员底数清晰、动态明了、责任到位。

(2)打造治安防控体系升级版。创新3项融合模式,实现线上线下深度融合、无缝对接,通过"联网+盘查""门禁+视频""互联+物联"等形式构筑平安广州。

2. 推进协同治理,践行以人民为中心的发展思想

(1)做好民生实事。在财政收入趋紧的情况下,每年列出10件民生实

事，从交通、教育主动设置议题，引导舆论，公开透明，"凡事与群众商量着办"，五类车等立法和政策出台充分照顾平衡各方面利益。在推进来穗人员的服务管理方面，突出基本公共服务均等化和有序融合，尊重来穗人员对广州发展的贡献。

（2）推广"互联网＋服务"，构建横向到边、纵向到底的集约化、均等化的广州政府在线公共服务体系，实现"网上受理、网上办理、网上反馈，办理进度和办理结果网上实时查询"，"广州通"App为市民提供47项便民服务，做到让数据多跑路、让群众少跑腿。

3. 狠抓制度建设，社会治理的法治保障工作卓有成效

（1）法治化营商环境建设迈上新台阶。2017年11月，出台了优化提升广州市法治化营商环境的"25条工作意见"，有效解决法治化营商环境建设中的一批制度性和关键性问题。举办以"法治建设与企业发展：稳定公平透明、可预期的法治化营商环境"为主题的"2017广州法治化营商环境论坛"，树立广州市法治化营商环境改革领跑者的形象。

（2）立法、执法和法治社会建设亮点纷呈。完成《广州市非机动车和摩托车管理条例》《广州市生活垃圾分类管理条例》等五个立法项目，广州市荣获"法治政府建设典范城市"称号。建成全国首个律师大厦和首个法律服务集聚区，公共法律服务成效突出。在全省率先成立中立法律服务社，2017年4月正式运作以来，接访案件近1000件，服务群众超过2000人次。

（三）以模式创新为重点，以精准服务为目标，全面提升共享质量和水平

1. 由集中化向扁平化供给转变

（1）借用现代信息技术推行社会服务供给制度的变革，扩大政府内部管理幅度和业务范围。比如，荔湾区政务服务中心推进"互联网＋政务服务"、实行"一窗口式"政务服务等举措，搭建市、区、街、社区四级联动综合受理审批平台，实现业务系统互联互通。群众可在街道、社区的自助终

端上实现网上办事、个人事项查询,以及各类证明自助打印,实现了行政资源的节约,营商环境的改善,市场活力的增强,群众办事的便利。

(2)在进行职能部门设置方面,重新核定各职能部门承担的主要职责。比如,在基本医疗体系建设方面,截至2018年4月30日,广州市形成了定点医疗机构1766家,其中社区卫生服务中心302家,村卫生站921家;定点零售药店3321家,基本满足社区居民就医、购药需求。

2. 由统一化向差异化供给转变

(1)通过加强城市社区公共服务的整体性规划,做好基础的公共服务。比如,通过整合社区养老服务资源,搭建邻里交流中心、志愿服务平台,将助餐配餐服务与针对独居、空巢等特殊群体老年人的探访、关爱、精神慰藉等居家和社区养老服务有机结合,以助餐配餐服务网络为支撑,融入医疗护理、心理调适、护理站等服务内涵,把"长者饭堂"打造为拓展社区居家养老服务的重要举措。

(2)政府购买服务的体制机制不断完善,其领域和规模不断扩大。近年来,广州市政府向社会力量购买服务的规模不断增加,全市共建立188个街(镇)和社区级家庭综合服务中心,设立失独老人服务、医务社工服务、婚姻家庭服务等15个社会工作专项服务项目。

3. 由粗放式供给向精准化服务转变

(1)构建智慧服务共享圈。广州市依托"互联网+"打造的智慧服务圈,以智慧养老、智慧政务为内容为群众提供更加便捷的生活,具有明显的共享共创特点。通过社会组织专业化的社会工作,向社区提供精细化和有品质的公共服务,满足社区居民多层次、多样化的需求,提高社区居民的生活质量和福祉。

(2)试推行"一岗多能"一窗受理、全科服务。梳理规范公共服务事项标准,统一服务事项编码,明晰受理条件。通过流程再造,申请人只要在窗口一次性提交相关材料,就可办理相关事项,有效推进了群众办事"便捷化",并向村和社区延伸,以网站、微信、手机App等多种载体,全面公开公共服务信息,努力实现群众不出门就能办成事。

二 广州推进共建共治共享存在的不足及主要问题分析

（一）在共建方面存在的主要问题

1. 社会共建的法治保障有待进一步巩固

（1）立法上还存在滞后现象。主要表现为社会共建的法治体系还不健全，如有关公共服务购买、招投标的体制机制还不够完善，存在灰色地带和较大的自由裁量空间；企业、社会组织参与公共治理还存在一定的制度障碍，影响了其参与社会建设的积极性等。

（2）法治观念与法治能力仍存在欠缺。一些领导干部尤其是一些基层领导干部法治观念、法治为民的意识及依法办事能力仍然不高，对营造社会共建的公平参与环境产生了不良影响。在群众层面上，全民自觉守法、遇事找法、解决问题靠法的局面尚未真正形成。居民对法律的拥护和信仰存在较大的个体差异，其随着人们的收入水平、学历、户籍等因素的不同而不同。

2. 社会共建的不平衡不充分问题有待进一步化解

（1）社会共建的区域发展不平衡、不充分。如一些城中村的社会治安、环境卫生等仍不尽如人意，小摊小贩占道经营现象屡禁不止，人人参与、人人尽责的平安社区、幸福社区建设局面仍未形成，无法满足人民群众日益增长的美好生活需要。在城市更新问题上，一些居民、商户的配合度不高，没有形成稳定的、良性的协商互动机制，居民对社会共建的参与度和配合度不高，阻碍了城市改造更新的步伐。

（2）社会共建的领域发展不平衡、不充分。在社会心理服务、居民调解等领域仍存在政府投入、人才资源不足，政府重视不够等问题。

（3）社会参与不平衡、不充分。广州社区居民的组织化程度仍较低，以业主委员会为例，目前广州居民小区业委会的成立率不足30%，远低于上海的80%，低组织化程度影响了居民参与社会共建的能力与水平。而在社会工作从业人员方面，普遍存在待遇低、业务重的现象，在一定程度上影

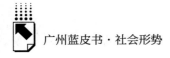

响了社会工作者的工作积极性。

3. 社会共建的协同机制有待进一步优化

（1）党政内部的协同互动有待进一步加强。一些部门在信息共享、职责划分上还存在一定的欠缺，阻碍了一站式服务、一门办理的顺利实施。

（2）街道办与居委会的衔接有待进一步梳理。街道对居委会摊派任务时不下放资源的情况仍然存在，亟须对街居关系做进一步梳理，厘清权责关系。居委会仍存在较为严重的行政化倾向，这种倾向与"自我管理、自我教育、自我服务、自我监督"的基本定位不相符。

（3）社会组织之间的协同互动机制有待进一步构建和优化。社会组织资源的整合、社会组织的合理分工还没有形成良好布局，导致社会服务内容重复或无人涉及的情况存在，影响了社会共建的效果。

（二）在共治方面存在的主要问题

1. 社会协同和公众参与的水平有待进一步提升

广州依然存在社会协同和公众参与不足问题。目前，全市社会组织中能参与社会治理的组织数量不多、质量不高，也不能充分发挥政府与市场各类主体之间的桥梁纽带作用。社会组织自身发展还存在一些瓶颈，如发展方向有偏差，商业盈利性色彩太浓厚；行政化倾向明显，独立性较弱；活动方式方法单一，吸引力和影响力不足；政府对其培育支持力度不够，发展不充分；等等。

2. 社会共治的政策法规和长效机制有待进一步健全

构建合理共治体系需要不断完善相应立法和制度。还需要在形成制度性、长效性机制，将相关立法和制度串点成线、接线成链上不断总结提升。从公众角度来看，目前仍存在社会信用体系不健全、纠纷占用大量司法资源、解决纠纷成本太高等问题。"小闹小解决、大闹大解决、不闹不解决"现象依然存在，客观上助长了"按闹分配"的不良风气，维稳成本居高不下。

3. 基层社会治理的资源保障还需要进一步加强

（1）基层"有职有权有物"的机制还未形成。目前赋予基层的自主空间不多，政策制定、财政保障、人力资源和基础设施等大都集中在上级职能部门之中。

（2）基层社会治理主体过于单一。镇街基层政府充当了解决大量社会问题的主角，社会治理过度"依赖行政化""头重脚轻"的现象还一定程度地存在。

（3）部门联动仍有待加强。主要体现在基层治理工作机构遍布各个街镇，街镇"一根针"将这些"线"穿起来有一定困难，基层治理的合力作用尚未充分发挥。

4. 来穗人员参与社会治理的途径需要进一步拓展

总体来看，目前来穗人员不断增长的美好生活需要与当前社会服务资源供给不相适应，需进一步加大公共服务资源投入力度。来穗人员服务管理工作运转与现行服务管理体制机制不相适应，需进一步健全完善，形成工作闭环；来穗人员服务管理工作的要求与服务管理人员的数量和能力不相适应，需进一步提高队伍素质和能力。来穗人员社会融合度还较低，来穗人员参与社会治理的广度深度有待进一步拓展。

（三）在共享方面存在的主要问题

1. 缺乏共享理念，成果共享不充分

广州当前共享意识的形成尚处于萌芽阶段，需要政府宣传引导规范、组织加强奖惩、个人提升文明素质等多方努力。同时，"共享"不仅是物质成果的共享，更是公共利益、公共价值和公共精神的共享。现有不少社区居民还不能很好地享受物质成果，如不少小区长期陷入脏乱差的境地，很多居民遭遇过或正在遭遇侵权或物业纠纷。在许多社区，居民之间还只是"互不相干的邻里"，社区只是居民的生活场所而远非"幸福家园"，更不要说享受公共利益、公共价值和公共精神。同时，相当一部分驻社区单位缺乏共享理念，对社区服务体系建设不关心，社区工作人员多次到有关单位进行协调却不能有效对接工作，使一些社区的共建工作一直处于对接期，长期停滞不前，共享共建难度很大。

2. 公共服务发展不平衡，成果共享有差异

无论是纵观全局还是就某一区域内部而言，各社区在共建共享、民生保障、公共服务、组织建设等方面尚有参差，没有形成统筹兼顾、多方联动、

齐头并举、良性平衡的发展局面。同时，城乡公共服务发展不平衡。城市社区基本建立了一站式服务窗口，通过政府各部门在社区设立的窗口，居民可以享受便捷的服务，这给城市居民生活带来了极大的便利，而农村地区的居民目前还基本无法享受便利的公共服务供给。

3. 公共服务供给基础不牢，共享水平还有待完善

广州各类社会治理人才目前还很紧缺，导致公共服务供给基础不稳。

（1）以社工为代表的基层社会治理人才依然存在数量不够、质量不高的问题。广州市全市社工人才约占常住人口的0.06%，远低于发达国家0.4%的比例，明显低于京沪深的平均水平。目前，广州平均每个社区服务平台只有6~7名工作人员。受编制、待遇等影响，工作人员更迭频繁，素质参差不齐，服务专业化水平有待提高。更为堪忧的是，社工离职率特别是优质社工离职率居高不下。

（2）志愿服务人才短缺。虽然志愿者注册人数较多，但由于非户籍人口流动性大、参与程度不足，以及参与机制不完善等原因，能够真正有效参与志愿活动的志愿者甚少。同时，社区志愿者队伍年龄普遍偏大，往往局限于"老人团""大妈团"，大多数是退休人员，缺乏青年人的参与和青年骨干接班人，志愿者队伍出现人才断层。

（3）专业化主体发展不充分，不能有效满足人民群众对专业化社会服务的需求。专职办理行政复议、行政应诉、仲裁的工作人员较少，专职调解员数量更少。既懂信息化技术又懂管理和领导艺术的综合性社会治理人才更加缺乏。

三 广州在共建共治共享上实现走在全国前列的对策建议

（一）进一步强化基层党建，提升广州基层党组织的创造力、凝聚力、战斗力

强化基层党建，关键是要以党的十九大精神为指引，切实做好如下三个

方面的工作。

1. 强化基层党组织的组织力

要把切实提升广州基层党组织的组织力作为重点，突出基层党组织的政治功能，把企业、农村、机关、学校、科研院所、街道社区、社会组织等基层党组织建设成为宣传党的主张、贯彻党的决定、领导基层治理、团结动员群众、推动改革发展的坚强战斗堡垒。[①] 要引导广大党员发挥先锋模范作用，充分发挥党员在基层治理中的主动性和创造性，使其成为推进社会共建的带头人、示范者，带领社区居民、组织积极参与社会建设。

2. 进一步把创新基层党建与创新基层治理结合起来

要根据习近平总书记在参加广东代表团审议时的重要讲话精神要求，积极探索广州市基层党建与基层治理相结合的新思路、新方法，使二者形成相互促进、共同发展的良性循环。

3. 做好广州市外来人员党组织建设工作

必须持续加强来穗人员的党组织建设，做好来穗人员的党员组织关系转接工作，并注重发展新党员。要有力推动"两新"党组织建设，以党建带社建，通过来穗党员发动和带领来穗人员积极参与基层社会治理工作。

（二）进一步培育社会共建的多元主体，提升主体参与能力、强化主体参与自觉

1. 利用互联网技术，实现公共服务供给主体及信息的整合

要根据社区特点，积极构建社区层面的公共服务平台，整合养老、医疗、照料、维修等公共服务供给主体信息，并组织相关主体开展定期化的社区服务，更好地实现送服务进社区。

2. 拓展协商议事平台

通过网上与网下公共空间的构建，为居民参与提供平台和空间。在互联

---

① 习近平：《决胜全面建成小康社会夺取新时代中国特色社会主义伟大胜利——在中国共产党第十九次全国代表大会上的报告》，人民出版社，2017，第65页。

网技术飞速发展的背景下，广州市要积极鼓励社区根据自身情况构建社区网络议事平台，实现网上与网下的互动、联通，为基层群众参与社会协商、参与社会共建提供更便捷的渠道。

3. 继续培育和发展各类社会组织，优化社会组织结构

充分发挥广州市各级各类社会组织孵化基地和枢纽型社会组织的作用，引导社会组织提供社会亟须的紧缺服务，健全社会组织效用机制，重点培育发展行业协会商会类、科技类、公益慈善类、社工类和城乡社区类社会组织，推动广州市社会组织的创新发展，实现社会组织的结构优化。

（三）进一步提高社会治理的法治化水平，努力做到自治、法治、德治相结合

1. 完善社会治理的相关制度，提高社会治理法治化水平

（1）科学立法、加强重点领域立法。一是加快社会领域立法进程，确保立法的精细化和可操作性。二是为多元主体参与社会共建提供公平的制度环境和长效机制，促进社会共治常态化、程序化、机制化。三是积极推进公共服务标准化建设，尤其要为养老服务机构设置、社区服务标准化等提供制度支持。

（2）创新普法机制，培育社区法治文化，增强居民法治思维。通过多种渠道做好法治宣传工作，重视社区法治文化的培育，切实增强居民厉行法治的积极性和主动性，在社区层面引导居民形成守法光荣、违法可耻的社会氛围。

（3）加强社会心理服务体系建设，聚焦刑满释放人员、违法犯罪青少年、社区吸戒毒人员、"三非"外国人等群体，引入社会组织、心理咨询师等专业力量，开展心理帮扶疏导，加强人文关怀，培育自尊自信、理性平和、积极向上的社会心态。①

---

① 谢晓丹：《营造共建共治共享社会治理格局，我们正书写一份广州经验》，搜狐，http：//www. sohu. com/a/231976932_ 479515，2019 年 4 月 13 日。

2. 化解矛盾纠纷，解决各类社会治理问题

面对矛盾多发期的背景，广州市首先应传承发扬新时代"枫桥经验"，着力创新四大机制。

（1）公共法律服务机制。要推进政府企业和个人法律顾问工作机制建设，扩大法律援助覆盖面，发展公共法律服务业，解决社会公众的法律需求。

（2）社会稳定风险评估机制。将风险评估作为重大改革措施、重大工程项目必经的前置程序和刚性门槛。

（3）社会矛盾排查预警处置机制。形成集信息共享、部门联动、综合研判、跟踪督办、应急处置于一体的工作体系。如全面排查并及时化解企业关停后可能引起的矛盾。

（4）矛盾纠纷多元化解机制。严格落实涉法涉诉信访终结制度，依法构建多元化纠纷解决机制，加强"诉调对接"工作，积极引入第三方参与化解"涉诉"矛盾纠纷。

要充分发挥道德在社会治理中的作用，重视社区文化建设，重构和睦邻里关系。以乡贤调解、追求善治为主要内容，以德法并举为路径选择，发挥"新乡贤"在社区自治中的作用。积极创新互联网仲裁、专业市场和民间自行调处平台的建设，努力做到"法安天下、德润人心"。

3. 围绕全面开放新格局，大力提升法治化营商环境

要加强与港澳开展法律服务合作，培养引进高端法律人才，建设南沙海上丝绸之路法律服务基地，加快推进广州市高端法律服务业发展。开展类案发布、法治化营商环境宣传月等集中宣传活动，以生动实例宣传推介广州的软环境、软实力。[1]

（四）进一步坚持以人为本，加强民生保障体系建设

1. 以人为本，完善养老服务体系

加强社区养老服务中心的功能化、智能化建设，争取在全国率先实现社

---

[1] 谢晓丹，《营造共建共治共享社会治理格局，我们正书写一份广州经验》，搜狐，http://www.sohu.com/a/231976932_479515，2019年4月13日。

区养老服务全覆盖。继续推进居家和社区养老服务改革试点和"3＋X"创新试点，支持社会力量建设护理站，试行补充长期护理保险，推动社区嵌入式和护理型养老机构建设。出台支持社会力量参与社区居家养老服务等政策法规。搞好与法国合作开展的海珠区养老服务试点。

2. 健全机制，完善社会救助体系

进一步提高低保及相关社会救助标准，确保综合保障水平居全国前列。深化支出型贫困救助、前置救助，加强救助综合信息平台建设，健全"一门受理、协同办理"和主动发现机制，提升社会救助的精准性。

3. 社会协同，完善慈善工作体系

以深化"羊城慈善为民"行动为核心，大力开展"慈善之城"创建，促进慈善进家庭。支持第三方专业机构开展慈善组织监督评估。举办全国性慈善城市经验交流会，引进全国知名品牌慈善组织和项目落户广州。健全慈善荣誉嘉许和回馈机制。

（五）进一步创新社区治理体制机制，坚持把社会治理的资源向基层下沉

1. 进一步推进社会治理重心下移，把资源、服务和管理下放到基层

理顺和优化街居运行机制。根据街道和居委会承担的职能和任务，将资源、服务和管理下放到基层。优化基层治理力量的协同。要充分发挥"一队三中心"在社区治理中的基础平台作用，同时要通过与社会共建加强沟通协调，积极引导社会资本和慈善资源参与家庭综合服务中心建设。调动基层社会治理创新的积极性。积极做好创新成果的总结和推广工作，塑造一批具有较大影响力的基层治理创新品牌，构建"一街一特色、一居一品牌"的治理创新局面。

2. 推动区街社会创新平台的联动共享与协同合作

通过推动区街社会创新平台的联动共享与协同合作，共同实现平台的党建引领、供需对接研究、创新人才培育、社会组织监管功能。加强与工青妇等群团组织、专业化枢纽型组织的合作，有效支持专业化社会组织项目跨社区实施。

（六）进一步加快培育社会组织，继续推进群防群治，打造一批社会治理工作品牌

1. 培育和发展社会组织，坚持平安有序和激发活力相结合

广州要进一步完善社会组织发展壮大的法律和制度体系，开展街道成立社区社会组织联合会试点工作。

（1）建立符合实际的广州城市社区"分层议事"模式，要按照协商于民、协商为民的要求，建立健全基层协商民主建设协调联动机制。要积极总结推广增城"下围模式"村民自治经验，完善议事决策平台，推行"民主商议、一事一议"，实现农村基层的民主选举、民主决策、民主管理和民主监督。

（2）借鉴香港的成功做法，在法律允许进入的公共服务领域，要鼓励市场与社会组织协同共治，实现政府与市场、政府与社会组织的良性沟通和互动。

（3）针对我国缺乏专业社会工作者现实状况，一方面要通过高校开设社会工作专业课程培训社会工作专业人才；另一方面要根据基层社会需要，放宽社会工作者职业资格考试对象范围，并且提供一些能够激励社会工作者参加考试的奖励性措施。同时要壮大志愿者队伍。

2. 推动改革创新，探索群防共治体系

一是在"广州街坊"的总名称下，培育孵化一批各具特色的群防共治品牌。二是按照"统一领导、分级负责、齐抓共管"的原则，发挥群防共治队伍"广州街坊"的信息员、巡防员、调解员、宣传员作用。三是完善精准预警巡防机制，以警情引导"广州街坊"开展有针对性的群防共治任务。四是按"扩面、深化、创强"三步走，实现群防共治工作社会化、常态化、智能化、特色化。

3. 做好新塘、狮岭等特大镇综合治理工作

深入开展新塘、狮岭等特大镇管理问题的研究，要认真梳理特大镇存在的社会治安、安全生产、环境保护等方面风险隐患，将广州防范化解涉稳风险、创新加强社会治理等工作措施在特大镇率先推行。

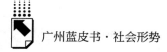

4. 打造大塘村、康乐村社会治理共建共治共享示范点

推动大塘村、康乐村的改造，要开展全方位、深层次、高质量的综合治理，找到政府部门合规管理、市场主体合法利益、人民群众合理需求的最大公约数，达到市容环境升级和各方利益预期相平衡，使其成为在营造共建共治共享社会治理格局上的基层样板。

（七）进一步拓展外来人口参与社会治理渠道，让外来人口成为社会治理生力军

要以现有管理制度为基础，根据实际经济社会发展的情况变化，进一步健全来穗人员服务管理政策法规体系。以市、区两级来穗人员服务管理工作领导小组的统筹协调为基础，进一步健全市、区、镇（街）、村（社区）四级服务管理体制，进一步提高各机构的日常服务管理水平。要以居住证为载体，进一步提升符合条件来穗人员的基本公共服务内容和水平。以人文关怀为指引，进一步推动来穗人员全面融入社会，让来穗人员的获得感、幸福感、安全感进一步增强，形成来穗人员人人参与、人人尽责的社会治理良好局面。

（八）进一步树立社会治理成果共享理念，打造社会治理成果共享体系

1. 打造社区"微"共同体体系，树立社会治理成果共享理念

共享的实现有赖于共享理念的建立与共享文明的保障。政府应当发挥好宣传教育的功能，普及文明共享观念，构建整个社会对共享资源的珍惜与保护理念，从而为实现共享保驾护航。社区意识的形成不仅仅有利于居民的社区归属感、认同感、幸福感和志愿精神的培育，也有利于激发居民形成合作参与意识，有利于将社区打造成一个守望相助、和谐友爱的生活共同体。

2. 打造"全响应"网格化服务体系，推进社会治理成果共享

打造"全响应"网格化服务体系，使城市社区形成"社区有网、网中有格、格中定人、人负其责"的良好局面，增强社会治理的精准化程度，

实现居民需求与公共服务的零距离无缝对接。推行"一网覆盖""一窗受理"集成服务、融合服务。有效打通服务群众的"最后一公里"。

（九）进一步弥补社会治理成果共享短板，努力缓解发展成果供给不平衡不充分问题

1. 构建有效的社会治理投入机制，实现社会服务充分供给

（1）政府每年要从本级财政预算中安排一定比例的资金，通过政府购买和政府资助等方式，用于扶持社会组织、奖励社工人才，并根据地方经济发展水平，逐步加大财政购买公共服务的支出比例，拓展购买服务的领域和范围。

（2）要拓宽公益资金的筹集渠道。要组织动员辖区内的单位以志愿者的身份，参与社区管理、牵头社会活动、融入社区文化，共同为社会服务出资出力。在政策层面可以对认领公益项目、捐赠社会服务经费的企业，以减小纳税比例等方式予以激励，从而拓宽筹资渠道，激发社会各方参与的积极性。

（3）拓展社会组织经营性服务。社会组织可以根据自身特点和居民需求，采取无偿、低偿和有偿的支付方式，对困难群体的公益性服务，由政府购买服务"兜底"保障，这既能满足居民不同层次的需求，又能拓宽社会组织资金的来源渠道，保证社会组织运行的可持续性。[①]

2. 构建均等化社会服务供给体系，推动治理成果城乡共享

要积极统筹城乡社会事业发展，推进公共服务均等化，建立覆盖城乡居民的公共服务体系，使城乡居民劳有其位、病有所医、老有所养、学有所教、住有所居。城乡统筹的过程本身就是一个让城乡群众共享改革发展成果的过程，要确保群众得到真切实惠，完善利益调节机制，积极构建发展成果人民共享的生态环境。要坚持以统筹城乡发展统揽工作全局，建立健全以组

---

① 刘晋飞：《打造共建共治共享社会治理格局——东莞市基层多元共治经验探讨》，《中共珠海市委党校珠海市行政学院学报》2018 年第 2 期，第 56～62 页。

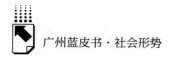
团帮扶为载体的平台，探索完善村（特别是城中村）、社区、非公企业党组织之间结对共建活动，推动城市党建资源向农村延伸、发展要素向农村流动、公共服务向农村覆盖。①

3. 构建国际化开放型共享机制，推动社会发展成果国际共享

广州有很多外籍人群密集居住的片区，比如三元里片区、小北路片区、滨江东片区等。越是国际化社区，执政党的各级组织越应在社区事务上发挥领导作用，基层党组织和党员越应成为组织社区建设和领导居民自治的核心力量。广州还需要在基层党组织政治优势同广泛的专业组织和前沿治理技术相互嫁接、融合上积极探索。为提升广州在国际化社区治理方面的水平，需要引入专业性的组织和机构，来增强社区管理与服务的专业化能力。可通过与有国际化社区治理经验的机构开展合作的方式，提升社区治理的专业化和智能化水平。

（审稿人：孙晓莉）

---

① 杜建新：《"三社联动"推进社区治理体系现代化的探索》，《江南论坛》2018 年第 3 期，第 47~49 页。

B.3

面向新时代公交都市发展的广州公共交通智能管理与服务体系创新实践

张 孜*

摘 要： 面向新时代人民美好交通发展需求，以广州市创建国家公交都市为契机，分析了公交都市视角下，公众、企业、政府三个方面的公共交通智能管理与服务需求，基于广州智能交通"一个中心、三大平台"的总体规划，搭建公共交通智能管理与服务体系框架，应用大数据、物联网、移动互联、云计算等新一代信息技术，开展公共交通智能化管理与服务创新实践，满足公众出行多样化交通服务需求，促进企业经营管理提质增效，强化行业监管引导服务，形成了广州公共交通共建共治共享的治理新格局。

关键词： 智能公交 管理服务 大数据 公交都市

一 国家公交优先发展战略下的公交都市创建背景

公交都市是从国家城市发展的高度和可持续发展视角出发，在理论上和实践中探索解决城市与交通问题的战略部署，体现了一种以城市公共交通为机动化出行主体、引导城市发展为导向的城市布局结构，是一种受资

---

* 张孜，博士，广州市交通运输局科技信息处处长、高级工程师，主要从事智能交通与交通工程方面工作。

源、环境、安全等条件约束的最佳城市建设形态，也是一种综合效率和社会环境效益较为理想的城市发展模式。优先发展公共交通是缓解交通拥堵、转变城市交通发展方式、提升人民群众生活品质、提高政府基本公共服务水平的必然要求，是构建资源节约型、环境友好型社会的战略选择。

"十二五"期间，在国家层面提出开展公交都市示范建设，"十三五"时期进一步深入推进公共交通优先发展战略，2018年底广州等12个城市推进城市交通高质量发展，获评国家公交都市建设示范城市。[①] 公交都市的建设，不仅要满足常规公交的基本需求，更要满足人民日益增长的美好公共交通出行需求，重点解决不平衡、不充分的供给，强化企业运营管理、行业治理服务，打造高效便捷、安全舒适、经济可靠、绿色低碳的城市公交系统，实现好、维护好、发展好人民群众的基本出行权益，促进公共交通高质量发展，形成以人民为中心、共建共治共享的品质化公交出行环境。

二 公交都市视角下的公共交通智能管理与服务体系研究

（一）公交都市视角下的公共交通智能管理服务需求

公共交通智能管理与服务不仅需要常规的公交基础设施建设与交通信息化支撑，还需要以新时代公众需求为导向，通过更智能的技术手段，发挥企业的创新主体作用，为公众提供舒适、便捷的运输服务，并强化政府部门的行业治理，共同打造良好公交出行环境。

新时代公众的美好公交出行需求除了出行的基本需求，如公交服务覆盖面广、换乘便捷等，还包括公交出行新期待与多样化的新需求。公共交通供

---

① 《十二城获评"国家公交都市建设示范城市" 奋力推进城市交通高质量发展》，交通运输部网站，http://www.mot.gov.cn/jiaotongyaowen/201812/t20181214_3144051.html，2018年12月14日。

给需兼顾不同时间、不同区域、不同人群的多重需求属性，提供更多的出行方式选择、对出行过程可以预期、能够顺畅衔接便捷到达，保障重点时间区域（例如春运站场、大型活动、偏远地区等）场景化需求、不同用户人群（例如通勤、旅游、盲人等）定制化需求以及不同城区特色化需求（如跨水域公共交通）。

要满足公众美好公交出行需求，解决不平衡、不充分的交通供给问题，需要企业发挥创新主体作用，优化公共交通供给结构，构建"需求响应交通"（DRT）的运营管理服务模式，在常规公交电子化运营管理的基础上，应用新兴技术，充分采集客流、车辆、司机等各类数据信息，实现更加智能的科学调度、安全管控、节能减排，兼顾服务品质和企业经营效益，提供高效、安全、舒适的高品质、人性化的服务。

为了构建"需求响应交通"的运营管理服务模式，打造面向新时代的"人民满意交通"，需要政府以智能化的手段，促进公共交通高效运营、科学治理、创新服务，发挥公共交通在城市发展中的导向、主体、带动作用，促进"保障更有力、服务更优质、运营更安全、管理更规范"的公交都市发展，形成现代化、智能化公共交通管理服务体系。

（二）公共交通智能管理与服务体系总体框架

公共交通智能管理服务需要在持续提升服务保障能力、运营管理能力、综合治理能力、创新发展能力的基础上，以人民为中心、贯彻新发展理念，坚持共建共治共享，构建面向新时代公交都市发展的公共交通智能管理与服务体系，以信息技术为纽带，将公众服务、企业运营、行业管理三个方面有机融合形成的相互支撑的整体。

广州市交通运输局在智能交通"一个中心、三大平台"的总体框架下，依托公交都市建设，围绕公众多元化需求，发挥企业的创新主体作用，结合行业管理服务需要，从信息采集、智能调度、安全管控、信息服务等方面展开公交智能化建设应用，建成健全广州公共交通智能管理与服务体系（见图1）。

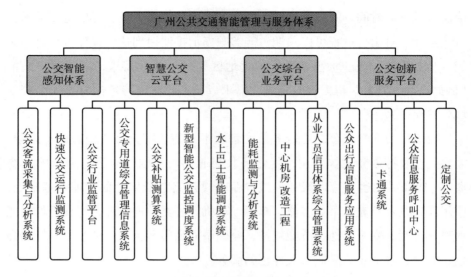

图1　公共交通智能管理与服务体系总体框架

广州公共交通智能管理与服务体系与广州市智能交通"一个中心、三大平台"的总体规划一脉相承，同样包括感知、分析、应用、服务四个层级，以及创新、标准、安全、共享四项保障机制（见图2），二者在信息和

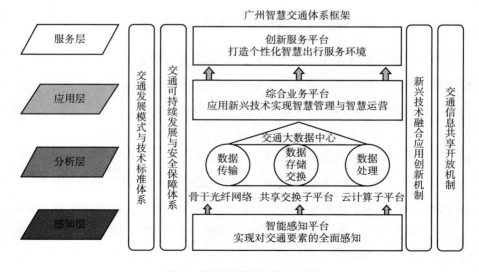

图2　广州智慧交通体系框架

基础设施方面共享复用，既丰富多维感知，又提升机房存储、网络传输利用率，进一步强化分析应用能力，充分体现共建共享的发展模式。

三　广州公共交通智能管理与服务体系创新实践

（一）以需求为导向，满足公众日益增长的美好公交出行需求

基于需求的变更性、多样性、广泛性和层次性，新时代人民对于"美好交通出行"的需要发生了重大变化，已从单一趋向多元、从追求数量到追求质量，从当下更重视未来，根据需求特征不同，可分为基础升级需求、个性化需求和特定需求三种类型。

基础升级需求是对普遍存在、规律明显的基础乘车需求的提高，例如公交通勤群体对便利性、多样化以及可预期有了更高的要求。为此，广州布设了1200多条线路、14000多个站点，投入15000多辆公交车，实行全市范围统一智能调度，中心城区500米站点全覆盖，满足公众便利出行；在乘车支付方面支持一卡通、二维码、全国一卡通、银联卡等多种方式支付，在全国率先实现公交地铁领域全面覆盖乘车码支付，截至2018年底，乘车码日交易量达90万人次；同时，广州推出了行讯通等信息服务 App，提供出行规划、到站时间预测、候车提醒、公交到站提醒、车辆导航、广州南站站内导航等20余项一站式信息查询，且通过协议与高德、百度等市场主流导航软件合作，为公众提供更全面、准确的信息服务，满足公众出行等可预期的需求。

个性化需求是指不同于其他个体的交通服务需求，例如定制巴士需求。对此，广州从"互联网＋"理念出发，以"线路征集、按需开通、一人一座、在线验票"为营运思路，推出定制公交"如约巴士"，公众可以通过互联网提出自己的需求，公交企业根据需求设计出公交线路。目前"如约巴士"累计开通700余条线路，常规运行200多条线路，客运量300余万人次，上座率达70%以上，平台用户55万人。新型旅游环线，串联起以花城

广场为核心的各个旅游观光景点，围绕旅游出行需求，应用智能调度、人脸识别、车辆防碰撞、客流检测、新一代蓝牙、司机健康监测等新技术，构建新型旅游公交信息化体系，体现旅游公交线路特色，打造新型智慧公交窗口。

特定需求是特定场景、特定人群的交通服务需求，例如交通重点保障区域、低频乘车时间区域、特色区域、特定人群的交通需求。针对这类情况，广州根据需求特征定制方案，因地制宜地提供多形态公交服务，在重点保障区域（春运客运枢纽、广交会会期）实施多方式联动疏运，信息交互引导满足特定人群需求。在低频乘车时间区域兼顾公众乘车需求与企业运营成本，以集智能化技术建成环保、经济的运输服务"一键叫车"系统，将乘客在车站的乘车需求及时传输到调度中心，调度中心综合在途与在库车辆情况派车响应，并提供配套信息服务。目前，在黄埔区与天河区珠江新城区域运营，两个地区使用了不同的需求采集方式，黄埔区通过羊城通卡或手机号码验证采集需求，天河区通过人脸识别采集乘车需求，两种方式利用羊城通卡、手机号码、人脸的唯一性避免重复需求，调度中心根据需求及在途车辆位置，判断是否就近增派空车响应乘车需求。根据珠江穿过广州中心城区的地理特征，因地制宜建设了广州的第四套公共交通系统——水上巴士行。目前营运船舶52艘，营运码头26座，运营公交航线14条，航线总里程53.91公里，日均承担客流量超过5万人次，广州水巴在国内各大主要城市水上公交系统中，提供了船舶数量最多、营运里程最长的水上交通服务。对于视觉障碍人士，其服务需求中最核心的是将"看"转为"听"，广州整合公交行业基础数据和动态信息资源，研发符合视障用户使用习惯的公交导盲App，实现手机—站台—车辆实时互联和通信引导。其导盲原理是：用蓝牙标签数字化标识公交车辆和站台，公交导盲App自动感知身边车辆或者站台，通过专业设备设置线路和目的地，车辆进站时设备语音提醒，同时进站车辆车载喇叭提醒引导用户上车，到达目的地设备语音提示下车，通过这种人车路协同系统，为视障人士提供精准和个性化服务。目前公交导盲App用户量超过12000人。

（二）发挥企业创新主体作用，提升公共交通服务质效

面向新时代人民交通的新需求，为了满足公众在搭乘公共交通出行中的舒适、便利、安全需求，不能盲目依靠基础设施建设，需要发挥企业的创新主体作用，共建共享、集约化高质量发展，需要采用智能化的技术手段，动态掌握乘客需求、智能高效排班调度、有力保障运输安全，同时兼顾企业经营管理提质增效。

1. 动态掌握乘客需求

通过公交客流采集与分析系统实现对全市全部1200多条公交线路、14000多个站点的客流和发班情况进行监控和综合分析。应用机器视觉技术，融合刷卡、卫星定位等数据，研判客流分布、动向及车内拥挤程度。关联公交、地铁刷卡数据分析全市公共交通客流起讫，为公交线路优化及车辆调度提供了更准确的基础数据。利用智能视频识别技术，在快速公交系统40个主要站台动态采集全线客流，对客流进出、拥挤度等状态进行实时检测，掌握站台客流饱和程度，辅助客流预警、线路调度，保障运营秩序。

2. 智能高效排班调度

利用上述技术实时掌握客流信息，辅助客流预警并指导支撑智能公交管理系统，智能公交管理系统覆盖全市所有公交企业15000多辆公交车、1200多条公交线路、10个调度分中心，广州市依托智能公交管理系统，实现了部分线路、车辆自动调度，目前应用自动调度线路平均自动调度率在80%以上。为提高水上巴士运营服务水平，建立水巴智能调度监控系统，实时采集水巴客流数据，对船舶实时位置进行监控并追踪行驶轨迹，支持50多艘船舶在30多个码头的航行调度管理，满足一键紧急报警、偏航提示、超速预警等功能。

3. 有力保障运输安全

为了强化公交运营安全保障，集成图像识别、雷达等技术，建设了安全防碰撞系统，根据车辆行驶外部环境进行监测预警，具有前向碰撞预警、低速碰撞预警、行人碰撞预警、车道偏离警告和车距检测与警告等功能，有利于防范

安全隐患与行车安全管理，截至2018年底已应用于6000多辆新能源公交车。利用人脸及行为识别等技术，建设了驾驶行为分析系统，对驾驶过程中疲劳驾驶、吸烟、酒驾、开车拨打/接听电话、注意力分散等驾驶员行为进行实时采集分析，并即时预警提醒危险行为。为进一步保障从业人员安全生产，试点应用司机健康监测系统，关注司机健康，监测指标包括心率、血压、呼吸等内容。

4. 经营管理提质增效

为了提高公交运输生产精细化、立体化管理水平，应用公交CAN总线数据分析系统（见表1）综合采集车辆设备状态数据、驾驶行为数据、运营数据，及时发现安全隐患，通过监测预警、后台分析等手段提高行车的安全性，辅助风险预判与企业精细化营运。目前，全广州市已在2000多辆公交车上应用。

表1　公交CAN总线采集数据系统

序号	数据类别	数据内容
1	车辆设备状态数据	车速、里程、转速、档位、制动状态、水温、气压、油门、灯光信号、门信号、电池电压、机油压力等
2	驾驶行为数据	变道、制动、急减速、超速、急加速、超速、违规热车、鸣喇叭、使用远光灯、未关门起步、车辆未停稳开车门、车辆起步不关车门等
3	车辆故障报警数据	严重故障、油压报警、水位低报警、水温过高报警、前气压报警、后气压报警、行车气压报警、油压报警等

（三）加强政府服务、监管与引导，发展人民满意的品质公交

公共交通运营服务供给，一方面是市场化机制推动企业提供，另一方面离不开行业主管部门对企业运营管理的监管、引导与服务。解决不平衡、不充分的交通供给问题，需要发挥政府部门在公众、企业之间的纽带作用，推动共建共治共享的社会治理新格局。

1. 服务创新

聚焦春运主战场高强度旅客运输场景，升级建成智慧春运3.0系统，全域覆盖城市对外、对内交通，建设城市公共交通、综合枢纽、高速公路、长

途客运、春运简报、告警中心六大主要板块，综合运用大数据、人工智能、交通仿真等技术，集成移动信令、航空、地铁、高速公路、气象、环保、视频、卫星定位、交通运输数据、机器视觉数据等 230 余类数据资源，实现对客流、车流、路况、交通环境等交通全要素实时感知、综合分析、趋势预测、措施建议、评估仿真、效果评价、复盘分析，支撑春运及节假日枢纽客流疏运和安全保障工作。

通过实时分析客流与运力综合态势，创新实施"二加三延"① 疏运模式，显著缩短旅客换乘接驳的等待时间，有效解决高峰期打车难问题，同时也促进枢纽内客流高效流转，进而保障枢纽候乘秩序井然。该模式不仅获得市民旅客的肯定，成为春运、重大节假日和重大活动旅客疏运组织的最新经验和有效模式，而且受到交通运输部、省市有关专家及领导的认可，获得全国"雪亮工程优秀创新案例"、广东省"粤治—治理能力现代化"优秀案例和中国智能交通协会科技奖，被主流媒体誉为春运"最强大脑"，受到中央人民政府官网、中国交通新闻网、央广网等多家媒体报道。

2. 监管升级

为强化公交运营监管，应用新一代公交行业监管系统实现基础数据管理、线网规划、GIS 监控、运营监控、运营统计报表、服务质量监管、辅助决策分析、车距监控分析等一体化管理，利用可量化的考核指标，促进企业精细化规划运营管理，使公交服务投诉有据可查，提高乘客满意度。同时前瞻性地考虑公交精细化服务需求，建设广州公共交通智能管理服务平台，通过对公交行业数据的全面采集，初步建成公交行业管服务"一张图"，基于 GIS 映射行业静动态资源分布及服务供给情况，对广州公交管理决策提供宏观支撑。

利用水巴调度系统信息化设备，通过船载航行数据记录仪采集部分发动机、发电柴油机、艉轴等设备运行状态数据并深化分析应用，建设水巴安全监管平台，结合 30 多个码头、113 个点位的视频监控系统，对珠江航道所

---

① "二加"模式是指"如约巴士＋出租车"疏运模式、"补偿调度＋信息引导"出租车保障模式；"三延"模式是指延长公交运营时间通宵服务、延长地铁服务时间、延长广州南汽车客运站营业时间通宵运营。

有船舶运行状态进行实时监控。为提升闭环监管能力，应用交通信息设施监管系统，实现对 70000 台设施设备、30 个重要应用系统故障告警信息的掌控分析，以及对所有网络服务器的运维监控、流程处理，以信息化手段加强对信息基础设施的集约化高效管理。

3. 引导发展

为促进公交企业提供更优质的运输服务，应用公交补贴测算系统综合分析公交运营情况，对公交企业经营情况进行合理评估，为主管部门提供公交补贴测算的依据和技术支持，使公交补贴资金"据实核定、责利对等、合理分配"，有力支持公交行业的良性运行。

结合广州新能源车辆投产服务，及时建成新能源车辆动态监测平台，通过对现有公交车辆车载信息化设备进行整合，建立新能源车辆的车内、车与车、车与路、车与人、车与服务平台的全方位网络沟通渠道，提升公交车辆的智能化管理和安全驾驶能力，实现对车辆行驶状态、电源状态、充电状态、驾驶行为等的全方位管理。

在新时代人民美好公交出行需求驱动下，广州建立健全智能公共交通管理服务体系。面向公众服务，从乘车便利、信息查询、支付选择、预期判断、需求定制、即时乘车、空间直达、无障碍乘车等方面提升公众出行服务水平。面向企业运营，通过建设信息化终端及创新服务模式，动态采集公众的出行需求，应用新兴技术实现智能排班、自动调度、资源优化配置、强化安全管理等，促进企业降本增效；面向行业管理，以信息技术促进公共交通服务创新，以精细化监督管理运营服务各个环节，加强对不平衡、不充分交通供给结构的优化引导，提升交通现代化治理能力。通过对公交管理服务的全方位智能渗透，广州构建了"互联网＋公共交通"智能服务体系，形成了大数据驱动的业务服务模式，在国家公交智能化示范工程验收中，获得交通运输部专家组高度评价。

四　公共交通智能管理与服务体系发展展望

面向新时代的人民日益增长的高质量、品质化、多样化公共交通出行需求，公共交通管理与服务需要坚持以人民为中心，贯彻"创新、协调、绿色、开放、共享"的发展理念，以公交都市持续发展为抓手，以供给侧结构性改革为动力，加快建立公交导向的城市发展模式，把握新一轮科技前沿，打造面向"出行即服务"的响应式公交，结合新能源公交车、定制模式的推广应用，构建共享公交、绿色公交等新形态，实现更加充分、更加平衡的共建共治共享发展新格局。

立足需求，应对交通的发展趋势，广州市智能交通"一个中心、三大平台"的总体框架还在不断兼容并蓄、充实内涵，交通运输局现已开展新一轮智慧交通发展规划，面对新一轮科技、新一轮产业变革的机遇和挑战，以交通管理服务现代化为目标，以行业信息化重点项目为依托，着力夯实交通大数据基础、创新交通信息服务发展、大力推进行业深入应用、全力保障系统安全可控，实现行业管理高效智慧、宏观决策科学有效、人民出行服务高效便捷、交通管理服务持续创新，为实现广州市打造人民满意的交通运输体系发展目标发挥关键的促进作用，加快创建新时代交通强市进程。

参考文献

庞晓媚：《应对可持续发展的开发控制体系》，华南理工大学博士学位论文，2018。

《交通运输部关于公布"十三五"期全面推进公交都市建设第一批创建城市名单的通知》（交运函〔2017〕597号），2017年8月。

《国务院关于城市优先发展公共交通的指导意见》（国发〔2012〕64号），2012年12月。

《交通运输"十二五"发展规划》（交规划发〔2011〕191号），2011年4月。

《交通运输部关于公布"十三五"期全面推进公交都市建设第一批创建城市名单的通知》（交运函〔2017〕597号），2017年8月。

《广汉市城市公共汽车运营补贴办法（试行）》（广府办〔2018〕13号），2018年2月。

（审稿人：孙晓莉）

B.4
广州市巡游出租汽车客运管理调查报告

广州市人大法制工作委员会　广州大学广州发展研究院课题组*

摘　要： 伴随着互联网时代的高速发展，网约出租车的出现，在改变了人们出行习惯的同时，也冲击了巡游出租汽车行业，并对广州巡游出租汽车行业管理带来较大影响。本文从出租汽车行业现状、市民对巡游出租汽车客运服务评价、驾驶员对巡游出租汽车行业管理评价等方面分析广州巡游出租汽车客运管理存在的问题，并针对《广州市巡游出租汽车客运管理条例（草案）》和巡游出租汽车行业管理提出建议。

关键词： 巡游出租汽车　网约出租汽车　民意调查　广州市

出租车是一座城市的窗口形象，是一个城市颜值的风向标。在高速发展的互联网时代下，网约出租汽车的迅速发展，满足了群众对美好生活日益增长的需求，同时也冲击了广州巡游出租汽车行业，对巡游出租汽车客运管理产生了巨大的影响，市场形成不正当竞争，驾驶员因收入下降而离职、转行，服务质量不高、社会反响不好等。在规范网约出租汽车管理的同时，为了进一步加强

---

* 课题组成员：涂成林，广州大学二级研究员、博士生导师，国家"万人计划"领军人才；刘成忠，广州市人大常委会法制工作委员会法规二处副处长；粟华英，广州大学广州发展研究院社会调查中心主任、经济师；谭苑芳，广州大学广州发展研究院副院长、教授、硕士研究生导师；罗倩，广州市人大常委会法制工作委员会法规二处主任科员；周雨，博士，广州大学广州发展研究院助理研究员；范银芝，硕士，广州大学广州发展研究院科研助理。执笔：涂成林、粟华英。

广州市巡游出租汽车客运管理,规范巡游出租汽车行业准入和退出、运营服务、行政监管等行为,促进行业健康发展和保障市民出行,广州市于 2018 年 5 月公布了《广州市巡游出租汽车客运管理条例(草案)》,并向社会征求意见。为了解公众对巡游出租汽车①客运管理的看法,2018 年 12 月,广州市人大法制工作委员会、广州大学广州发展研究院联合开展了"广州市巡游出租汽车客运管理"民意调查研究。

本次调查对出租汽车行业行政主管部门、巡游出租汽车运营企业、驾驶员等进行了实地调研、个案访谈和问卷抽样调查。其中问卷调查采用了分层抽样、配额抽样、随机抽样等抽样方法,以计算机辅助电话访问的形式,对广州市 11 个行政区的市民、广州市巡游出租汽车运营企业和驾驶员进行调查,共完成有效样本 1104 个,其中有市民 800 个、运营企业 30 个、驾驶员 274 个(见表 1)。经分析评估,调查样本涵盖了不同性别、年龄、职业、收入水平及巡游出租汽车乘车体验的市民,涵盖了不同企业性质、企业规模的巡游出租汽车运营企业,涵盖了不同年龄、户籍、居住时间、所属企业性质和规模的巡游出租汽车驾驶员;整个调查在 95% 的置信水平下,调查的误差符合统计学所允许的误差范围,可真实反映相关利益群体对广州市巡游出租汽车客运管理看法的基本情况。

表 1 调查样本信息

单位:%,个

相关利益群体	行政区	常住人口等比	有效样本量	相关利益群体	企业性质	占比	有效样本量
市民部分	越秀区	8.6	69	市民部分	番禺区	11.4	91
	荔湾区	6.9	55		花都区	7.5	60
	海珠区	12.0	96		南沙区	4.9	39
	天河区	11.5	92		增城区	8.3	66
	黄埔区	6.6	53		从化区	4.5	37
	白云区	17.8	142		合计	100	800

---

① 巡游出租汽车,是指依法取得运营许可,设置客运服务标志,可以巡游揽客、站点候客和提供电召服务,按照乘客意愿提供客运服务,并按照规定的项目和标准收费的七座以下乘用车。

续表

相关 利益群体	行政区	常住人口等比	有效 样本量	相关 利益群体	企业性质	占比	有效 样本量
驾驶员 部分	国有企业	56.7	156	驾驶员 部分	国有企业	27.1	8
	集体企业	3.3	9		集体企业	5.7	2
	民营企业	36.7	100		民营企业	65.7	19
	外资企业	3.3	9		外资企业	1.5	1
	合计	100	274		合计	100	30

一 广州市出租汽车行业现状

根据广州市客运交通管理处于 2019 年 5 月提供的数据,广州市出租汽车行业现状如下。

(一)巡游出租汽车行业现状

1. 运营企业情况

目前广州市共有巡游出租汽车运营企业 71 家,其中国有企业 19 家、集体企业 3 家、民营企业 48 家、外资企业 1 家;分布于广州市中心 6 区(越秀区、海珠区、荔湾区、天河区、白云区、黄埔区)58 家,外围 5 区(花都区、番禺区、南沙区、从化区、增城区)13 家。

2. 运力情况

广州市巡游出租汽车共有永久使用经营权 15810 个。从 2007 年开始,通过服务质量招投标等公平竞争的方式累计投放巡游出租汽车运力指标 11313 个,期限为 5 年,到期后收回重新招标。

3. 车辆及驾驶员情况

目前,广州市共有巡游出租汽车约 22442 辆,其中市中心 6 区有 19988 辆、花都区等外围 5 区有 2454 辆。广州市市中心 6 区有驾驶员 37752 人,巡游出租汽车驾驶员户籍以广东省外为主。其中,广州市籍驾驶员 4864 人,仅占总数的 12.9%；广东省内（不含广州）户籍司机 10895 人，占总数的 28.9%；外省籍司机 21993 万人，占总数的 58.3%。

4. 车辆运营情况

巡游出租汽车起步价为 12 元/3 公里，续租价 2.6 元/公里，营运候时费为 44 元/小时，返空费实行阶梯附加，15~25 公里按照续租价加收 20%，25 公里以上按续租价加收 50%，增设夜间服务费（当日 23：00 至次日 5：00），按续租价加收 30%。正常营运的双班（两名驾驶员）巡游出租汽车日均载客平均 37 车次，日均行驶里程约 400 公里，日均载客里程约 270 公里，日均营收约 1050 元，扣除燃料成本、用车成本后，驾驶员月均净收入约为 6500 元。民意调查显示，受访驾驶员平均每月纯收入（不含上交的费用和油费，含网约出租车收入）"3000 元以内"的为 5.5%，"3000~5000 元"的为 60.9%，"5000~8000 元"的为 31.8%，"8000~10000 元"的为 1.5%，"10000 元以上"的为 0.4%。

（二）网约出租汽车行业现状

1. 平台公司情况

目前，广州共有 25 家网约出租汽车平台公司获得广州市颁发的经营许可证，包括首汽约车、神州专车、曹操专车、如约的士、AA 出行、斑马快跑、滴滴打车、呼我出行、神马专车、飞嘀打车、星星打车、易到用车、万顺叫车、阳光出行、帮邦行、叮叮约车、摩纷出行、微巴出行、久柏易游、粤运悦行、吉汽出行、刹一脚、去哪儿专车、伙力专车、易点智慧出行等平台公司，其中有 12 家公司正式营运。

2. 车辆及驾驶员情况

目前，广州市网约出租汽车车辆运输证申请 6.1 万张，核发车辆运输证 5.5 万张；网约出租汽车驾驶员申请 7.2 万人，其中网上预约报名 5.6 万人，巡游出租汽车驾驶员申领网约出租汽车驾驶员证 1.6 万人；核发驾驶员从业资格证 4.4 万张。

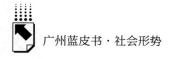

（三）市民乘坐出租汽车体验情况

随着人民群众生活水平的日益提高，出租汽车已成为市民日常出行的重要交通工具。调查显示，有91.6%的受访市民有乘坐巡游出租汽车或网约出租汽车体验，其中表示"经常"乘坐的为24.4%，表示"偶尔"乘坐的为75.6%（见表2）。

表2　受访市民乘坐巡游出租车和网约出租车的体验情况

单位：%

有无乘坐体验	百分比	乘坐类型	百分比（可多选）	乘坐频率	百分比
有体验	91.6	巡游出租汽车	81.9	经常	24.4
		网约出租汽车	78.5	偶尔	75.6
都没有	8.4				

受访市民选择乘坐巡游出租汽车的原因主要是能"随叫随停"，被选比例为63.2%；而受访市民选择乘坐网约出租汽车的原因主要是"可以提前预约，方便出行"，被选比例为75.0%（见表3）。

表3　受访市民选择乘坐巡游出租车或网约出租车的原因（可多选）

单位：%

选择乘坐巡游出租车		选择乘坐网约出租车	
原因	百分比	原因	百分比
随叫随停	63.2	可能提前预约,方便出行	75.0
乘车安全性高	12.8	乘车环境好	14.1
个人习惯	11.5	价格便宜	14.1
监管比较严	8.6	随时能对司机进行评价或投诉	13.2
运营和管理更规范	8.5	司机服务态度	11.2
司机信息公开	5.9	服务质量高	10.8
其他	18.4	个人习惯	10.1
		其他	7.2

（四）满意度评价

总体来说，受访者对广州市巡游出租汽车服务给予肯定。特别是"司机对路况的熟悉程度""行车安全"等的满意度较高。调查显示，对广州市巡游出租汽车的总体评价，受访市民的可接受度为90%，但满意度不高，为42.6%；明确表示"不太满意""不满意"的比例较低，合计仅为7.9%。而"司机对路况的熟悉程度""行车安全"等服务获得受访者较高评价，满意度均超过七成，分别为70.7%、71.6%（见表4）。

表4　受访市民对巡游出租车客运服务的评价

单位：%

具体服务	可接受度					不满意度			难说
	满意度			一般	合计	不太满意	不满意	合计	
	满意	比较满意	合计						
总体评价	7.1	35.5	42.6	47.4	90.0	5.5	2.4	7.9	0.1
司机对路况的熟悉程度	44.1	26.6	70.7	21.4	92.1	3.1	2.6	5.7	0.3
行车安全	46.5	25.1	71.6	23.5	95.1	1.1	2.3	3.4	0.5

受访驾驶员对广州巡游出租汽车运营企业的管理也给予了肯定。调查显示，对公司运营管理的评价，受访驾驶员的可接受度为82.1%，但满意度不足四成，为39.8%；表示"不太满意"或"不满意"的比例也不低，合计为15.3%。受访驾驶员表示不满意的原因主要是"承包费（或管理费）太高"，选择比例高达78.6%；其次为"燃油费补贴没落实""只知道收钱没有服务"，选择比例分别为57.1%、52.4%。

二　巡游出租汽车行业存在的问题

出租汽车每天穿梭于城市中的大街小巷，在为广州市民出行提供便利的同时，拒载、议价、违法超车、强行抢道、乱停乱放、服务态度差等违法违规现象也不断发生。虽然广州市交通运输管理部门不断重拳出击整治巡游出租汽车行业，但在客运服务中仍屡见不鲜。

（一）服务态度生硬，乘车环境差

调查显示，受访市民对巡游出租汽车的"服务态度"和"乘车环境"的满意度都不高，分别为51.6%、49.3%；其中受访市民对巡游出租汽车"乘车环境"的不满意度在路况熟悉程度、行车安全、服务态度、乘车环境等各项具体服务中是最高的，为7.7%。而有55.1%的受访市民明确表示遇到巡游出租汽车驾驶员"服务态度生硬"的现象，其中"经常"有的为9.8%（见表5）。

表5　受访市民对巡游出租车服务态度、乘车环境的评价

单位：%

评价具体服务	满意度			一般	不满意度			难说
	满意	比较满意	合计		不太满意	不满意	合计	
服务态度	24.8	26.8	51.6	40.3	4.0	3.0	7.0	0.1
乘车环境	30.9	18.4	49.3	41.9	3.4	4.3	7.7	0.1

（二）巡游出租汽车交通违法、拒载、工作聊天等违规现象较多

调查显示，在广州市巡游出租汽车出现的众多违法违规现象中，受访市民认为"开车时电话聊天或微信聊天"现象最多，被选比例高达63.0%，其中表示"经常"有的为19.5%；其次为"拒载/挑客"现象，被选比例达59.9%，其中表示"经常"有的为25.0%；再次为"不打表/打表计费不准确/议价"现象，被选比例为44.7%，其中表示"偶尔"有的为32.8%。还有33.1%的认为存在"故意绕道"现象（见表6）。

表6　广州巡游出租车客运服务存在违规现象

单位：%

现象	没有	有			难说/不清楚
		偶尔	经常	合计	
开车时电话聊天或者微信聊天	35.3	43.5	19.5	63.0	1.7
拒载/挑客	38.1	34.9	25.0	59.9	2.0
不打表/打表计费不准确/议价	52.0	32.8	11.9	44.7	3.3
故意绕道	62.3	28.5	4.6	33.1	4.6
搭乘乘客时接网约服务单	70.4	20.1	5.1	25.2	4.4
不经乘客同意加载他人	81.8	14.5	2.3	16.8	1.4

　　通过对巡游出租汽车驾驶员的调查，针对相关违法违规现象，72.6%的受访驾驶员表示自己有"交通违法"现象，55.8%的表示有"乘客投诉"，40.9%的表示有"违反出租汽车客运管理条例相关规定"现象。

　　根据广州市交通运输管理局提供的数据，仅仅是2018年10月15～21日，广州市就收到出租汽车服务质量类投诉380宗，其中拒载114宗，占总数30%；绕道94宗，占比24.74%，总计超过五成。议价、中途逐客、服务态度差等其他类投诉分别为70宗、27宗和75宗，占比为18.42%、7.11%、19.74%。①

　　针对这些违法违规现象，有少数市民投诉，但处理结果满意度不高。调查显示，有11.9%的受访市民对巡游出租汽车服务进行过投诉，对投诉服务处理的"满意度"仅为29.5%；"不满意度"则为41.0%。而巡游出租汽车运营企业对驾驶员有乘客投诉或违法违规现象的管理手段，主要是采取"（停产）接受相关培训学习""提出批评、警告"；其次是"在绩效考核中扣除相应分数"。

　　对于巡游出租车驾驶员违法违规现象的处罚力度，有45%的受访市民认为"较轻"或"太轻"，受访巡游出租汽车运营企业认为"较轻"或"太轻"的比例也不低，为30%（见表7）。

---

　　① 扶青：《出租车管理就得"硬"起来》，《南方日报》2018年11月2日。

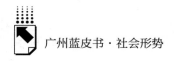

表7 不同受访群体对违规驾驶员处罚力度的评价

单位：%

不同受访群体	太重或较重			适宜	太轻或较轻		
	太重	较重	合计		较轻	太轻	合计
市民	2.2	9.7	11.9	43.1	25.1	19.9	45.0
出租汽车运营企业	6.7	10.0	16.7	53.3	16.7	13.3	30.0
出租汽车驾驶员	13.5	19.3	32.8	63.1	1.8	2.2	4.0

（三）网约出租汽车的性价比高于巡游出租汽车

网约出租汽车伴随着互联网时代的高速发展强势进入，为市民的出行提供了新的途径。经过网约出租汽车新政出台、放宽巡游出租汽车管制、加快巡游出租汽车行业改革等措施，网约出租汽车的性价比仍高于巡游出租汽车。调查数据分析显示，网约出租汽车性价比高于巡游出租汽车10个百分点。其中，有63.9%的受访市民表示巡游出租汽车"收费与服务相当"，略高于网约出租汽车（57.9%）；但受访市民表示"收费低，服务好"的比例，网约出租汽车要高于巡游出租汽车16个百分点，选择比例分别为21.4%和5.4%；受访市民表示"收费高，服务差"的比例，则是巡游出租汽车高于网约出租汽车13.3个百分点，选择比例分别为18.9%和5.6%。

（四）公司为驾驶员提供的服务和福利严重不足

公司为驾驶员提供的服务和福利严重不足，公司提供"带薪年休假"的低于10%，提供"固定休息点"的低于20%，提供"心理咨询"的低于25%，提供"定期免费体检"的低于30%。而为驾驶员"购买社保"和"燃油费补贴"的福利，受访企业和受访驾驶员的评价存在明显差异。调查显示，为驾驶员"购买社保"的受访企业为73.3%，即有26.7%的受访企业没有提供为驾驶员"购买社保"福利；受访驾驶员表示公司有提供"购买社保"福利的比例仅为 36.1%。对于"燃油费补贴",有 86.7% 的受访企业表示提供了该福利,但受访驾驶员表示有公司提供"燃油费补贴"的比例仅为 28.8%,低于受访企业 57.9 个百分点。

(五)巡游出租汽车与网约出租汽车的管理不平等

调查显示,受访企业认为目前广州市巡游出租汽车行业的主要问题是"与网约出租汽车的管理不平等",其被选比例为 86.7%;其次为"政府扶持力度不够"和"黑车猖獗",被选比例均为 73.3%;再次为"司机综合素质低",占 66.7%。此外,认为"市民对出租车的定位不准"的比例也不低,被选比例为 53.3%。

三 对《广州市巡游出租汽车客运管理条例(草案)》相关内容的评价

为了进一步加强广州市巡游出租汽车客运管理,规范巡游出租汽车行业的准入和退出、运营服务、行政监管等行为,促进行业健康发展和保障市民出行,2018 年 5 月,广州市公布了《广州市巡游出租车客运管理条例(草案)》(以下简称《条例(草案)》),向社会公开征询公众意见。此次调研就该《条例(草案)》的相关内容,征询了受访市民、巡游出租汽车驾驶员、巡游出租汽车运营企业的意见。

(一)对巡游出租汽车驾驶员准入条件,受访市民对学历和年龄的要求不高

调查显示,对巡游出租汽车驾驶员应具备的条件,受访驾驶员、受访市民存在一定差异。选择最多的均是"无暴力犯罪和交通肇事犯罪、危险驾驶犯罪记录,无吸毒记录,无酒后驾驶记录",受访驾驶员和受访市民选择的比例分别为 83.9% 和 80.4%;"具有准驾车型的驾驶证和三年以上驾驶经

历"，受访驾驶员和受访市民的选择比例分别为82.5%和77.4%。但对驾驶员的学历和年龄要求各受访群体存在较大差异，对驾驶员应具备"初中毕业以上文化程度"，受访市民的选择比例为48.4%，远低于受访驾驶员（71.9%）23.5个百分点；对驾驶员应具备"未达到国家法定退休年龄"，受访市民的选择比例为53.6%，低于受访驾驶员（73.0%）19.4个百分点。

（二）各受访群体对巡游出租汽车运营企业、驾驶员退出机制选择趋势基本一致，但仍存在一定差异

对巡游出租汽车、驾驶员在从事经营活动中有哪些情形之一的应退出行业的看法，各受访群体选择趋势基本一致，但各种情形的选择比例仍存在一定差异。

对"因扰乱社会秩序、妨碍正常运营等行为追究刑事责任"情形，受访企业选择比例最高，为96.7%；其次是受访市民，选择比例为79.6%；再次是受访驾驶员，选择比例为74.8%。

对"不具备获得三证条件的（道路运输经营许可证、道路运输证、巡游出租汽车驾驶员证），且限期改正仍不符合条件或拒不改正的"情形，受访企业选择比例最高，为90.0%，高于受访市民（79.4%）10.6个百分点，高于受访驾驶员（77.4%）12.6个百分点。

对"因扰乱社会秩序、妨碍正常运营等行为受到治安管理处罚"情形，受访企业选择比例最高，为83.3%；其次是受访市民，选择比例为79.1%；再次是受访驾驶员，选择比例为71.2%。

对"服务质量信誉考核连续两年不合格"情形，受访企业和受访市民选择比例，分别为73.3%和73.9%，但受访驾驶员选择比例为65.0%，分别低于前两个受访群体8.3个和8.9个百分点。

对"驾驶员在一个自然年被交通行政处罚三次以上"情形，受访市民选择比例最高，为67.4%，高于受访驾驶员（45.3%）22.1个百分点，高于受访企业（33.3%）34.1个百分点。

对"出租车运营企业在一个自然年被交通行政处罚三次以上"情形，受访市民选择比例最高，为65.8%，高于受访驾驶员（47.8%）18个百分点，高于受访企业（30%）35.8个百分点。

（三）超九成受访市民认为公司要承担驾驶员违法行为管理不力的法律责任

调查显示，对于驾驶员的违法行为（如拒载、议价、绕路等）所属公司是否承担管理不力的法律责任问题，各受访群体的看法存在较大差异，93.1%的受访市民认为公司要承担管理不力的法律责任，而受访驾驶员选择要承担管理不力的法律责任的比例为47.4%，低于受访市民45.7个百分点；受访企业选择要承担管理不力的法律责任的比例仅为36.7%，低于受访市民56.4个百分点。

（四）驾驶员每月受相关处罚次数占公司车辆总数6%以下的超过五成五

调查显示，对驾驶员每月受到未使用标志灯、绕路、拒载、议价等相关处罚次数，占所属公司出租车辆总数6%以下的，受访企业选择比例为56.6%，其中占车辆总数"3%以下"的为43.3%，占车辆总数在"4%～6%"的为13.3%；占车辆总数在"7%～9%"的为13.3%，但占车辆总数"10%以上"的为23.3%。

（五）在特殊情况下要求乘客进行身份验证问题，近六成受访驾驶员认为可行，超八成受访市民不反对

调查显示，对深夜遇到可疑乘客前往偏僻地区要求乘客进行身份验证是否可行问题，有58.8%的受访驾驶员认为"可行"，受访企业认为"可行"的比例为30.0%，低于受访驾驶员28.8个百分点；而受访企业选择"视情况而定"的比例为33.3%。受访市民超过八成不反对进行身份验证，其中

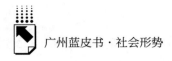

明确表示"愿意"的为49.8%，表示"视情况而定"的为31.9%；而明确表示"不愿意"的不足两成，为18.4%。

四 对巡游出租汽车行业的建议

（一）对巡游出租汽车未来发展的定位，过半数受访者建议是城市公共交通补充和市场运营两者兼顾

对广州市巡游出租汽车未来发展的定位，各类受访群体选择趋势基本一致，但仍存在一定差异。调查显示，对巡游出租车"作为城市公共交通的一种补充"，受访驾驶员和受访企业的选择比例较高，分别为33.9%和33.3%；而受访市民的选择比例为16.5%，比前两者分别低了约19.4个和16.8个百分点。对巡游出租汽车"与网约一样的市场运营"，受访市民的选择比例相对较高，为13.1%；受访企业的选择比例为10%；受访驾驶员的选择比例最低，为6.6%。过半受访者认为巡游出租汽车要"两者兼顾"，其中受访市民的选择比例最高，为70.4%，高于受访企业（56.7%）13.7个百分点，高于受访驾驶员（59.5%）10.9个百分点。

（二）对各区域出租汽车运力的需求，超七成受访驾驶员认为已饱和，近九成受访市民认为需增加

对目前广州市哪些区域最需要增加运力，各受访群体的评价差异较大。调查显示，近九成受访市民认为各区域仍需增加出租汽车运力，明确表示"都不需要"增加的比例为11.0%；而大部分受访驾驶员则认为各区域出租汽车运力已饱和，明确表示"都不需要"增加的比例高达74.8%，高于受访市民63.8个百分点；受访企业认为各区域出租车运力"都不需要"增加的比例为43.3%，也高于受访市民32.3个百分点。

从最需要增加运力的区域来看，各类受访群体也存在一定的差异。调查显示，受访企业认为"中心城区"（越秀、荔湾、海珠、天河）最需要增加

出租汽车运力，选择比例为 36.7%，高于受访市民（25.9%）10.8 个百分点，高于受访驾驶员（12.4%）24.3 个百分点；受访市民认为"外围城区"（黄埔、白云、番禺）最需要增加出租汽车运力，选择比例为 32.9%，高于受访企业（10.0%）22.9 个百分点，高于受访驾驶员（5.8%）27.1 个百分点。

（三）出租汽车行业协会应加强行业监管和桥梁作用

调查显示，广州市出租汽车行业协会首先要加强"对行业进行监督管理，提升服务水平"，受访企业和受访驾驶员的选择比例分别为 96.7% 和 69.3%；其次要"发挥政府和企业之间、企业与企业之间桥梁作用"，受访企业和受访驾驶员比例分别为 96.7% 和 66.4%。

受访企业认为出租汽车行业协会还要"对出租汽车运营企业的评估，为行业的准入和退出机制提供参考依据"，对驾驶员、运营企业"进行服务规范和行业标准培训"，选择比例均为 86.7%；受访驾驶员选择的比例也不低，均为 60.9%。

对出租汽车行业协会要"制定出租汽车驾驶员服务规范和标准"和"制定出租汽车运营企业的运营规范和标准"的建议，受访企业选择比例分别为 83.3% 和 80.0%，受访驾驶员选择的比例均为 62.0%。

（四）提升巡游出租汽车行业服务需要改进的方面

为进一步提升广州市巡游出租汽车行业的服务，各受访群体在认为需要改进的方面存在一定差异。

受访企业认为："取缔黑车"被选比例为 90%，"提高行业的整体形象"被选比例为 83.3%，"解决拒载问题"和"加大对违法行为的处罚力度"被选比例分别为 76.7% 和 70.0%，"提高驾驶员的福利待遇"被选比例为 60.0%。

受访驾驶员认为："取缔黑车"和"提高驾驶员的福利待遇"选择比例分别为 67.9% 和 67.5%，"提高行业的整体形象"被选比例为 48.2%，"加

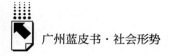

强企业管理主体责任""加大对违法行为的处罚力度""解决拒载问题"被选比例分别为46.7%、46.7%、44.2%。

受访市民认为最需要改进的是"加大对违法行为的处罚力度",被选比例为18.1%;"加强企业管理主体责任"选择比例为15.0%;"取缔黑车"和"提高驾驶员的福利待遇"选择比例分别为13.0%和12.9%。

（审稿人：黄志明）

B.5
广州新社会阶层青年群体特质研究*

谢素军　谢碧霞**

摘　要： 新社会阶层登上历史舞台，是中国市场化改革的必然结果，其不断地壮大和成熟正在改变整个社会结构，尤其是其中的青年群体敢于打破传统的阶层流动模式，追求自身价值的行为特征，给国家社会治理带来了新的不确定因素。通过对广州新社会阶层青年群体的调查发现，他们呈现出七大主要特征：一是高质量构成，普遍具有较高学历、较高收入且追求高度的自由；二是群体相对固化，内部流通顺畅但外部流通受阻；三是地位匹配偏低，对自身经济、社会和政治地位持自嘲态度；四是相对独立，社会参与度偏低但法律规则意识较强；五是亟须减压，普遍担心社会保障并希望提高收入减轻房租（贷）压力；六是比较自我，认为"三观"相符是交友准则且交流话题隐喻家国情怀；七是有小众新社会阶层青年热衷政治参与，意图通过身份多元化实现利益最大化。

关键词： 新社会阶层　青年发展　社会治理　阶层流动

---

* 本文系广东省社会科学联合会、广东共青团立项课题"新社会阶层青年群体特质研究"（项目编号：2017WT040）阶段性研究成果。

** 谢素军，博士，广州市穗港澳青少年研究所研究中心主任、副研究员，主要研究方向为青少年发展、国家治理、港澳台研究等；谢碧霞，广州市穗港澳青少年研究所讲师，主要研究方向为青少年发展。

新社会阶层的发育和成长，是当代中国社会最引人注目的结构变革之一。由于该阶层所处的结构位置本身蕴含着政治、社会和经济功能的多种可能性，因此，它也会随着环境条件的变化而嬗变和演进。青年群体在新社会阶层内部发挥着举足轻重的作用。尤其是在社会结构阶层化、利益关系市场化背景下，新社会阶层中的青年群体对统一战线和政治整合的作用不容忽视，因此对新社会阶层中的青年群体行为进行调研分析便显得尤为迫切。

事实上，当前对新社会阶层的讨论可以概括为两种视角：一是社会学的分层研究视角，从体制外新中产阶级的角度对新社会阶层进行描述和分析，如李培林、张翼、郑杭生和廉思等知名学者对阶层流动的研究便是明证。二是从阶级分析的视角出发，把新的社会阶层纳入团结的对象，从统战工作出发来关注和考察这一新兴群体，如张海东、陆学艺等学者，以及各地党政部门的调查报告中均有充分的反映。但对阶层内部的分析，尤其是对青年群体的分析却少之又少，亦没有可借鉴的研究方法。基于此，研究团队选择以广州为典型城市，通过两条路径来开展对阶层内部青年群体的调查，一是问卷调查，对新社会阶层不同行业的青年进行直观的访谈并填写调查问卷；二是"潜伏"观察，调研团队安排了三名研究生前往新社会阶层联合会实习，通过融入新社会阶层群体之中进行实地观察，了解该群体的真实想法和动向。在整合问卷、访谈、文献和观察笔记材料之后，归纳出新社会阶层青年群体行为的七大主要特征。

一 高质：青年群体向高学历、高收入、高度
自由方向发展

新社会阶层中的青年群体具有精英特性。从构成上就与其他类型的群体有明显区别，首先，从性别看，新阶层青年群体男女比例比较接近，女性占42.7%，接近半数。而在年龄分布方面，新阶层青年群体主要在21~35岁，占比超过64%，值得注意的是30~35岁的群体占比不到20%。在文化水平方面，新阶层青年群体大专及以上学历的占比为94.8%，其中大专及本科

占比81.3%，研究生以上占13.5%，仅有5.2%的青年学历在高中以下，且这些低学历群体有相当一部分还在继续学习。此外，从访谈中可以看到，新阶层青年群体性别意识较弱，倡导男女平等，学习欲望普遍较强，希望在不断变革的社会里保持自己的职业优势和个体特长。呈现这一特征的原因主要在于新社会阶层青年群体的成长和发展环境，调研发现，新社会阶层青年群体父母的学历普遍偏高，且行业主要分布在教师、私营企业主，在经济上相对处于中层水平，对社会有较为独立的认识，对子女发展持尊重态度。此外，新社会阶层青年群体内部具有鲜明特性的世界观和人生发展观，在工作和生活中的相互影响在很大程度上促使该群体具有强烈的学习意识和个性化发展。

从青年群体所处的职业分布来看，与全国其他主要城市一样，以私营企业和外资企业管理技术人员居多，占比为26.4%。但与其他城市不同的是，广州新阶层青年群体从事中介和社会组织职业的占比同样达到26.4%，说明广州社会组织体量比较大，发展比较迅猛，排在第三位的职业是自由职业人员，占比为23.1%，而新媒体从业人员占比仅为7.7%，还比较薄弱。职业身份在一定程度上反映了新阶层青年群体的收入，其中有41.1%的人月收入为5001~10000元，有18.9%的人月收入超过1万元，月收入低于5000元的人有40.0%。总体来说，新阶层青年群体收入多数可纳入"中产阶级"，且其收入增幅较之其他行业更加迅猛，在自身努力条件下，赚取人生第一桶金的可能性更高。正因为如此，群体内部收入同样不平衡，如自由职业者、中介组织从业人员等收入呈现两极分化的现象，且这种极端化越来越严重，这不仅与个人的能力和发展机遇息息相关，还与家庭的支持密切相连，新社会阶层青年群体的职业发展流行"遇见有缘人"的说法，即遇对人非常重要，尤其是在正确的时间遇见正确的人。

从政治发展的角度观察，新阶层青年群体以无党派人士居多，占比接近80%，中共党员占比接近20%，民主党派人士则不到3%。同时，在人大代表、政协委员等政治身份方面，近90%的青年都未参与到人大、政协的活动中，只有1%的青年作为人大代表参加过活动，不到5%的青年作为政协委员参与过政治活动。整体的政治氛围较为淡薄，不太关注自己的政治身份，追求高度的自由生活状态，甚至有相当一部分青年认为参与政治或者与政府关联机构、人士走得太近多是"不纯粹的"。此外，新阶层青年群体的信仰层面也颇有意思，有 64.8% 的青年不信宗教，有 24.2% 的青年选择信仰佛教，信仰基督教、伊斯兰教的青年非常少，这说明他们并不随波逐流去信仰一些西方教派，而是具有非常强的自我性和独立性，更愿意特立独行地去追求自身的与众不同的价值，他们既不轻易接受既有的主流价值，也不轻易信奉西方推介的普世价值，"我们就是我们"充分说明了新社会阶层青年群体的自我特性。但值得注意的是，我国在近 40 年的改革发展和对外开放中，知识、经济精英逐渐聚集，随着利益格局的分化和收入差距的扩大，出现了青年精英群体脱离群众的倾向，这是需要特别警惕和防止的一种倾向。[①]

二 固化：青年群体行业内部流动顺畅外部流动受阻

那么，新阶层青年群体对自己未来人生定位尤其是工作领域有没有方向？调查发现，有 56.3% 的青年希望坚持在现有行业，希望转去国有企业的占比为 18.8%，前往非公有制企业但与现在行业不同的占比为 15.6%，希望努力考入机关事业单位的占比为 9.6%。这说明，新阶层青年群体对自身职业"情有独钟"，不愿意随便转变人生方向。这种专一性一方面说明新社会阶层青年群体在选择自身职业时本身就已经经过慎重考虑，或者根本不在乎自己到底在做什么，只要在这个过程中开心就好；另一方面也反映了新的行业本身具有行业优势和吸引青年的亮点，以互联网为主、个体约束度不高、个性可以得到较大幅度的张扬，而且收入在过得去的情况下比较容易出现惊喜。正如提出"新社会阶层"这个概念一样，在新社会阶层中，从青年群体开始便已经比以往的其他行业更容易固化，阶层内部的流动性虽然比较顺畅，而一旦涉及跨行业、跨领域就会

---

① 李培林：《改革开放近 40 年来我国阶级阶层结构的变动、问题和对策》，《中共中央党校学报》2017 年第 6 期，第 9 页。

有明显的流动障碍，群体因为行业优势而自我保护、自我发展特征明显。① 究其原因，一方面在于新社会阶层所从事的工作具有相当高的"技术含金量"，并不是可以轻易替代的岗位；另一方面，新社会阶层所从事的行业需要兴趣和耐心，甚至需要天赋，如自由撰稿人，这个行业并非想来即来，想走即走之地。

固化的态势也可以从跳槽的数据统计得到证明。调查发现，新社会阶层青年群体跳槽 1 次及以下的青年占比达 61%，超过 3 次以上跳槽经历的也主要集中在中介组织从业人员，且主要在行业内部流动。可以说，相对于当前频繁的跳槽趋势，尤其是年轻人"跳出个未来"的职业理念，新阶层青年群体反而比较稳定。当然，还有相当一部分青年本身就没有固定职业，不受雇于任何企业或个人，所以也就无所谓跳槽的概念，为自己工作，为今天工作，不为工作而工作成为新社会阶层青年群体比较信奉的人生理念。

针对新阶层青年群体对职业不同于一般群体的差异性，调研团队对他们的职业代际进行了挖掘，发现有 50% 的青年或多或少认为自己的职业选择受到父母一辈的影响，甚至有 30% 的青年认为这种影响还比较大，只有约 40% 的青年认为父母对自己的职业选择没影响或影响不大。事实上，从青年群体的总体择业调查来看，大多数青年并不认为或承认自己的择业受到父母一辈的影响，甚至对父母一辈的职业具有较大的逆反心理。但新社会阶层青年群体却似乎对自己父母一辈的职业充满敬意，且有相当大比例愿意去继承和发扬先辈的职业精神，推崇"匠心"精神，希望自己用新的技术，在新的领域将传统的一些职业进行创新和提升，且较为执着。这也与新社会阶层青年群体本身素质较高有较大的关系，他们有条件且有能力去做自己想做的事情。

三 低配：青年群体对经济、政治、社会地位持自嘲态度

新社会阶层青年群体诉求更加多元，更加喜欢从经济、政治、社会多维

---

① 张海东、杨城晨、赖思琦：《中国特大城市新社会阶层调研报告》，社会科学文献出版社，2017。

度思考自身所处的社会结构位置以及组织特征。① 调查发现，尽管新阶层青年群体收入整体较高，却有 50.0% 的青年认为自己的经济地位处于社会的中下层，甚至有近 8.5% 的青年认为自己的经济地位在最底层，只有 11.7% 的青年认为自己处于中上层，没有青年认为自己的经济地位处于社会上层，而有 29.8% 的青年认为自己处于中间层。在政治地位方面，由于大多数青年不关心政治，所以在考虑自身政治地位时，略带有"自嘲"情绪，有 53.2% 的青年认为自己的政治地位在中下层或最底层，有 38.3% 的青年群体认为自己处于中间层，只有 8.5% 的青年认为自己在中上层或上层。在社会地位方面，近 53.2% 的青年认为自己地位处于社会中间层；有 42.5% 的青年认为自己处在中下层或最底层，只有 4.3% 的青年认为自己在中上层。形成这种群体性的姿态并不是偶然现象，而是该群体对整个社会结构有比较清晰的认知，且清醒地认识到自身所处的行业领域因为社会科技进步而诞生，也必然会因为社会进一步的发展而演变甚至消亡，从而产生不安和焦虑，认为自身较为卑微。

尽管新阶层青年群体对自我的经济、政治、社会的定位"偏低"，认为自己是社会发展结构最具"屌丝"的群体，但值得斟酌的更是他们"聊以自慰"的人生态度，首先在经济上，有 54.3% 的青年对自己的经济地位在基本满意以上，不满意的占比 34.0%，非常不满意的仅占 11.7%。在政治地位上，有 73.4% 的青年自我感觉在基本满意以上，只有 21.3% 的青年觉得不满意，很不满意的占 5.3%。在社会地位上，有 76.6% 的青年在基本满意及以上，不满意的占 20.2%，很不满意的仅占 3.2%。显然，新阶层青年群体本质上对自己的收入、政治参与能力和社会影响力认为是"弱势"的，不满意的，但由于自身的学识、阅历所构成的人生观和价值观，他们又愿意自得其乐，大有"人生不过如此"的生活姿态。② 不过，也有少部分青年正

---

① 张海东、杜平：《新社会阶层的生成机制及其再组织化问题》，《中央社会主义学院学报》2017 年第 4 期，第 81~85 页。

② 廉思、冯丹、芦垚：《当前我国新社会阶层的特征分析、杠杆作用以及工作思考——关于新社会阶层的调研报告》，《中国青年研究》2016 年第 11 期，第 56~63 页。

在通过政策渠道寻找和构建自身的政治地位和社会地位。

新社会阶层青年群体之所以如此洒脱，且没有对社会充满抱怨和散发过多负能量，还有一个重要原因是他们普遍认为"现在的社会环境是公平竞争"①，也就是能者得之，自己的地位是由自己的竞争力决定的。从调研数据看，接近80%的青年都基本认可或非常认可这个社会是公平的，只有不到20%认为这个社会不公平，个人能力并不能获得应有的收获。所以，大多数新阶层青年对未来还是充满希望，对自己的工作、生活充满正能量，以未来五年的发展为例，有接近20%的青年认为自己的社会地位非常可能得到提升，有33.3%的青年认为这种转变较有可能，38.5%的青年认为有一定可能性，只有不到10%的青年认为不太可能改变自身的社会地位，实现阶层的突破。这一方面与新社会阶层青年群体积极的生活和工作态度密切相关，拥有较好的文化基础和较好的圈子环境，大多数青年愿意为自己的人生去拼搏和争取，这种拼搏精神为群体阶层的突破提供了条件。另一方面伴随新社会阶层青年群体数量和质量的提升，党政部门越来越重视该群体的发展动向，且已经开始提供有效的政策渠道为他们的发展提供便利，这些积极的政治信号能够被青年群体敏锐地捕捉到并快速"变现"。此外，社会发展趋势本身需要这一类拥有创新精神的青年群体，他们本身就是促进社会进步的重要力量，相较于传统的行业群体更加具备不可替代性，因为被需要所以产生自信。

四　独立：青年群体社会参与度偏低
但法律规则意识较强

社会参与对新阶层青年群体的发展同样至关重要。调研发现，新阶层青年群体参与的社团排在前三位的分别是工青妇（占比31.6%），社会团体（占比30.5%），以及行业协会、学会等（占比27.4%）。但值得关注的是

---

① 陆学艺：《当代中国社会阶层研究报告》，社会科学文献出版社，2002。

参与社区福利类、志愿服务组织占比不到10%，另有近30%的青年没有参加任何组织。事实上，通过参与团体组织增强社会参与的路径在新社会阶层青年群体中并不顺畅。调查发现，新阶层青年群体所在单位仅有31.6%建立了党组织，建立工会的只有15.8%，建立团组织的为17.9%，建立妇联的仅为5.3%，有56.8%的单位什么组织都没有建立，可见新社会阶层青年所在单位相对松散，党团力量偏弱，这是因为企业或工作室主要以经济收益为目标，其认为党团建设不能带来自身发展，便必然被忽视。此外，相关党政部门也没有加强在新社会阶层群体中的政治建设，甚至根本不了解该群体的发展现状。特别值得关注的是新阶层青年群体参加公益活动的频率问题，从来没有参加过公益活动的占比高达35.4%，经常参加的青年仅占6.3%，而他们之所以不参加的首要原因是没有空闲时间（占比38.5%），其次是明确表示不感兴趣（占比30.8%），排在第三位的才是不知道参与的渠道（占比17.3%），另有相当一部分青年会从自身能力不足等多方面原因拒绝参加志愿服务等公益活动，其本质则是利己主义价值取向，认为参与所谓的公益活动对自身无价值，甚至对社会也毫无意义，不认同所谓的公益。

虽然新阶层青年群体所处的单位和环境不重视党团等政治组织建设，对政治相对冷漠，处于"剃刀的边缘"[①]，但青年群体对党政方针却较为关注，有近50%的青年比较了解国家方针政策，还有10%非常了解，只有不到30%的青年群体不太了解。这说明新阶层青年群体对政治的冷漠只是表面的，他们内心还是比较关注国家社会发展，其政治嗅觉相对比较灵敏。调查发现，青年了解国家政策方针的途径排在前三位的分别是政府官方互联网平台（占比52.1%），报纸、电视等媒体（占比51%），新浪、网易、腾讯等客户端（占比44.8%）。这说明互联网平台已经占据新阶层青年群体的主要信息源，而报纸、电视等传统媒体影响力依旧较大，政府应该对这些信息渠

---

① 李强：《社会学视角中的新社会阶层》，《中央社会主义学院学报》2017年第4期，第51~57页。

道加大影响力。① 这一现象与普通青年群体基本相似，伴随网络的发展，网络媒体占据主流是必然趋势，但传统媒体某些特色的内容和形式或许并不可替代，这与新社会阶层青年群体的文艺特质有一定的关系。

从新阶层青年群体对党和国家方针政策的评价路径则可以进一步印证互联网的重要性，有 34.7% 的青年会选择在互联网上发声表达，但有 41.1% 的青年主要是通过和同事、朋友交流表达看法，有 23.2% 的青年不会表达任何看法，只有 18.9% 的青年会考虑向人大、政协等表达意见。这说明新阶层青年群体的政治表达是不顺畅且不健康的。事实上，有接近 40% 的青年确实认为自己的表达渠道不大通畅，只有 18.5% 的青年认为表达途径非常通畅。且最有效的人大、政协等"直通车"渠道则多不为人所知，有52.6% 的青年不太了解或完全不了解人大、政协等制度，只有 16.9% 的青年比较了解或完全了解人大、政协制度。尽管新阶层青年群体对政治不太感兴趣，但基于学识、阅历的优势，当遇到自身利益和权益受到侵害时，他们采取的办法相对其他群体而言明显更为理性。选择诉诸法律的占比为48.4%，通过人大代表、政协代表等党政部门反映的占比有 22.1%，而私下找机关、社会朋友帮忙解决的仅占 26.3%，大大低于一般群体"找熟人解决"的比例，这在本质上说明新社会阶层青年群体素质较高，在他们心目中法规制度摆在第一位，人情关系变得没那么重要。不过，长期形成的社会氛围并不会因为一个群体的转变而转变，但能够在一定范围内产生逐步的影响已经是一种进步。

五 减压：青年群体焦虑社保希望提高收入减轻房租（贷）压力

新阶层青年群体是一个"意识觉醒"② 较为充分的群体，他们的许多选

---

① 郑杭生、刘精明：《转型加速期城市社会分层结构的划分》，《社会科学研究》2004 年第 2 期，第 102 ~ 110 页。
② 王俊秀：《社会心态理论：一种宏观社会心理学》，社会科学文献出版社，2014。

择和行为不同于其他群体出于习惯或生存所需，在马斯特需求层次理论范畴下，他们的需求层次相对较高，有 53.15% 的新阶层青年群体认为自己工作的首要目标是实现自我价值；其次是为了提高生活品质，占比达 18.8%；而为了生存需要占比只有 11.5%。说明他们大多数人并没有生存的压力，而是在追求更高层面的一些价值感。

但新阶层青年群体对自身的政治、经济和社会地位并不满意，他们需要政策上的扶持和帮助，第一迫切期待的是提高社会保障收入（占比 41.7%）和提高工资水平（占比 46.9%）。第二迫切期待的是提高工资收入（占比 34.8%）和减轻买房租房压力（占比 27.2%），第三迫切期待的是减轻养老负担（22.0%）和减轻租房、买房负担（占比 22.0%）（见表1）。原因很简单，新阶层青年群体因为工作大多在私营企业，且还有很多自由职业者，整体获得社会保障水平较低，无论是当前的生活还是未来的养老都存在不确定性，缺乏安全感，而公务员、事业单位相对完善的社保体系提供了社会保障的范本，新社会阶层青年群体既想拥有职业上的自由，又想获得同等的国家保障体系。此外，尽管他们的收入相对较高，却仍然不足以让他们能够较为轻松地购房、租房，租房和房贷依然是压在新阶层青年群体头顶的一座大山，而且还有相当一部分新社会阶层青年群体收入处于社会的底层，其对收入提升的期待非常强烈。

表1　新阶层青年群体期待什么政策照顾

单位：人，%

选项	第一迫迫切期待		第二迫迫切期待		第三迫迫切期待	
	频率	百分比	频率	百分比	频率	百分比
提高社会保障水平	40	41.7	21	22.8	12	13.2
提高工资收入	45	46.9	32	34.8	1	1.1
减轻养老负担	0	0.0	5	5.4	20	22.0
减轻租房、买房负担	5	5.2	25	27.2	20	22.0
减轻工作压力	1	1.0	3	3.3	11	12.1
公共设施建设	1	1.0	1	1.1	14	15.4
孩子的教育支出	4	4.2	5	5.4	13	14.3
合计	96	100.0	92	100.0	91	100.0

从社会整体的发展方向看，新阶层青年群体认为社会发展的目标第一位的应该是丰富的物质生活（占比 28.1%）和安定的社会秩序（占比 17.7%），第二位的是清廉的社会风气（占比 27.4%），第三位的是稳定的就业、医疗和教育保障（占比 19.1%）（见表 2）。这与当前国家设定的整体发展目标一致，说明新阶层青年群体在大的方向上与所有民众一样希望国家相关政策制度越来越健全，人民生活水平得到大幅度提升，着力解决就业、医疗和教育三大核心社会问题，同时也符合群体本身所处的发展状态。

表 2 社会发展的目标

单位：人，%

选项	第一位		第二位		第三位	
	频率	百分比	频率	百分比	频率	百分比
丰富的物质生活	27	28.1	6	6.3	7	7.4
清廉的社会风气	9	9.4	26	27.4	13	13.8
良好的人际关系	13	13.5	5	5.3	10	10.6
安定的社会秩序	17	17.7	16	16.8	4	4.3
充分的个人自由	7	7.3	15	15.8	5	5.3
和谐的人与自然的关系	3	3.1	4	4.2	12	12.8
缩小贫富差别	5	5.2	3	3.2	14	14.9
稳定的就业、医疗、教育保障	6	6.3	16	16.8	18	19.1
有效的法律制度	9	9.4	4	4.2	11	11.7
合计	96	100.0	95	100.0	94	100.0

六 自我："三观"相符是交友准则，交流话题隐喻家国情怀

新阶层青年群体在个体生活情感方面同样具有独特的青年属性，而且这种情感与阶层的形成和发展密切相关。调查数据显示，新社会阶层青年在与自己最密切的朋友里面，有 72.6% 的青年要求必须价值观、世界观和人生

观相匹配，三观不合绝不交往；有57.9%的选择情感上要互相理解；排在第三位的才是经济社会地位相近，占比达35.8%；而有助于工作、事业发展也是一个比较热门的选项，占比达到34.7%。这说明新社会阶层青年一方面将价值追求放在首位，非常看重生活的意义，尝试拒绝无意义的社交。另一方面也折射了青年群体还没有足够能力放下世俗的包袱，对工作、事业遇到的困难，依然希望能够从外界获得重要的帮助，人脉资源依然对个体具有较大影响力。同时，经济社会地位的相近则反映了青年群体对自我和社会更加深层次的认知，他们具有较高文化水平，并不对任何群体抱有歧视的态度，但在选择交友时"条件相当"会更加融洽，生活会显得更加和谐，有12.6%的青年会选择学历教育程度相近的朋友，同样是因为学识相近会更容易"有话讲"。

值得关注的一个指标是"政治观点相近"，有13.7%的青年选择了这个标准，虽然比例不高，但从访谈中可以发现，这是一个非常值得玩味的话题，几乎没有任何青年会承认自己的朋友需要和自己的政治站位一样，但同时也不承认自己愿意和一个政见完全不同的人深入交往，他们更多的时候需要"看情况"，认为不管什么政见都需要互相尊重。但他们也会互相防备，觉得从长远看，对方可能终究会成为敌人或者对自己有害的人。所以，在政治观点上，新社会阶层青年群体交友时会明显纠结但绝不拒绝，从某种程度上也反映了新社会阶层青年群体的高素质和高情商。

那么，新社会阶层青年群体在与朋友交往中到底会谈论什么样的话题？调研发现，有61.1%的青年选择了谈论工作和事业发展；排在第二位的是讨论社会民生热点，占37.9%；第三位则是运动、旅游等话题，占35.8%。这与一般青年群体讨论的话题大相径庭，广州市青年研究会对一般青年群体的调研发现，排在前面的话题主要是婚姻恋爱、房地产、运动旅游和时尚生活，但新社会阶层青年群体则更多地关注国家层面的消息，仅有1.1%的青年讨论房地产。结合访谈材料，可以大致判断新阶层青年群体因为素质较高，讨论的话题也比较有高度，另外房地产等热点问题也并非完全不讨论，而是房子已经成为讨论的过去式，反反复复的讨论并无太多新意和实际参考价值，而婚姻恋爱无论在任何青年群体中都是永恒的热点，虽然未进入前三位选项，但仍然有 22.1% 青年选择讨论该话题。新社会阶层青年群体绝非不食人间烟火，也绝不是"高处不胜寒"，他们倾向于讨论国家热点，更多体现了群体的家国情怀，应该加以鼓励引导并值得学习。

七 趋利：小众青年群体借助政治参与行为谋求自身发展

尽管新社会阶层的青年群体对政治总体表现较为冷淡，但政治与市场密切相关，天生是一对双胞胎①，有一小部分群体却恰恰相反，非常热衷于各类政治活动，尤其是在国家明确提出团结和凝聚新社会阶层的方针政策之后，这一部分青年群体表现得更加抢眼，对于社会、政治、经济等方面的诉求跃然于表。

从广州新社会阶层的发展现状来看，新社会阶层联合会成立后更加充斥了浓厚的政治意味。从调查中可以发现，广州新社会阶层尤其是私营企业主群体，随着经济实力的增强、社会地位的提高，激发了参政议政热情，希望有更广阔的政治空间和更畅通的政治参与渠道，其中青年群体活跃度更高。调研组成员在与新社会阶层群体日常工作和生活的接触中明显发现，他们"希望在经济方面继续遨游于自由的个人空间，做一个纯粹的社会人，而在政治层面则希望摇身一变成为公家人"②。从本质上而言，这种现象可以折射出新社会阶层青年群体的政治觉醒和对自身的重新审视。结合调研数据，新社会阶层青年群体又可以具化为几个维度，处于不同领域、不同行业的青

---

① 白威廉、麦宜生：《政治与市场：双重转型》，载边燕杰《市场转型与社会分层——美国社会学者分析中国》，生活·读书·新知三联书店，2002。

② 李路路：《社会结构阶层化和利益关系市场化——中国社会管理面临的新挑战》，《社会学研究》2012 年第 2 期。

年对政治的态度迥异。私营企业主和民主企业家走在最前列，堪称新时代的"弄潮儿"①，但存在的通病是习惯性地站在自己利益角度看待和处理问题。而长期在外资企业的管理人员和青年技术精英则常常摆出"看破红尘"的姿态，"政治离自己很遥远，自己也不想去懂政治，好好对待手上这份工作实现升职加薪才是人生的重点"。总体来说，处于青年阶段的新社会阶层大多数有一种普遍的认识，出风头是老板的专利，加班加点是自己的专长，参政议政属于圈子内的少数，能力不足以支撑梦想时只会徒增烦恼。

值得我们高度注意的是，部分新社会阶层青年对政治参与和政治诉求，有着与年龄不相符的各种各样的动机和复杂心态。在调查中发现，许多新社会阶层青年的价值观比较扭曲，将商业利益置于社会利益之上，只要能给自己带来好处，什么平台都愿意介入，什么话都可以说，但所做的一切归根结底是为了表达和维护自己的利益。② 这也彰显出这一群体较多考虑的是如何更好地维护和争取更多的利益。

调研还发现，许多新社会阶层的青年表示乐意加入民主党派。他们认为从前辈的经验中可以看到，加入民主党派可以接触"高端人士"，扩大社会影响力；民主党派人数少，容易受到关注，可以突出自己，获得政治安排；民主党派的活动不仅可以接触许多政商界的高层，还不需要自己付出任何代价，而中国共产党纪律严格，监督机制完善，尤其是党的十八大以来，中国共产党对党员的要求越来越严格。所以，一些本身具有一定政治背景和社会关系的青年更是十分看重民主党派，其政治心理和政治行为高度关联③。有的为了进入利益集团，有的为了脸面风光，有的为了企业发展，有的为了商业信誉背书。认为只要戴上"红帽子"，找到"保护伞"，涂上"保护色"，便可以规避风险，事半功倍。

可以说，有一些新社会阶层人士在受到关注和追捧之后有不能自已的苗

---

① 李黎蓉：《大统战视野下的新社会阶层思想状况研究》，《东南大学学报》2012 年第 6 期。
② 张翼：《当前中国中产阶层的政治态度》，《中国社会科学》2008 年第 2 期。
③ 谢素军：《青年政治心理、政治行为与青年政策的逻辑关系实证研究》，《青年发展论坛》2018 年第 2 期，第 53 ~ 60 页。

头，心中所想、口中所说和现实所为明显分裂，打着呼吁民主、法治社会的旗帜，自身却在钻法律的空子，恨不得所有补贴都给自家。赞成国家反腐倡廉，自身却奋不顾身地去接触利益相关人士，他们呈现出一定的正义感和社会责任感，又存在以此谋求政治资本的投机心理。新社会阶层人士尤其是代表未来的青年群体在政治参与、政治诉求上表现出的热情以及种种现象和心态，需要加以正确引导和矫正。要将他们的合理政治诉求和政治参与，有序地纳入社会主义民主政治的轨道，要有针对性地进行必要的政治引导教育。

（审稿人：田丰）

B.6
新时代下广州医疗服务供需矛盾研究

国家统计局广州调查队课题组 *

摘　要： 近年来，随着我国经济社会的快速发展，人民生活水平不断提高，对医疗服务的需求也从生存型逐渐向发展型转变。广州作为国内一线城市，虽然医疗供给资源丰富，但人们生活水平较高，城市人口规模庞大，医疗服务供需矛盾日益凸显。本文通过构建医疗服务统计指标体系，对广州医疗服务发展水平进行客观评价，通过抽样调查了解广州市民对广州医疗服务现状及发展的感受和看法，分析广州市医疗服务供需现状及发展的新态势，找出医疗服务供需的矛盾点及成因，提出改善医疗服务供给、提升群众医疗服务获得感的政策建议。

关键词： 大健康　医疗服务　供需矛盾

一　医疗服务供需矛盾内涵

在经济学里，供给是指在一定时期内一定价格条件下，生产者愿意并且能够提供出售的该商品数量。需求则是指消费者在一定时期内一定价格条件

---

* 课题组成员：潘旭，统计学硕士，国家统计局广州调查队中级统计师，主要研究方向为经济发展和社会调查研究等；乔勇，法学硕士，国家统计局广州调查队，主要研究方向为经济发展和社会调查研究等；陈越，管理学硕士，国家统计局广州调查队副处长，高级统计师，研究方向为工业统计和专项统计；谢建能，国家统计局广州调查队纪检组组长、机关党委书记。执笔：潘旭、乔勇。

下，愿意且能够购买的该商品数量。对于任何一个商品而言，当供给和需求能够相互协调和适应时，就能达到供需平衡，而当供过于求或供不应求时候，就会产生供求不平衡，即供需矛盾。

基于此，本文研究的医疗服务的供给，是指医疗服务提供者在一定时期内及一定价格或者成本上，愿意且能够提供的医疗服务总量，既包括医疗供给主体的数量，如医疗机构数、医护人员数、医疗设备配置等，也包括医疗供给的质量，如医疗环境、医疗技术水平、医护人员服务态度、医疗服务可及性和便利性等。影响医疗服务供给变化的因素有医疗政策和制度、医疗服务价格、医疗服务成本、医疗设施和技术水平等。本文研究的医疗服务需求，是指居民愿意为维护个人身心健康并且有能力为之付出相应的经济成本、时间成本甚至精神成本等，包括人们对自身健康追求而产生的对医疗方面的所有需求，如生存需求、保健需求和审美需求等。影响医疗服务需求变化的因素既有经济发展水平、医疗卫生事业发展水平、自然环境等宏观因素，也有个人医疗卫生意识、经济能力、愿意付出的时间成本等一些微观因素。

表 1　医疗服务水平综合评价指标体系

评价体系	一级指标	二级指标	单位
医疗服务水平	资源供给配置 a1	医疗卫生机构数量 b1	个 +
		床位数 b2	张 +
		每万人口卫生机构床位数 b3	张 +
		卫生技术人员 b4	人 +
		每万人口卫生技术人员 b5	人 +
		万元以上医疗设备拥有情况 b6	台 +
		医疗机构财政补助收入 b7	元 +
	资源利用 a2	总诊疗人次 b8	万人次 +
		入院人数 b9	万人次 +
		住院病人手术人数 b10	人次 +
		医师人均每日担负诊疗人次 b11	人次 +
	工作效率 a3	病床使用率 b12	% +
		病床周转次数 b13	次 +
		病床工作日 b14	天 +
		出院者平均住院日 b15	天 −

评价体系	一级指标	二级指标	单位
医疗服务水平	社会效益 a4	甲乙类传染病发病率 b16	1/10 万 -
		住院死亡率 b17	% -
		孕产妇死亡率 b18	1/10 万 -
		5 岁以下儿童死亡率 b19	% -
		城市居民医疗保健支出占消费支出的比重 b20	% +

近年来，我国医疗服务体系不断完善，基本形成了政府主导与市场配置相结合的医疗服务供给模式，建立了由医院、基层医疗卫生机构、专业公共卫生机构和其他机构共同组成的覆盖城乡的医疗服务体系，为居民提供疾病预防、筛查、检查、诊断、治疗、保健等医疗服务，维护和促进居民的身体健康。但整个医疗服务体系仍然以行政主导、体制内资源配置的模式为主，医疗服务的构成大多数仍停留在传统的诊断、治疗等方面。而在医疗服务的需求侧，人民群众对医疗服务的需求随着生活水平的提高不断升级，从低层次的治病需求，逐渐发展到更高层次的、对整个医疗服务过程体验的身心舒适度的要求。从这个角度看，当前我国包括广州，整个医疗服务供需之间的矛盾还是较为突出的。

二 对医疗服务水平的综合评价

为更好地对广州医疗服务水平进行客观评价，本文采用综合指数法对广州 2007 ~ 2017 年的医疗服务水平做综合评价。按照全面性、代表性、可行性和可比性等原则，从资源供给、资源利用、工作效率以及社会效益等四个方面选取了 20 项指标[1]，通过对指标数据的无量纲化处理、加权计算后，得出综合指数值[2]。

---

[1] 指标体系、具体指标及详细计算过程见附件 1。
[2] 本文所有客观数据无特殊说明，均来源于广州市卫计委和《广州统计年鉴》《广州市卫生统计年鉴》《广东省卫生统计年鉴》。

2007～2017年，广州医疗服务水平综合评价指数呈稳步上升趋势，从 2007年的0.6956提高到2017年的1.3928，年均增长7.2%（见表2）。从4 个一级指标指数变化趋势看，广州医疗资源总量逐年增长，居民医疗需求持续旺盛，医疗工作效率有所改善，人民健康水平持续提升。

表2　医疗服务水平综合评价指数

年份＼指标	资源供给	资源利用	工作效率	社会效益	综合评价指数
2007	0.2385	0.1425	0.0510	0.2636	0.6956
2008	0.2601	0.1558	0.0529	0.2862	0.7549
2009	0.2870	0.1694	0.0558	0.3003	0.8125
2010	0.3084	0.1818	0.0563	0.2996	0.8461
2011	0.3402	0.2029	0.0585	0.3291	0.9308
2012	0.3865	0.2275	0.0607	0.3499	1.0245
2013	0.4031	0.2420	0.0611	0.4175	1.1236
2014	0.433	0.2599	0.0623	0.3582	1.1143
2015	0.4893	0.2699	0.0611	0.478	1.2992
2016	0.5620	0.2898	0.0614	0.3835	1.2968
2017	0.6052	0.3171	0.0629	0.4076	1.3928

（一）财政投入力度不断加大，医疗资源供给总体数量逐年增长

自2007年以来，广州持续加大财政投入力度，机构、床位、人力资源和医疗设备等医疗资源极大丰富，总量不断增加，为市民群众提供医疗服务打下坚实基础和保障，资源供给指数由2007年的0.2385提高到2017年的 0.6052。

1. 财政投入力度不断加大

近年来，广州持续加大对医疗卫生领域的财政投入，出台了一系列政策举措落实财政投入保障机制，取得明显实效。2017年医疗卫生和计划生育

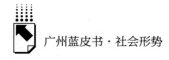

支出为 202.35 亿元，是 2014 年①的 1.74 倍，年均增长 20.3%，占财政支出的比重从 4.6% 提高到 5.8%。2017 年医疗机构财政补助收入达 107.13 亿元，是 2007 年的 5.01 倍，年均增长 17.5%。

2. 供给总量持续增加

一是硬件设施数量不断增长。2017 年末，广州医疗卫生机构数为 4058 个，其中医院和基层医疗卫生机构分别比 2007 年增加了 18 个和 379 个；床位数为 9.02 万张，是 2007 年的 1.71 倍，年均增长 5.5%。二是人力资源进一步丰富。2017 年广州卫生技术人员 14.50 万人，是 2007 年的 1.88 倍，年均增长 6.5%。

3. 医疗卫生服务体系基本形成

近年来，广州建立健全覆盖市、区、乡（镇、街道）、村（社区）的四级卫生服务体系，形成由三级医院、二级医院和基层医疗卫生机构组成的三级医疗服务体系，医疗服务能力不断提高，基本解决了医疗服务的可及性问题。2017 年基层医疗卫生机构数和床位数分别为 3602 个和 4825 张，是 2007 年的 1.12 倍和 2.14 倍；截至 2018 年 8 月，广州共组建医联体 144 个，三级公立医疗机构全部参与医联体建设；全市 100% 的社区卫生服务中心和镇卫生院开展了家庭医生签约服务。

（二）医疗保障力度切实提高，医疗资源需求持续旺盛

近年来广州医疗保障体系的不断完善，为居民基本医疗服务需求提供了切实的保障，门诊和住院服务利用度不断提高。资源利用指数由 2007 年的 0.1425 提高到 2017 年的 0.3171。

1. 医疗保障强度不断提升

近年来广州不断完善社会医疗保险制度，持续扩大覆盖面，2017 年参加基本医疗保险人数为 1161.68 万人，比 2015② 年增长 10.4%。医疗报销

---

① 自 2014 年起统计口径变动，故与 2014 年进行对比。
② 自 2015 年起统计口径变动，故与 2015 年进行对比。

水平进一步提高，十年来包括住院、指定单病种、门特、门诊慢、普通门诊等在内的医保报销项目不断增加，报销力度也不断加大。城乡医疗保障二次元问题得到进一步解决。从 2015 年起，广州新型农村合作医疗和城镇居民基本医疗保险并轨为城乡居民社会医疗保险，城乡之间保障待遇对接；而随着 2017 年城乡居民医保报销待遇水平的显著提高，城乡居民医保与职工医保的差距将进一步缩小。异地就医制度进一步落实，2017 年广州与国家人社部、广东省医疗保险异地就医结算系统平台联网，在广州指定医院可即时结算，外地参保人员在广州就医更加方便。

2. 医疗保障托底功能进一步增强

近年来，广州逐步建立医疗救助体系，2016 年出台的《广州市医疗救助办法》中，实现了医疗救助覆盖全市和城乡一体化，并将外来务工人员和贫困大学生也纳入医疗救助的保障范围。[1] 2017 年，民政部门认定并实施医疗救助人数为 86.55 万人次，是 2015 年的 1.68 倍。

3. 医疗资源利用率大幅提高

随着市民群众医疗服务需求日益增长，门诊和住院等医疗服务利用情况不断扩大。至 2017 年末，广州市医疗机构总诊疗人数为 1.53 亿人次，入院人数为 300.13 万人次，住院病人手术人数为 158.02 万人次，分别是 2007 年的 1.75 倍、2.34 倍和 2.79 倍，年均增长率分别达到 5.8%、8.9% 和 10.8%。

（三）医疗服务工作效率有所提高，医疗服务质量不断改善

为满足市民群众日益增长的医疗服务需求，广州出台系列举措，不断加强医疗机构管理，医疗机构工作效率有所提高，居民就医体验不断改善。工作效率指数由 2007 年的 0.0510 提高到 2017 年的 0.0629。

1. 工作效率有所提高

目前，广州医疗机构呈现"三高一低"的特点，即高病床使用率、高

---

[1] 庄文嘉、詹欣怡、伍嘉晖：《广州社会救助改革发展报告》，载《广州社会保障改革发展报告（2017）》，人民出版社，2018，第 67~82 页。

病床工作日、高病床周转次数、低出院者平均住院日，反映出医疗机构较高的工作效率。2017年，广州医疗机构病床使用率为88.2%，比2007年提高了5.82个百分点；病床工作日为322.0天，比2007年多21.3天；病床周转次数为34次/年，比2007年提高了8.63次/年；出院者平均住院日为9.1日，比2007年缩短了2.05日。

2. 服务质量不断改善

一是"互联网+医疗健康"不断推进。广州以移动互联网技术为手段，打造医疗健康移动平台，不断完善基于"广州健康通"的预约诊疗服务和基于"全民健康信息服务平台"的远程医疗服务，市民就医更加方便。二是提高医疗服务质量。截至2018年8月，广州开展优质护理服务，覆盖全市三级医院100%的病房和二级医院80%以上的病房；指导全市二级以上医院实行同级医院检验、影像检查结果互认，减少重复检查，减轻患者负担；不断完善日间手术流程，逐步扩大日间手术病种范围，缩短患者等待和住院时间。三是优化设施布局，提供便民服务。部分医院在门诊设有咨询台，提供轮椅、雨伞等便民服务设施，免费派发健康手册等宣传资料。同时加派导诊人员疏导就医人群，引导居民就诊，为居民提供便利服务。

（四）居民健康水平稳步提高，社会效益日益凸显

随着广州医疗卫生资源基础、保障水平和服务质量不断增强，健康环境持续改善，居民在医疗卫生方面的支出不断增加，居民健康水平稳步提高。社会效益指数由2007年的0.2636，提高到2017年的0.4076。

1. 居民医疗保健支出进一步提高

随着生活质量和健康意识的增强，居民在医疗保健上的支出进一步提高。2017年城市居民人均医疗保健支出为1765元，是2007年的1.57倍。

2. 卫生保障水平不断增强

一是防疫工作不断推进，甲乙类传染病发病率（1/10万）从2007年的400.97，降至2017年的356.49。二是公共服务覆盖率提高，至2017年末，孕产妇保健管理覆盖率达到98.3%，比2007年提高了6.82个百分点。

3. 居民健康水平稳步提高

2017 年末，广州居民平均期望寿命为 81.96 岁，比 2007 年提高了 3.98 岁。孕产妇死亡率（1/10 万）从 2007 年的 14.27，降至 2017 年的 7.22。婴儿死亡率从 2007 年的 4.76‰，降至 2017 年的 2.37‰，这几大指标水平在全国保持前列，并接近发达国家水平。

三 居民对医疗服务需求现状、趋势和满意度

随着社会经济发展水平、医疗卫生发展水平不断提高，广州居民对医疗服务的需求也在不断发生改变，并呈现出新的态势。

（一）居民对医疗服务需求现状及发展态势

1. 居民对医疗服务需求总量在持续增长

人口增长无疑是推动医疗服务需求增加的首要因素。广州作为国内一线大城市，长期以来人口自然增长率一直高于全国平均水平，从 2011 年起[①]，广州常住人口增长率呈明显上升趋势。近三年来，在京沪等城市人口增速放缓并出现下降态势的情况下，广州人口自然增长数量和机械增长数量反而有明显提高，这充分反映了广州对人口吸引力在不断增强。2016 年，广州人口自然增长率为 10.4%，2017 年比 2016 年又提高了 5.4 个百分点；2017 年机械增长人口总量是 2016 年的 1.84 倍，可以预期，未来一段时间内，广州快速增长的人口总量会对医疗服务资源供给提出严峻的考验。

2. 特殊群体对医疗服务需求总量在加速释放

老年人、儿童、孕产妇均属于健康高风险人群，老幼孕人口数量无疑是影响医疗服务需求总量的重要因素。2017 年末，广州 60 岁以上户籍老年人口数占总户籍人口的 18.0%，从相关数据看，近年来老龄人口的比重和总

---

① 2010 年前常住人口数据根据第六次全国人口普查有调整，故从 2011 年开始进行统计数据比较。

量都在增长,广州人口结构整体呈现人口老龄化、高龄化等特征。① 而二胎政策也使近年来孕产妇及新生婴儿数量有明显增长,这都对广州医疗服务的进一步完善提出了更高的要求。

3. 异地就医人口加剧医疗服务供给压力

广州作为广东省省会城市,优质医疗资源丰富,医疗资源对周边城市辐射能力较强,再加上近年来异地就医政策的不断改革推进,吸引了大量外地患者到广州就医。据广州市医保局数据统计,2017 年广州市异地住院就医病人数占本地的比重高达 36.0%,总量比 2012 年呈现大幅度增长。② 而随着国家对广州市作为华南区域医疗中心地位的确立和相关配套资源的进一步完善,广州医疗服务辐射能力将进一步提高,异地就医群众数量无疑将进一步增长,更是加剧了广州医疗服务资源供给的压力。

4. 居民对医疗服务需求内容在不断扩充

随着居民生活水平的提高,对健康的关注度有所提升,再加上生活环境的变化引起疾病谱的更新,居民医疗需求内容也在不断扩充,从单一的有病看病扩展到对整个身体健康周期的关注,从身体健康扩展到身心健康,从标准化诊疗扩展到差异化服务。从有关数据可窥一二,一是近年来居民对病前预防的需求明显增长,2014~2017 年我国健康体检人次年均增长率达到 10.2%,但健康体检覆盖率与发达国家相比仍有明显差距。③ 居民未来体检需求还将快速增长,广州与全国整体发展趋势一致,居民健康体检需求远未得到充分满足。二是在心理健康需求方面,截至 2017 年底,我国有超过 2.4 亿人有不同程度的心理障碍和精神疾病,这一数字还在逐年增长。④ 当前,北上广深等一线大城市已经成为心理医疗服务需求快速发展的主力,广州居民对心理咨询和心理治疗等

---

① 《2017 年广州老龄事业发展报告和老年人口数据手册》,市老龄委、市民政局、市统计局联合印发,2018;广州市人民政府副市长黎明在 2017 年全市老龄工作委员会全体(扩大)会议上的讲话。

② 数据来自广州市卫生健康委员会。

③ 相关数据资料来自《中国统计年鉴》和中商产业研究院。

④ 数据来自 2018 年 5 月 25 日国家卫健委疾病预防控制局召开全国严重精神障碍管理治疗工作总结部署会暨培训班对外公布的数据。

精神卫生服务的需求将持续增长。① 在差异化医疗服务需求方面，以老龄人口医疗服务需求为例，有调查显示，希望得到康复保健服务的老人比例达到90.0%，希望得到心理咨询服务的老人比例也有77.0%。②

5. 居民对医疗服务需求层次在不断提升

广州居民整体生活水平较高，对医疗服务质量的要求也从对医疗技术水平的要求逐渐提升到对就医过程中体验舒适度和满意度的要求，希望服务流程、服务方式、服务环境等方面有更加多元化、多层次的体验。调查数据显示，在对医疗机构选择考虑的首要因素中，有55.4%的居民选择"距离近和就医环节便捷"，远远高于对"医疗技术水平"（25.0%）和对"医疗费用"（6.2%）等因素的选择，反映了居民对就医过程中服务流程的重视。③ 近年来，医疗纠纷诉讼案件总体呈上升趋势，这一方面除了医疗服务总量增长的客观因素外，很大一部分来自医患矛盾的激化。④ 当前居民对于医护人员态度是否热情周到，医患沟通是否顺畅充分，治疗方案是否科学合理，个人权利是否得到保障等都有了新的判断和要求，对医疗服务人性化需求的提升速度已经远超过了当前医疗服务软件发展的水准。

（二）居民当前医疗服务需求未得到充分满足

医疗服务体系的建设和发展归根结底都是为了更好地服务于居民，在提升居民身体健康水平的同时改善居民的就医体验。国家卫生健康委和国家中医药管理局近年来实施的"进一步改善医疗服务行动计划"也提出，要为人民群众提供便捷、安全、有效、明白、价廉的医疗服务，不断改善人民群众看病就医的感受。

为了解居民医疗服务需求，本课题组对500位居民进行了问卷调查，通

① 壹心理：《2016年心理咨询行业洞察报告》，中文互联网数据资讯中心网站，http：//www.sohu.com/a/245672075_104421，2016年7月21日。
② 相关数据来自广州社情民意研究中心2017年广州养老服务市民评价调查。
③ 数据来自本课题组对500位广州市常住居民开展的民意问卷调查。
④ 广州市中级人民法院：《广州医疗纠纷诉讼情况白皮书（2010~2014年）》，2015。

过调查居民对当前医疗服务满意度情况来评判居民需求是否得到满足。与运用客观指标测算的医疗服务发展现状相对应，居民满意度调查也从医疗服务资源供给、资源利用、工作效率和社会效益四个方面，设计居民对广州医疗服务满意度评价调查问卷（见表3）。

表3　居民对广州医疗服务水平现状评价指标体系

评价体系	一级指标（A）	二级指标（B）
广州医疗服务水平	资源供给（A1）	医疗机构、床位、医护人员总量供给（B1）
		医疗设备情况（B2）
		药品供给情况（B3）
		医疗机构环境和服务（B4）
	资源利用（A2）	医患关系（B5）
		医德医风（B6）
		沟通服务（投诉建议渠道、处理、反馈等）（B7）
		医务人员工作态度（B8）
	工作效率（A3）	预约诊疗服务（B9）
		看病流程操作、等待等情况（B10）
		看病花费时间（B11）
	社会效益（A4）	医务人员技术水平（B12）
		诊疗效果（B13）
		看病费用（B14）

1. 居民医疗服务需求未得到充分满足，整体满意度评价不高

广州医疗服务民众满意度调查结果显示，居民对当前医疗服务现状满意度评价较为一般，对当前医疗服务现状表示满意的有40.2%，认为一般的为35.9%；对医疗服务不太满意的受访者有14.7%，很不满意的有6.1%，满意度综合评价得分只有64.0分（见表4）。

表4　居民医疗服务发展情况及现状综合评价指数分值

医疗服务现状	一级指标			
	资源供给	资源利用	工作效率	社会效益
64.0	69.3	66.5	58.1	59.5

从构成医疗服务的四大指标看，居民对资源供给的现状整体评价最高，满意度为51.2%，综合评价得分为69.3分；对医疗工作效率现状评价最低，满意度仅为30.5%，不满意度高达34.1%，综合评价得分只有58.1分。

2. 居民对医疗服务供给改善情况给予肯定，希望医院、医护人员等供给总量进一步增加

对近年来医疗服务资源供给方面的发展有所改善，有68.0%的受访者认为变得更好了，其中居民认为改善比较明显的是医疗设备和医院环境服务，认为有变好的居民占比分别有76.0%和72.2%。居民对医疗服务资源供给现状满意度为51.2%，仍有较大提升空间。具体来看，在资源供给中，居民满意度偏低的是医院、床位、医护人员的资源供给总量，满意度仅38.6%，不满意度达到了17.2%。近年来，国家在药物制度方面推行了药品零差价，并不断完善国家基本药物目录，取得了一定成效，有61.8%的受访居民对此表示认可，但是居民对药物供应方面的满意度仍然不高，为51.0%，不满意的也有11.8%，其满意度不高主要有两个因素，一是基层医疗机构的药品供应不能满足居民治疗需要，二是有些特殊病种的必需药品仍然未纳入医保报销范围，在无形中增加了居民医疗负担。

3. 居民对资源利用综合评价较为一般，对医疗机构投诉管理机制最为不满

对在医疗服务资源利用过程中所感受的医护交流和医院人文服务方面，居民的需求满足情况不尽如人意，综合评价仅为66.5分。具体来看，在资源利用的四个方面中，居民对医务人员工作态度满意度最高，为48.6%，但不满意的也有11.8%；对医疗机构投诉管理方面最为不满，满意度只有32.4%，不满意的达到了18.2%，调查中有不少受访居民表示，医患双方处于信息不对称的地位，病人缺乏专业医药知识，有些医疗机构唯利是图，滥开检查过度治疗，认为当前医疗投诉等机制根本无法有效保障个人合法权益。在不排除个别医疗机构存在非规范诊疗的行为外，居民的这种想法在某种程度上反映了其对医疗机构的不信任，这也是不少

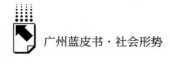

医患矛盾发生的起因。

4.居民对医院工作效率较为不满，"三长一短"看病难的感受仍然强烈

近年来，各医疗机构在改善"三长一短"（挂号候诊时间长、取药检查时间长、缴费报账时间长、诊疗时间短）方面做了不少工作，比如开通多渠道的预约诊疗服务，有72.6%的居民认为该方面有所改善，但对预约诊疗服务满意度也只有49.8%，这主要源于医疗资源供应紧张，即使有预约诊疗服务，但一号难求的现状并没有明显改善，影响了居民对预约诊疗服务的满意度。居民对看病流程的便捷程度和看病花费时间的满意度均较低，尤其是对看病花费时间，满意度只有4.4%，不满意的高达72.4%。受访居民表示，仍然感觉"看病难"和"看病烦"，虽然预约服务可以省一点时间，但去一次医院须花费几个小时仍是常事。但从客观实际看，居民看病难、看病烦的感受也与居民都想去大医院和好医院就诊有很大关系。

5.居民对社会效益评价低，"看病贵"仍是普遍感受

居民对社会效益综合评价只有59.5分。对社会效益中的医务人员技术水平和诊疗效果，居民满意度综合评价分别为70.1分和68.6分，反映了居民对广州市整体医疗技术水平较为认可。居民对社会效益整体评价低主要是对当前看病费用不满，综合评价仅40.0分，为不满意水平。2017年，根据党中央、国务院、省委省政府部署要求，广州于7月15日起全面取消药品加成，启动公立医院综合改革，意在减轻居民医疗负担，但从本次调查结果看，改革效果与居民预期仍有一定差距，居民对医疗费用价格非常敏感，只有1.8%的受访居民认为看病费用不贵，有20.8%的受访居民感觉看病费用适中，有高达76.8%的受访居民表示看病费用贵。

四　医疗服务供需矛盾分析

十年来，广州医疗服务体系逐渐建立，医疗资源供给大幅增加，医疗服

务能力明显提升，但由于城市人口规模不断扩大，健康需求总量快速增长，对医疗服务质量的要求不断提高，当前医疗服务水平距离市民期盼仍有一定差距。

（一）供给总量不断提高，但优质资源仍持续紧张

1. 医疗资源供给落后于医疗资源需求的增长幅度

广州医疗资源供给数量居全国前列，但仍落后于医疗资源需求的增长幅度。十年来，广州市医疗机构诊疗人次、入院人数以及住院病人手术人数年均增长速度分别为5.8%、8.9%和10.8%，而相应的床位数和卫生技术人员数年均增长仅为5.5%和6.5%。广州不仅要满足本地常住人口就医需要，还要接纳外地来穗就医需求，诊疗人次不断创新高，医疗机构病床使用率自2010年以来均超过85%。

2. 医疗资源分布未能适应城市区域发展需要

近年来，广州外围城区发展迅速，人口向外围城区集聚，而现有的医疗资源分布已无法满足城市规划建设和人口分布的需要。目前，优质医疗资源仍集中分布在中心城区。广州公立医院类①机构有152个，越秀、海珠、天河、白云等4个区拥有的公立医院类床位数占所有公立医院类床位数的70.3%。特别是越秀区拥有公立医院类机构25家，其床位数、入院人次、诊疗人次均占全市公立医院的三成以上。

3. 医疗资源结构与医疗服务要求不匹配

广州医疗资源总体规模不断扩大，但内部结构尚有改善空间。在卫生技术人员队伍中，2017年医护比为1:1.32，与广州提出的"2020年达到1:1.5"的目标还有一定距离。资源利用率不断提升，但部分医疗资源处于相对闲置状态，效益与功能未充分发挥，2017年广州三级、二级和一级医院病床使用率差距明显，分别为96.5%、80.1%和45.2%。

---

① 公立医院类指的是经济类型为"国有"和"集体"的医院、妇幼保健院、专科疾病防治院。

（二）医疗体系初步形成，但分级诊疗制度未能充分发挥作用

基层医疗卫生机构承担着为市民群众提供基本医疗卫生服务的重要任务，是医疗服务体系的重要组成部分。目前，广州基层首诊、小病在社区等改革目标初现①，但大医院人满为患的现状没有根本改变。

1. 优质医疗资源尚未有效下沉到基层

近年来基层医疗机构长足发展，但在软硬件方面仍需要进一步提高。2017 年，基层医疗机构数占全市医疗卫生机构数的 88.8%，但床位数仅占5.3%，形成数量占大头、体量占小头的局面。每千常住人口基层医疗卫生机构床位数为 0.33 张，与"2020 年力争达到 0.9 张"的目标差距甚远。而调查结果显示，医疗技术水平低、设备不够先进以及药品品种不全等是多数受访居民对基层医疗卫生机构的印象。

2. 医院等级和就医习惯相互作用

广州基层医疗卫生机构门诊量及占比虽不断提高，但调查发现，不少去过社区医疗机构的居民表示社区条件有限，治疗几次后最终还是得去大医院。大医院对居民的吸引力仍然强劲，2017 年广州 58 家三级医院，入院人次数占全市医疗卫生机构的 72.5%，总诊疗人次占 45.2%。

（三）医疗卫生改革不断深化，医疗负担重问题尚未完全解决

随着医疗体制改革的不断深化，医疗保险体系的不断完善，医疗救助力度不断加大，市民群众看病负担有所减轻。但是调查发现，居民对医疗费用价格满意度仍比较低，"看病贵"仍是普遍感受。2017 年，广州医院平均每诊疗人次医疗费为 317.37 元，医院出院者人均医疗费为 17540.49 元，医疗费用仍相对较高，有研究显示，在广州市支出型贫困家庭中，因病致贫的情况凸显，高额的自费药物是导致因病致贫最重要的原因。②

---

① 2018 年 9 月 26 日，广州市卫生健康委定期新闻发布会。
② 李志雄、吴小芳、官洁君、刘水莲：《支出型贫困家庭救助研究报告——基于广州市的实证分析》，载《广州社会保障改革发展报告（2017）》，人民出版社，2018，第 292 ~ 326 页。

（四）医疗人文服务滞后医疗技术发展水平，难以满足多层次健康需求

1. 就医体验改善有限

广州医疗机构就诊流程、就诊环境、就诊秩序等明显得到改善，但是市民满意度仍然不高。便民举措无法从根本上解决就医等候时间长、就医体验差的问题；基层医疗机构资源有限，负担较重，家庭医生签约服务稳步推进，但覆盖率和服务质量相对不高。

2. 高层次医疗服务能力仍需提升

民营医疗机构是高层次医疗服务供给资源的主力。近年来，广州口腔、眼科、"月子会所"等高端医疗机构蓬勃发展，民营医疗机构服务能力不断提高，但竞争力仍然不强。2017 年，民营医疗机构数和床位数分别占全市医疗机构的 54.0% 和 16.1%，但诊疗人次和入院人数分别只占 14.0% 和 6.2%，仍有较大提升空间。

3. 特殊人群医疗服务供给仍有缺口

随着"二孩"政策的落地和老龄化程度加深，广州配套医疗服务正面临严峻考验。一方面，妇幼医疗服务供不应求。广州各医院妇幼科超负荷运转、排队等候时间长、夜间儿科急诊关停、儿科医生短缺。另一方面，老年人医疗服务质量亟须改善，老人经常成为医院成本管理的重点，不时出现缩短住院天数甚至拒收的现象，需要长期护理的老年人则常常需要在多家社区医疗机构间转院，非常不利于他们身心健康的恢复。①

五　建议

习近平总书记在 2016 年全国卫生与健康大会上强调，要把人民健康放

---

① 封进、余央央、楼平易：《医疗需求与中国医疗费用增长——基于城乡老年医疗支出差异的视角》，《中国社会科学》2015 年第 3 期；李卓芬：《广州市"老年护理专区"医保模式研究》，华南理工大学硕士学位论文，2016。

在优先发展的战略地位，不断完善制度、扩展服务、提高质量，让广大人民群众享有公平可及、系统连续的预防、治疗、康复、健康促进等健康服务，为推进新时期医疗服务工作提供了遵循。

（一）调总量，满足人口增长基本医疗需求

医疗资源总量配置不平衡不充分是群众医疗需求无法充分满足的根本原因之一。对此，一是调供给。调供给可以从两个方面出发，一方面要适度扩大医疗资源总量供给，另一方面是盘活存量，提升当前医疗机构医疗服务运转效率。对此，政府要加强医疗资源配置的宏观调控和落实工作，依照广州区的卫生规划总量，结合人口总量增长及其变化情况，加大对医疗资源薄弱区域的医疗机构、床位，尤其是卫生技术人员等医疗服务资源的投入。各医疗机构要合理统筹利用现有医疗资源，畅通各医务科室之间的合作，借助信息化应用、先进设备、先进技术等手段提升医院运行效率，在改善"看病难、看病烦"现象和提升患者就诊体验的同时，更好地满足因人口总量变动带来的居民对基本医疗服务的客观需求。二是调需求，从宏观来看，医疗服务总需求和人口总量息息相关；但从微观角度看，与个人身体健康状况密切相关；从个体患病因素看，个人不良生活方式和行为以及环境污染等因素对病伤死亡的作用高达67.0%。[1] 对此，相关医疗卫生部门应加强建立以预防为主的医疗机制，积极开展居民健康教育，做到健康生活不生病、少生病，有病早预防、早发现、早治疗，从根本上减少个体医疗服务需求，从而有效调节医疗服务需求总量。

（二）抓基础，提升基层医疗机构医疗服务水平

分级诊疗制度是全面深化医药卫生体制改革的关键举措，被认为是破解"看病难、看病贵、看病烦"问题的治本之策，但从当前群众对分级诊疗制度的了解程度和实施情况看，都不尽如人意，群众就医仍然追求到大医院，

---

① 李银才、付建华：《医疗服务需求的影响因素分析》，《江西社会科学》2013年第1期。

对基层医疗机构缺乏信心和信任。对此，政府应该进一步抓好基层医疗机构的基础设施建设，在人才、设备、信息技术等方面加大对基层的财政支持力度，建立有效培养、吸引基层优秀医务人员机制，创新基层医疗机构用药机制，适当增加社区药品目录，积极探索大医院和基层医疗机构帮扶合作模式，引导优质医疗资源逐渐流向基层，真正让基层医疗机构充分发挥作用，实现"小病在社区看"的分级诊疗目标。

（三）降成本，谋求患者、医院和财政最佳平衡

当前，"看病贵"仍然是居民的主流感受，从居民角度看，当然希望费用越低越好；从医疗机构角度看，不可能一味降低医疗机构的收费价格，这样会导致医疗机构运营困难和面临的危机，也会让原本就紧缺的医护人力资源变得更为紧缺；从政府角度讲，一方面财政经费本来就有限，另一方面若一味地增加财政补贴，也有可能造成财政资源的浪费。对此，一是要从宏观调控角度出发，综合人口、经济、医疗资源配置等因素，统筹好财政资金和医保资金，循序渐进地扩大医疗保险比例和范围，理顺医疗服务价格体系和制定科学收费标准，合理控制医疗费用增长目标。二是要引导医疗机构实施科学管理方法和手段，公开透明药品、设备等医疗耗材采购信息和流程，降低药品、医疗设备等流通采购成本，降低医疗机构运营成本。三是要进一步加强医疗机构从业人员行为规范的执行和监督，严格查处滥开药、过度医疗等不合理医疗行为和其他违规违纪操作，避免浪费和加重患者医疗负担。四是加强对居民的卫生健康教育，积极推行分级诊疗制度，引导居民根据病情需要，合理选择医疗机构就医，降低个人医疗费用支出。

（四）创特色，推动多样化个性化医疗服务发展

居民希望医疗服务能够有差异化的选择，服务能够更贴心、更舒适，是社会经济发展后居民对医疗服务产生的必然需求。从当前广州市医疗服务体系看，公立医院的主要任务仍然是保障人人能够享有的基本医疗服务，鼓励民营医疗机构提供多样化、个性化服务是未来医疗服务发展的必

然趋势之一。国家也早就意识到居民对多样化、个性化医疗服务需求日趋增长的态势，已经出台了一系列办法文件。广州市政府为贯彻落实国务院、广东省关于支持社会力量提供多层次多样化医疗服务的意见，印发了《广州市支持社会力量提供多层次多样化医疗服务促进社会办医加快发展实施方案》（以下简称《方案》），《方案》指出，要拓展多层次、多样化服务，有序发展前沿医疗服务，积极发展个性化就医服务，提升群众就医体验，并提出了具体的实施措施和相关责任单位。对此，各相关责任单位要根据方案要求，认真贯彻落实，全力支持社会力量建设发展多样化、个性化服务，更好地满足群众身心健康需要。

（五）讲人文，积极共建和谐医患关系

要贯彻落实好国家《进一步改善医疗服务行动计划》文件精神，为居民提供更优质的医疗服务，除了要加强医疗机构硬件设施人性化建设，更重要的是树立以人为本的思想，加强以患者就医和医务人员行医感受为核心的医患文化建设。一是倡导医疗机构要秉承医者仁心的信条，加强医疗机构的文化建设，以尊重患者、关爱患者、服务好患者为中心，形成良好的医德医风。要加强对医务人员的职业道德教育和人文教育，提高医务人员的沟通能力、责任意识和服务意识，建立有效的医德医风考评制度，监督矫正行业不正之风，引导医务人员在诊疗过程中做到有耐心、有爱心、有责任心，关注患者需求，设身处地为患者着想，担负起医务人员应该担负的道义和责任。二是加强对群众的宣传教育，引导群众相信科学，理性就医，对医务人员多一分理解和尊重。加强群众的健康常识教育，不但利于其加强个人健康预防意识，还能帮助群众在接受治疗时候更好地理解和遵循医嘱，自觉配合好医生提高治疗效率和效果；帮助群众在面对病无所医，甚至死亡等极端情况时，能够放下对医生不切实际的期待，尊重医务人员的劳动，理智接受现实，不将感情上的负面情绪转嫁为对医务人员的偏见，引起不必要的纠纷和矛盾。三是要加强社会舆论正面引导。构建和谐医患关系的关键在于双方互相理解和互相信任，社会舆论在充分发挥监督传播积极作用的同时，要加强

对医疗行业的正面宣传和报道，对医患矛盾的相关报道要有客观公正的态度，从尊重科学的角度出发，实事求是，注重传播内容的真实性、全面性、准确性和科学性。主流媒体要以自身平台优势，积极创建医患对话互动开放平台，促进医患双方沟通，合力营造医患双方相互理解、相互信任的良好社会氛围。

参考文献

方鹏骞、杨兴怡、张霄艳、刘焱：《再论中国基本医疗服务的内涵》，《中国卫生政策研究》2015 年第 6 期。

张洪才：《关于基本医疗服务若干问题的思考》，《卫生经济研究》2012 年第 2 期。

聂绍芳：《现代医院市场营销》，黑龙江教育出版社，2008。

范宪伟、王阳：《我国医疗服务供需矛盾及发展建议》，《宏观经济管理》2018 年第 8 期。

樊宏、吉华萍、杜宪明、尤华、陆慧：《应用综合指数法及秩和比法综合评价某市 2008~2010 年的医疗服务质量》，《卫生软科学》2012 年第 3 期。

黄国武：《供给侧改革视角下我国医疗卫生纵深改革的发展路径》，《国家行政学院学报》2016 年第 5 期。

王文娟、付敏：《"健康中国"战略下医疗服务供给方式研究》，《中国行政管理》2016 年第 6 期。

丁姿：《我国医疗服务供给方式的变迁与改革路径》，《宏观经济管理》2016 年第 3 期。

（审稿人：郭炳发）

民生保障篇

Livelihood Protection

B.7

加快提升广州基本公共服务水平　着力保障和改善民生的调研报告

广州市政府研究室社会发展处课题组 *

摘　要：　近年来，广州大力提升基本公共服务水平，有效保障人民群众基本生存发展需求。但是，广州基本公共服务仍然存在短板，财政支出压力很大，供给机制亟须完善。对此，建议完善服务清单，补齐短板，优化供给机制。

关键词：　基本公共服务　民生　广州

---

* 课题组成员：孙晓莉，管理学硕士，广州市政府研究室社会发展处处长；张健一，法学博士，广州市政府研究室综合处副处长。

一直以来，广州认真贯彻落实中央和省有关决策部署，着力保障和改善民生，扎实推进基本公共服务，取得一系列显著成效。同时，也存在若干亟待解决的矛盾和问题，这关系到2020年如期全面建成小康社会以及2035年奋力建成社会主义现代化先行区，需下大力研究加以解决。

一　广州推进基本公共服务的主要成效

近年来，广州深入实施《人口发展和基本公共服务体系建设第十三个五年规划（2016～2020年）》，一是教育事业蓬勃发展，均衡优质的教育体系进一步完善。推进基本教育服务均等化，常住人口教育全覆盖逐步实现。成功创建"省推进教育现代化先进市"，11个区均成为"全国义务教育发展基本均衡区"，义务教育公办学校100%成为标准化学校，全市3周岁以上幼儿毛入园率、小学适龄儿童毛入学率、中学阶段毛入学率均达到100%的要求，特殊教育全面实现15年免费教育，高中毕业生升大率达99%以上，各类学校办学水平不断提高，教育教学质量全面提升。二是医疗卫生服务不断完善，人民健康水平全面提高。截至2017年来，广州市拥有卫生机构4058个，组建医联体144个，每万人口全科医生数为3.47人，城市15分钟和农村30分钟卫生服务圈基本建成，居民平均期望寿命提高到81.96岁，居民健康接近发达国家水平。三是基本文化体育服务上新台阶，群众文体生活更加丰富。每万人拥有室内公共文化设施1282平方米，公共文化场馆免费开放率达100%，市民群众文化休闲进一步普及，"城市10分钟"和"农村10里"文化健身圈基本形成，全民健身热潮持续涌现。四是加大公共交通服务供给，日常出行更加便利快捷。每万人拥有公交车标准台数达34.56台，公共交通占机动化出行比例达61%，公交出行环境更加友好，公交运营网络向农村地区延伸覆盖。五是健全城乡社会保障体系，人民基本生活得到有力保障。基本养老保险、医疗保险覆盖率均达98%以上，城乡低保、残疾人社会福利和生活护理补贴覆盖率达100%，医疗救助延伸覆盖外来务工人员，每千名老人拥有床位40张，

"长者饭堂"街镇覆盖率达到100%，城镇户籍低收入住房困难家庭人均住房建筑面积达16.02平方米，保障水平不断提高。六是实施就业优先战略，就业形势持续保持稳定。近年来，"就业服务进家到户""就业岗位进街到村"和"零距离服务""零距离就业"的"双到双零"公共就业服务不断深化，面向城乡居民和来穗人员广泛开展职业技能培训，"互联网+就业服务"更加便民高效，广州生源应届高校毕业生就业率保持在90%以上，城镇登记失业率控制在2.5%以下，基本实现充分就业。

二　广州基本公共服务面临的问题与挑战

进入新时代，站在新起点、着眼新目标的广州，在基本公共服务提供上面临不少新的问题与挑战，主要有三个方面。

（一）基本公共服务短板仍较为突出

广州基本公共服务还不同程度地存在规模不足、质量不高、发展不平衡不充分等短板。一是城乡区域间资源配置不均衡，硬件软件不协调，服务水平差异较大。例如，优质教育教学资源集中在越秀、荔湾、海珠、天河等中心城区，外围城区和农村地区严重不足，不同区域间各级各类教育机构在办学条件、经费投入、教学效果等方面存在一定差异，中心城区与非中心城区之间教师队伍水平差异较大，特别是农村地区教师学历和职称水平明显较低。又如，医疗资源配置不平衡，目前广州地区58所三级医院有半数以上和绝大多数三级甲等医院位于越秀、天河、海珠等中心城区，南沙、增城、从化等区直到2017年才各有1所三级医院。再如，农村地区配套交通设施不足、公交服务薄弱，非中心城区交通管理信息化、智能化水平低。二是基层公共服务设施不足和利用不够并存，人才短缺严重。例如，社区卫生服务机构核定编制为每万名常住人口配备8名，标准低于北京（16~20名）、上海（18~20名）和全国平均水平（11.6名），且人员流失严重，2016年和2017年，全市就有288人辞职或自行离职，同期计划公招1660人，实际到岗不到 2/3；基层医疗单位康复床位数严重不足，不能完全满足群众在家门口看病就医需求。又如，广州尚未实现生活污水全收集全处理，"小散污"企业非法排放没有杜绝，黑臭河涌数量多、分布广，群众怨言很大。再如，生活垃圾分类推广还不深入，混收混运的状况还大量存在，城市保洁工作还有一些死角，环卫工作仍有薄弱环节。三是一些服务项目存在覆盖盲区，尚未有效惠及全部流动人口和困难群体。例如，广州对学前教育的投入与先进城市存在明显差距，未来数年弥补学位缺口的任务很重。2016 年北京和上海学前教育财政经费投入分别为 94 亿元和 102.21 亿元，分别是广州市的 5.2 倍、5.7 倍。目前，广州市学前教育学位约 52 万个，预计到 2020 年学位需求将达到 70 万个。同时，普惠性幼儿园特别是公办幼儿园占比偏低，公办幼儿园仅占 31.4%，与北京（64%）和上海（62.7%）差距很大；广州市教育部门办园比例更低，仅为 8%，而北京达到 31%、上海达 62%，不能满足广大家长希望子女入读公办幼儿园的强烈愿望。上述问题如果不认真加以解决，届时一部分流动人口甚至困难群体可能无法享受普惠性学前教育服务，"幼有所育"的任务还很繁重。

（二）基本公共服务的财政支出压力逐年增大

近年来，市本级财政支出不断向民生领域倾斜，一般公共预算用于民生和社会事业支出占比超过 76%，2018 年支出占比更是达到 78.8%。但是，随着经济进入新常态，财政面临着收入增速放缓和基本公共服务刚性需求增加之间的矛盾，特别是广州财力增幅明显落后于财政支出增幅，近两年主要通过盘活财政存量资金弥补了收支差额，目前财政存量资金已基本清理完毕，未来财政增支将只能依靠新增财力，并且民生支出占比已经处在较高位置，继续增长空间有限，兜底线保民生的任务更加艰巨。特别是到 2017 年底，登记在册的来穗人员已达到 943.54 万人，同比增加 54.57 万人，向来穗人员提供教育、住房保障、医疗救助、司法援助、灾害救济等公共服务的任务非常繁重，财政支出的压力将进一步加重。

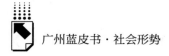

（三）基本公共服务的供给机制亟须完善

近年来，人口形成新结构、消费体现新需求、技术呈现新发展等一系列新变化，更加凸显了广州基本公共服务供给机制滞后、社会力量参与不足的问题。一是广州人口老龄化加速，老年抚养比上升，新型城镇化推动城乡人口结构变化，对公共服务供给结构、资源布局、覆盖人群等带来较大影响。二是中等收入群体规模不断扩大，群众提高生活水平和改善生活质量的愿望更加强烈，消费需求更加多样化、多层次，提高公共服务供给质量和水平的要求更加紧迫。三是移动互联网、物联网、大数据、云计算等技术快速发展，推动公共服务新业态不断发展、供给方式不断创新、服务模式更加丰富。

相比之下，广州基本公共服务供给机制尚未及时回应上述变化。一是基本公共服务支出大体上依赖政府投入，未形成多元化的民生保障机制，如住房保障建设、体育服务业市场没有得到有效开发利用等。二是出台民生政策有时没有充分论证财政中长期可承受能力，且部分标准具有下限上移、滚动增长的特点，累计下来就是一个不断增大的刚性支出"雪球"。三是一些传统管理思维根深蒂固，对地方财政实际可支配财力不了解，盲目对比北京、上海、深圳等城市标准，存在对基本公共服务大包大揽现象。

三　加快提升广州基本公共服务水平的对策建议

基本公共服务制度以促进城乡、区域、人群基本公共服务均等化为主线，是政府保障全民基本生存发展需求的制度性安排。针对新的问题与挑战，广州应抓住人民群众最关心、最直接、最现实的利益问题，既尽力而为，又量力而行，做到基本公共服务的提供与经济社会发展以及财政收入增长保持同步，确保改革发展成果持续为人民群众所共享。

（一）紧扣以人为本，完善服务清单

基本公共服务围绕从出生到死亡各个阶段和不同领域，以涵盖教育、劳

动就业创业、社会保险、医疗卫生、社会服务、住房保障、文化体育等领域基本公共服务为核心，着眼于实现人的全面发展，必须坚持以人为本。一方面应结合编制《广州城市总体规划（2017~2035年）》，着眼人口发展趋势和产业转型升级需求，对教育、医疗、交通、殡葬等重大民生基础设施作长远布局，为2035年基本实现基本公共服务均等化奠定坚实的基础。另一方面，基于财政收支压力增大和提高公共服务质量的双重考虑，应着眼精准脱贫、污染防治、生育政策与相关经济社会政策衔接、人口老龄化进程加快等新形势新要求，以标准化、法治化推进基本公共服务均等化，依据现行法律法规和相关政策动态调整基本公共服务主要领域、具体服务项目和基本标准并向社会公布，完善和实施基本公共服务清单与标准体系，作为政府履行职责和公民享有相应权利的依据。通过把基本公共服务每个项目的服务对象、服务指导标准、支出责任、牵头负责单位纳入法治轨道，对各项目所面向的受众人群、保障水平、覆盖范围、实现程度予以明确，做到各领域制度规范衔接配套、基本完善，服务提供和共享有章可循、有责可究，有助于全面提升基本公共服务质量、效益和群众满意度。

（二）统筹运用资源，补齐短板

统筹运用各领域各层级公共资源，重点落实好规划、用地、资金等要素，推进科学布局、均衡配置和优化整合，加大基本公共服务投入力度，向贫困地区、薄弱环节、重点人群倾斜，推动城乡区域人群均等享有和协调发展，使广大群众享有基本公共服务的可及性显著提高。推进教育优质均衡发展，推动优质教育资源向农村和薄弱地区延伸覆盖，下大气力补上学前教育学位缺口，高水平普及义务教育，到2020年普惠性幼儿园办学比例达到80%，规范化幼儿园占比达到95%以上，来穗人员随迁子女义务教育起始年限覆盖率达到70%，高中阶段毛入学率稳定在100%以上，高等教育毛入学率达到55%。推动优质医疗资源均衡布局，逐步实现三级甲等医院各区全覆盖，完善紧密型医联体和分级诊疗制度，100%落实基层医疗卫生服务人员编制和对口支援基层医疗卫生服务机构任务；到2020年全面建成广州地区健康大数据系统，全科医生本科以上学历比例达到 35% 以上，努力为人民群众提供全方位、全周期的健康服务。推进公交运营网络向外围区域覆盖，优化公共交通路网，到 2020 年郊区路段信号灯控路口覆盖率提高至 40% 以上，提升交通监管水平。进一步改善空气质量，到 2020 年空气质量优良天数占比达到 90% 以上，PM2.5 年均浓度降至每立方米 30 微克以下，重污染天气基本消除。加大对黑臭河涌整治和生态修复力度，到 2020 年实现全市生活污水全收集全处理，城市污水处理率达到 96%，全面消除黑臭水体，做到天更蓝、水更清。加快垃圾处理设施建设，开展垃圾"即投即运"试点，提高环卫保洁水平，到 2020 年城镇和农村生活垃圾无害化处理率均达到 100%，农村无害化公厕普及率达100%，城市快速路和主次干道机械化清扫率达 100%。加大对困难群体的"造血式"帮扶、支出型贫困救助以及对孤残儿童的保护力度，完善适度普惠型儿童福利制度，增加残疾人托养服务供给，逐步减少困难群众数量。加快建立多主体供给、多渠道保障、租购并举的住房制度，到 2020 年新增 300 万平方米租赁住房供应，逐步建立租购同权享受基本公共服务的机制，努力让更多来穗就业创业的年轻人住有所居。

（三）优化供给机制，提高服务质量

推进基本公共服务均等化，既要坚持政府主责，也要做到共享发展，支持各类主体平等参与并提供服务，积极探索服务多样化供给形式。一方面，壮大社会组织，扩大服务供给合力。坚持一手抓培育扶持，一手抓规范管理，发挥人民团体和枢纽型社会组织的示范带头作用，发展和规范行业协会、商会、公益服务类社会组织、各类基金会，按照"群众需求、政府购买、统一标准、规范运作、服务监督"的思路，进一步完善"项目化、社区化、专业化和综合化"的政府购买社会服务形式和"政府出资购买、社会组织承办、全程跟踪评估"的政府购买社会服务机制，逐步形成社会服务规模效应和品牌效应。另一方面，引入市场机制，高效配置服务资源。按照"利益引导、资源交换、平等竞争、商业运作"的模式，加大对《广州市人民政府关于创新重点领域投融资机制鼓励社会投资的实施意见》和《广州市人民政府关于

推进政府和社会资本合作试点项目的实施方案》的落实力度，降低门槛、搭建平台，扩大 PPP 项目试点覆盖范围，支持民间投资有序进入交通运输、市政设施、幼儿托管、学前教育、文化娱乐、养老服务等公共服务领域，引导市场主体将其产业、资金、专业优势与公共服务需求紧密对接，为投资者获得合理回报创造条件，发挥企业在推进基本公共服务中的重要作用。

（审稿人：丁艳华）

B.8
广州失业人员政策帮扶
情况分析

文苑棠[*]

摘　要：　近年来，广州市委、市政府坚持以人民为中心的发展思路，
出台系列就业扶持政策，就业成效显著，就业规模不断扩大，
就业结构不断优化，从业人员平均工资较快增长。为进一步
了解政策效果，2018 年 11 月，国家统计局广州调查队在全
市 11 个区开展失业人员政策帮扶情况调研，从中发现一些存
在的问题，对此提出政策建议。

关键词：　失业　就业　帮扶政策

一　调研样本情况

（一）调研对象

本调研对象为失业人员，根据国家统计局《全国月度劳动力调查制度》
定义，同时满足 16 周岁及以上、没有工作、正在找工作、能参加工作等 4
个条件的人员。

---

* 文苑棠，国家统计局广州调查队劳动力调查处副处长，高级统计师。

（二）样本构成

调研的失业人员共 62 人①，其中男女性别比例为 45.2∶54.8；分户籍看，本市户籍人口占 83.9%，非本市户籍常住人口占 16.1%，其中省外户籍常住人口占 9.7%；从健康状况看，健康正常人员占 93.5%，不正常人员占 6.5%；分年龄段看，16～40 岁（不含）人员占 38.7%，40～50 岁（不含）人员占 37.1%，50 岁及以上人员占 24.2%；从受教育情况看，接受过学历、职业等教育的占 22.6%，没有接受过相关教育的占 77.4%。

二　失业人员特征

（一）短期与中长期失业人员年龄区分度不大，平均年龄为40岁左右

调研显示，短期与中长期失业人员平均年龄均在 40～50 岁，表明"4050"人员仍是失业关注重点。其中，累计失业 1 年以内的人员占 38.7%，平均年龄为 47.4 岁；累计失业 1 年以上 2 年以内的人员占 24.2%，平均年龄为 46.9 岁；累计失业 2 年以上 3 年以内的人员占 8.1%，平均年龄为 41.6 岁；累计失业 3 年以上 4 年以内的人员占 11.3%，平均年龄为 46.2岁；累计失业 4 年以上的人员占 17.7%，平均年龄为 47.6 岁。

（二）"4050"失业问题在本市户籍人口中更突出

调研显示，在广州本市户籍失业人员中，40 岁及以上人员占 63.5%，比全市平均水平高 2.2 个百分点。其中，40～50 岁（不含）人员占

---

① 调研对象分两部分：一是 2018 年 11 月广州月度劳动力调查发现的全部失业人员共 55 人，即 2018 年 11 月广州月度劳动力调查样本 800 户居民，共 1980 人，其中 55 人为失业人员。二是采用滚雪球的抽样方法抽选失业人员 7 人，滚雪球的链条节点不超过 2 层，即由调查员抽选符合"失业人员"定义的人员，再由这些失业人员提供另外一些符合"失业人员"定义的对象，根据所形成的线索选择此后的调研对象，直至达到目标样本量。

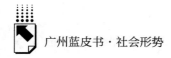

38.5%，比全市平均水平高 1.4 个百分点；50 岁及以上人员占 25.0%，比全市平均水平高 0.8 个百分点，表明本市户籍人口"4050"失业问题更为突出。

（三）高学历者接近三成，失业不再是低学历者专属

从学历看，在失业人员中，具有大专及以上学历的人员占 29.0%，其中大专占 16.1%，本科占 11.3%，研究生及以上占 1.6%。低学历失业人员占比为 71.0%，仍是失业主体，其中小学占 8.1%，初中占 33.9%，高中或中专占 29.0%。

（四）商服人员失业占比高，行业性失业特征较为明显

从失业人员失业前所从事的职业看，商业、服务业人员占 37.1%，不便分类的其他从业人员占 22.6%，生产、运输设备操作及有关人员占 12.9%，农林牧渔、水利业生产人员占 11.3%。而单位负责人、专业技术人员、办事人员失业率较低，分别是 8.1%、4.8% 和 3.2%。

从失业人员失业前所从事的行业看，行业性失业特征较为明显，主要集中在制造业、批发和零售业、农林牧渔业，占比之和超过五成，其中制造业占 27.5%，批发和零售业占 12.9%，农林牧渔业占 9.7%。其余各行业分别为租赁和商务服务业，住宿和餐饮业，交通运输、仓储和邮政业均占 8.1%；公共管理、社会保障和社会组织占 4.8%；教育，居民服务、修理和其他服务业，信息传输、软件和信息技术服务业，建筑业均占 3.2%；文化、体育和娱乐业，卫生和社会工作，房地产业，金融业，电力、热力、燃气及水生产和供应业均占 1.6%。

（五）自愿性失业占比超六成，人力资源开发潜力大

从失业类型看，自愿性失业是失业人员主体。其中，主动辞职的占 67.7%，被动辞职的占 32.3%。

从失业原因看，在自愿性失业人员中，因要照顾家庭（主要是小孩和

老人）而主动辞职的比重最高，为 26.2%；因工资低的占 19.0%；因身体不能适应工作的占 16.6%；因不满意原就业要另谋高就的占 14.3%；因生育原因辞职的占 14.3%；因交通较远的占 9.5%；因经营不善的占 7.1%；因工作时间长、休息假期短的占 4.8%；因工作压力大的占 2.4%。[①]

在非自愿性失业人员中，因单位经营不善倒闭或裁员的占 56.4%。习近平总书记在安徽调研时指出的"随着供给侧结构性改革不断推进，会有一些职工下岗"[②] 的问题，应高度重视。合同期满后被辞退的占 12.5%，反映出劳动力技能不满足市场主体发展需要，劳动力供需矛盾在一定范围内存在。此外，因健康问题被辞退的占 12.5%，单位改制下岗的占 6.2%，不能适应工作被辞退的占 6.2%，其他原因被辞退的占 6.2%。

三　帮扶政策情况

（一）政策产出丰富，政策效果显现

广州市委、市政府坚持以人民为中心，把人民对美好生活的向往作为奋斗目标，围绕"建设幸福广州"的新型城市化发展战略，着力保障和改善民生，就业促进、失业帮扶政策丰富，措施得力，成果显著。

从失业人员变化走势看，广州市人力资源和社会保障局反映，广州每年新增登记失业人员稳定在 15 万～20 万人左右，近年来呈稳中有降走势。

从资金投入看，广州每年投入就业专项补贴资金超过 12 亿元，用于促进与就业相关的投入。失业人员可获得失业救济的兜底性帮扶，再就业人员可获得社保补贴、再就业岗位补贴等系列激励性帮扶。

从对重点就业困难群体帮扶看，出台了《广州市就业困难人员就业援

---

① 调研反映，同一失业者的失业原因往往有多个方面，因此分类统计的失业原因占比之和超过 100%。

② 《全面落实"十三五"规划纲要加强改革创新开创发展新局面》，《人民日报》2016 年 4 月 28 日。

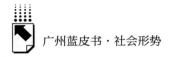

助实施办法》，积极实施好"就业服务进家到户""就业岗位进街到村"和"零距离服务""零距离就业"的"双到双零"工作，实现人性化的就地就近公共就业服务。

从帮助失业人员技能提升看，职业能力培训指导中心设置覆盖全市11个区，对失业登记人员免费提供相关职业技能培训，帮助失业人员提升再就业的适应能力和竞争能力。

从失业再就业成果看，登记失业人员再就业情况比较理想。通过人力资源市场等相关职能部门的职业介绍，每年登记失业人员再就业率达 70.0%以上。

（二）存在问题

1. 知晓失业救济金政策的失业人员比重不高

在失业人员中，知晓申领失业救济金政策的人员比重为 56.5%。其中，在本市户籍失业人员中，知晓该政策的比重为 59.6%；在非本市户籍失业人员中，知晓该政策的比重为 40.0%。

2. 近六成失业人员无登记

知晓申领失业救济金政策的人员比重不高，导致失业登记人员比重不高。在失业人员中，没有到劳动就业部门登记失业的占 58.1%，已登记失业的仅占 41.9%。分户籍看，在本市户籍失业人员中，无登记失业的人员占 51.9%；在非本市户籍失业人员中，无登记失业的人员占 90.0%。

3. 未登记的失业人员成为帮扶政策的盲区

大量失业人员不主动到劳动就业部门登记失业，成为帮扶政策的盲区。政府对失业人员提供的资金救济、技能提升、职业介绍等帮扶服务，未登记的失业人员均无法享受。

从资金帮扶看，登记失业是作为申领失业救济金的前置条件之一，未登记的失业人员享受不到失业帮扶的资金救济。在失业人员中，未申领过失业救济金的占 77.4%，申领过的仅占 22.6%。

从技能帮扶看，在失业人员中，未接受过政府有关职能部门免费职业培训的占 74.2%，接受过相关培训的仅占 25.8%。从接受过政府有关职能部门的免费培训次数看，接受过 1 次培训的失业人员占 19.4%，2 次培训的占 4.8%，3 次培训的占 1.6%。

从职业介绍帮扶看，在失业人员中，未接受过政府有关职能部门职业介绍的占 72.6%，接受过相关职业介绍的仅占 27.4%。

4. 失业人员对政策缺乏了解，减小了政策有效覆盖面，降低了政策满意度

在调研的失业人员中，不清楚相关就业政策的占 32.3%，对帮扶政策了解不多，导致良好的政策措施发挥作用范围减少。

从失业人员对政策作用的认识看，认为就业政策对自己再就业有帮助的占 37.1%，认为无帮助的占 30.6%。从他们对政策的满意度评价看，对当前失业帮扶政策满意的占 33.9%；对政策满意度一般的占 61.3%；不满意的占 4.8%，表明政策的满意度、受知晓度和有效覆盖面的影响较大。

四　再就业开展情况

（一）低学历失业人员再就业竞争力较弱

失业人员普遍认为自身再就业竞争力不高，低学历者竞争力较弱。调研显示，认为再就业竞争力较强的占 19.4%，竞争力一般的占 33.8%，竞争力较弱的占 27.4%，不清楚自己竞争力状况的占 19.4%。低学历失业人员竞争力更弱，认为个人竞争力较强的仅占 13.6%，比全市平均水平低 5.8 个百分点；竞争力一般的占 31.8%，比全市平均水平低 2.0 个百分点；竞争力较弱的占 31.8%，比全市平均水平高 4.4 个百分点；不清楚自己竞争力状况的占 22.8%，比全市平均水平高 3.4 个百分点（见表 1）。

表1　失业人员再就业竞争力自我评价对比

单位：%，个百分点

竞争力　　　　　范　围	全市	大专（不含）以下	比全市
较强	19.4	13.6	-5.8
一般	33.8	31.8	-2.0
较弱	27.4	31.8	4.4
不清楚	19.4	22.8	3.4

（二）再就业面临供需结构性矛盾

从就业市场（多选）看，在失业人员中，认为市场上的工作环境、待遇与期望值差距较大的占51.6%；认为市场不景气，僧多粥少，竞争太大的占51.6%。

从就业环境看，在失业人员中，认为当前就业环境一般的有51.6%；认为当前就业环境较差的有25.8%；认为当前就业环境较好的仅有14.5%；另有8.1%的失业者不清楚当前就业环境。

从就业形势看，在失业人员中，有50.0%的人认为市场上"工作机会多，但合适自己的不多"；有22.6%的人认为市场"工作机会少，很难找工作"；有17.7%的人认为"工作机会虽然不太多，但积极寻找还是能找到"；有9.7%的人认为"工作机会多，比较好找工作，只是自己愿不愿意干"。

（三）失业再就业对"熟人社会"的依赖性仍然较大

从获取再就业的途径（多选）看，在失业人员中有40.3%是通过委托亲戚朋友这种社会化方式找工作，表明失业人员再就业对传统人情关系依赖程度仍然较大，与市场经济就业环境存在一定差距。从年龄看，失业再就业对"熟人社会"依赖性较大的人群主要集中在40~50岁的人群，占43.5%；50~60岁的人群占30.4%，30~40岁的人群占26.1%。从学历情况看，失业再就业对"熟人社会"依赖性较大的人群主要集中在初、高中学历人群中，占69.6%；大专学历人群占17.4%，小学学历的占8.7%，本科学历的占4.3%。

（四）缺专业技能与有效求职来源是再就业的主要困难

调研显示，有43.5%的受访失业者表示缺乏专业技能，有27.4%的受访者表示缺乏有效的求职信息来源。

五 对策建议

调研结果表明，广州失业帮扶政策取得丰富成果，存在的问题更多是由失业者主观因素导致。针对存在问题，回应市民期待，应从精细化方面进行政策完善，具体建议如下。

（一）聚焦重点帮扶人群精准发力

1. 占四成左右的期待稳定就业的失业人员应成为重点帮扶对象之一

调研显示，失业人员对就业方式的期望，有48.4%的失业人员期望灵活就业，有41.9%的失业人员期望稳定就业，有9.7%的失业人员期望自主创业。与期望灵活就业、自主创业群体相比，期望稳定就业群体"找工作"的意愿更强，是政策发力的主要对象。

2. 占三成左右的被动失业人员应成为重点帮扶对象之一

这其中有两个部分，一是经济转型导致的失业人员，特别是失业人员比较集中的制造业、批发和零售业、农林牧渔业等行业需要重点关注；二是劳动力技能不能满足市场主体发展需要的群体，其中对具有大专及以上学历的失业人员的帮扶重点，是从知识到技能的提升。

3. "4050"等就业困难群体应成为重点帮扶对象之一

其中户籍"4050"失业人员，以及失业人员比重较高的从事商业、服务业职业的人员应重点关注。

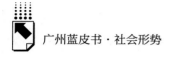

（二）因需设置新增社会就业岗位，努力促成供需对接

民有所呼，我有所应；民有所需，我有所为。新增社会就业岗位的设置一方面要根据经济社会发展需要，发挥市场在人力资源配置中的基础性作用。另一方面要发挥政府调节职能，落实和完善援助措施，通过鼓励企业吸纳、公益性岗位安置、社会政策托底等多种渠道帮助就业困难人员尽快就业，确保零就业家庭动态"清零"。

调研显示，失业人员期望从事的行业（多选）主要集中分布在制造业（占21.0%），批发和零售业（占12.9%），农林牧渔业（占9.7%），居民服务、修理和其他服务业（占9.7%），公共管理、社会保障和社会组织（占8.1%），金融业（占8.1），交通运输、仓储和邮政业（占8.1%）7个行业（见图1）。

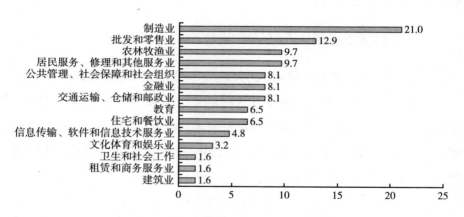

图1　失业人员期望再就业从事的行业（多选）分布

从失业人员期望从事的行业与失业前所从事的行业变化对比看，制造业、批发和零售业、农林牧渔业等失业占比之和超过五成的行业仍是失业人员最期望从事的前3个行业。其中，期望从事制造业的失业人员中有92.3%在失业前从事制造业，期望从事批发和零售业的失业人员中有50.0%在失业前从事批发和零售业，期望从事农林牧渔业的失业人员在失业前均从事农林牧渔业。对比结果反映出两个方面的信息：一是制造业、批发

和零售业、农林牧渔业三大行业的失业人员再就业存在行业惯性偏好；二是制造业、农林牧渔业主要吸引的是失业前从事该行业的失业人员，对其他行业失业人员缺乏吸引力。

建议相关职能部门在新增就业岗位设置的行业分配中，充分考虑失业人员技能和就业期望，既合理引导又有效对接，以就业岗位供给侧结构性改革回应人民期待，减少社会摩擦性失业①，提高人力资源利用率。

（三）提高政策知晓度以扩大政策有效覆盖面和满意度

一是扩大失业帮扶、促进就业政策的宣传，着力提高相关职能部门的传播力、引导力、影响力、公信力，让有温度的民生政策深入民心。二是探索建立有效信息推送机制。具体可参考税务部门向纳税人反馈纳税信息方式，完善社保信息系统，按年度或某一固定时间向参保人员推送介绍职能部门、相关政策，或获取政策渠道等信息，促使失业登记从部门"被动"登记到"主动"登记的转变。

（审稿人：黄志明）

---

① 摩擦性失业（frictional unemployment）是指由季节性或技术性原因引起的，劳动者想要工作与得到工作之间的时间消耗造成的失业。即由于经济调整或资源配置比例失调等原因，劳动者为寻找最适合自己嗜好和技能的工作而在不同的工作中转移，等待转业期间产生的失业现象。

B.9

广州市城市社区独居老年人
养老服务现状调查*

王　傅　李惠行　倪雄飞**

摘　要： 为了解广州市城市社区独居老年人养老服务现状，课题组深入广州市荔湾区 CK 街、广州市天河区 SP 街和广州市番禺区 ZC 街的数个社区对独居老年人养老服务现状进行了调查。调查结果显示，广州市社区养老虽然取得一些成就，但在针对独居老年人社区养老服务的宏观（政府层面）、中观（社区层面）和微观（个体层面）支持层面仍然存在一定问题，并分析了问题产生的原因，提出了改善独居老年人社区养老服务的建议。

关键词： 广州　城市社区　独居老年人　养老服务

依照国际通用标准，当一个国家或地区整体人群中 60 岁及以上人口占比超过 10% 或 65 岁及以上人口占比超过 7%，即意味着该地已进入老龄化社会。2010 年第六次全国人口普查显示，我国 60 岁及以上人口为 1776 万

---

* 本文为广州市建设国家级科技思想库研究课题专项"广州市城市养老服务精准化供给的政府职能及实现机制创新研究——基于供给侧结构性改革视角"（项目编号：2017SX019）研究成果；项目主持人，王傅。

** 王傅，博士，现任仲恺农业工程学院人文与社会科学学院社会工作与社会政策系主任、硕士研究生导师、社会工作师，主要研究方向为公共管理和农村社会工作；李惠行，社会工作师，现任职于广州天河区居家养老服务示范中心；倪雄飞，博士，现任仲恺农业工程学院人文与社会科学学院副院长、教授、硕士研究生导师。

人，占人口总数的 13.26%；其中 65 岁及以上人口为 1188 万人，占人口总数的 8.87%。根据 2019 年 1 月 21 日国家统计局发布最新的人口数据显示，截至 2018 年年底，我国 60 周岁及以上人口 24949 万人，占总人口的 17.9%，同比增加 0.6 个百分点；其中 65 周岁及以上人口 16658 万人，占总人口的 11.9%，同比增加 0.5 个百分点。

如果按照我国老年人口的现有增长趋势，2019 年 60 岁及以上老年人口可能增长 727 万人，2020 年 60 岁及以上老年人口增长 603 万人，2021 年 60 岁及以上老年人口增长 521 万人。预计到 2025 年，60 岁及以上人口将达到 3 亿人，成为超老年型国家。到那时候，未富先老、空巢老人现象和老年人的健康、心理问题等都将成为阻碍社会发展的因素。一个不可避免的、逐步深化的老龄化社会正在快速到来。因此有必要对城市社区独居老年人的养老服务现状进行调查，以寻找出对人口老龄化的治本之策。

一　调研背景和意义

（一）调研背景

在老龄化的同时，家庭规模呈现小型化趋势，3~4 口之家成为社会常态。随着跨地域职业化，子女异地成家越来越常见，或者即使在同一城市，因为代沟或生活习惯隔阂，很多子女不愿与父母同住（也有父母不愿与子女同住的），人为地造成了空巢和独居现象：既有空巢和独居老年人，也有空巢和独居青年。其中，问题最多的是独居老年人。多年来，独居老年人出现的各种问题（意外受伤、独逝无人知晓等）屡见报端，需要采取政策和社会手段加以解决。为此，课题组随机抽取了广州市的数个社区，进行了独居老人养老服务现状的调研，以期找到解决之道。

（二）调研意义

当前家庭养老功能已大大弱化，养老机构数量不足，质量堪忧，很难满

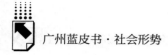
足老年人生理和心理的需求，特别是独居老年人。因此，有必要分析独居老年人的社会支持网络。在社会支持网络视角下探讨独居老年人的社区养老现状，不仅能更好地满足独居老人的各种需求，使独居老人得到更好的社会支持，增强独居老年人的幸福感和生活保障，更好地帮助和照料独居老人，还能缓和关于养老问题的家庭矛盾，促进家庭和睦，有利于解决人口老龄化产生的诸多问题和风险，对于完善养老保障体系有着重要的作用。

二 调查设计

（一）调查目的

全面了解社区独居老年人对养老服务的需求，并通过社区独居老年人了解当前社区养老服务供给存在哪些问题。调研结果可用于分析广州市城市社区养老供求关系，并通过改变独居老年人社会支持网络来实现供求平衡。

（二）调查方法

1. 问卷调查

（1）问卷调查内容和方式。

调查内容：分为四部分，一是独居老年人基本情况调查，包括婚姻、身体健康、经济收入等情况；二是独居老年人养老服务需求；三是独居老年人的社会支持情况；四是独居老年人对当前社区养老服务的满意度、意见和建议。

调查方式。为了掌握社区内独居老年人的基本情况和养老需求，在社区居委会的帮助下，通过参与居民座谈会、社区活动等方式进行调查。

（2）样本选择。

为保证随机性，本次调查采用多阶段抽样法。首先，在广州市各辖区中，随机抽取了荔湾区、天河区和番禺区。然后，在各区随机抽取一个街道作为研究对象，最终选择了荔湾区 CK 街、天河区 SP 街和番禺区 ZC 街。最后，在每个街道抽取了 70 名 60 岁以上的独居老年人作为调查对象，共计 210 名老年人。

2. 深度访谈

（1）访谈对象。一是社区 60 岁以上的独居老年人，二是与社区养老服务有关的政府和社会服务机构。

（2）访谈内容。一是政府养老政策和职能部门作用，二是独居老年人对家庭综合服务中心、日间托老服务中心、社区卫生服务中心服务情况和服务对象满意度。

三　广州市社区独居老年人养老服务现状

本次调查于 2017 年 12 月 20 日至 2018 年 3 月 31 日随机抽取了三个街道 210 名 60 岁以上独居老年人参与问卷调查，共发放问卷 210 份，有效回收问卷 196 份，有效回收率为 93.3%。

（一）社区独居老年人的基本情况

被调查的社区独居老年人个人基本资料如下（见表 1）。

表 1　独居老年人个人基本情况

单位：人

年龄段	数量	性别		婚姻状况				文化教育程度		
		男	女	已婚	未婚	丧偶	离婚	高中及以上学历	小学、初中学历	不识字或识字很少
60～69 岁	17	6	11	9	1	1	6	11	5	1
70～79 岁	75	27	48	54	2	17	2	39	16	10
≥80 岁	104	28	76	24	5	74	1	28	58	28
合　计	196	61	135	87	8	92	9	78	79	39

1. 男女比例

在 196 名独居老年人中，男性为 61 名，占调查对象总数的 31.1%；女

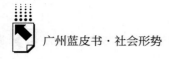

性为 135 名，占调查对象总数的 68.9%。

2. 年龄

80 岁及以上的居多，为 104 人，占总人数的 53.0%；其次为 70~79 岁，有 75 人，占总人数的 38.3%；60~69 岁的最少，为 17 人，占总人数的 8.7%。

3. 婚姻状况

随着年龄增长，独居老年人丧偶情况最为突出，如 80 岁及以上者丧偶的有 74 人。可见，造成独居老年人失去生活伴侣最大的原因是丧偶，缺乏情感慰藉和寄托。

4. 文化程度

高中以下学历的独居老年人共有 118 人，占总人数的 60.2%；不识字或识字很少的有 39 人，占总人数的 19.9%，小学、初中学历共有 79 人，占总人数的 40.3%；高中及以上学历有 78 人，占总人数的 39.8%。可见，超过六成的独居老年人文化水平不高，这在很大程度上可能会给独居老年人适应科技信息时代带来消极影响（比如不会使用智能手机等）。

（二）社区独居老年人的经济状况

调查结果显示，退休金是独居老年人的主要生活来源，占调查对象的 38.8%；依靠城乡居民养老保险和子女抚养补贴的独居老年人分别占 25.5% 和 25.0%；有其他生活来源的（低保金等），占 8.7%；没有收入来源的独居老年人占 2.0%。在金额数量方面，月收入在 1000 元以下的独居老年人有 1.5%，月收入 1000~4000 元的独居老年人有 18.4%，月收入 4000~7000 元的占 42.3%，月收入 7000 元以上占 37.8%。可见，以中高收入独居老年人居多，存在月收入差异大的现象。

由于独居老年人年老体弱，身体各方面机能逐渐减退，求医问药不可避免地成为他们生活支出中比例最大的一部分。然而，随着物价升高，高昂的医疗费用无疑成为老百姓看病的极大障碍。享有公费医疗的独居老年人有 41.8%，享有城镇职工基本医疗保险的有 33.7%，享有城乡居民基本医疗保险的有 17.3%。由调查可知，遇到医疗需求时，大部分独居老年人能享受到医保，可以享受到一定的医疗保障。有部分独居老年人面临"无钱看病"的尴尬困境。

（三）社区独居老年人的生活照顾情况

生活照顾是指日常生活中衣食住行的照顾，是独居老年人最基本的生存需求。其中半自理的独居老年人占最多数，有 45.4%，失能的独居老年人有 24.0%，完全自理的独居老年人只有 30.6%，而且高龄的独居老年人半自理和失能比例比低龄独居老年人高（见表 2）。可见，独居老年人平均自理能力较差，急需他人及社会的照顾和关心。

表 2　社区独居老年人的生活自理能力

单位：人

年龄段	数量	自理能力		
		完全自理	半自理	失能
60~69 岁	17	16	1	0
70~79 岁	75	27	37	11
80 岁及以上	104	17	51	36
合　计	196	60	89	47

（四）社区独居老年人的身体状况

调查显示，在 196 名调查对象中身体没有患疾病的只有 7 人，仅占 3.6%，其余 189 人都患有至少一种疾病，高达 96.4%。随着年龄的增加和身体机能的下降，独居老年人罹患的疾病数量将会越来越多，面临难以自我照料却无人照料的双重困境，如此一来，对社区照顾的诉求将进一步增加。

（五）社区独居老年人的精神慰藉情况

随着时代的发展，独居老年人的养老需求不再局限于生活上、身体上的照顾，精神需求也日渐增长。精神慰藉就是指独居老年人在情感上获得的支

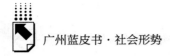

持，精神上的抚慰。以参加社区中的精神文化活动为例，调查显示，仅有25.0%的调查对象会主动并经常参加活动，高达27.0%的独居老年人表示从不或很少参加活动，间断性参加活动的占48.0%。可见独居老年人的有效精神支持较少，获得感不足，需要重视。

四　社区独居老年人的社会支持现状

为探讨社会支持现状，本次调研将针对独居老年人的社会支持分为三个层面。一是宏观层面，即政府和正式组织层面；二是中观层面，即社区层面；三是微观层面，即个体层面。

（一）政府和正式组织主导的正式支持

广东省市两级政府近几年密集出台了关于养老的政策与法规。比如，2019年1月1日起实施《广东省养老服务条例》，对广东省养老服务的规划和建设、居家社区养老服务、机构养老服务、医养结合、养老服务人才、扶持保障、监督管理和法律责任进行了全面规定。2016年12月9日，广州市人民政府出台《广州市社区居家养老服务管理办法》（穗府办规〔2016〕16号），对社区居家养老服务的原则、管理主体、服务设施、服务供给、服务评估、服务资助和监督管理进行了规定。2018年5月1日，广州市质量技术监督局制定并实施了《老年人照顾需求等级评定规范》（DB4401T 1 - 2018），这是广州市养老服务领域地方标准，对评估主体、评估指标、评估要求、评估实施和评估登记确定进行了规定。这一系列政策出台，使发展社区居家养老服务有章可循。

（二）社区为主导的"准正式支持"

以天河区为例，天河区SP街办事处根据政府政策文件，结合离退休老年人多、高文化程度老年人多、经济发展基础等实际情况，将街道"X"项目定为文化养老和科技助老，着力推行居家养老政策。

支持一　SP 街道办整合各个社区，分派居家养老护理员进驻每一个社区居委会，根据社区老年人饭堂、高校老年人饭堂、居家养老照顾需求评估等落地政策，制定一系列优惠政策，如户籍是天河区的老年人，可以在社区老年人饭堂享受政府补贴，60 岁以上老年人 4 元/餐，70 岁以上老年人 6 元/餐。

支持二　社区居委会直接面对老年人，接到居家养老服务的申请立刻派员上门做需求照顾评定，实时接收及反馈老年人的意见和建议。比如，为回应老年人的要求，社区从 2018 年 3 月开始，免费帮助全社区老年人更换新的饭堂饭卡，引进新科技手段惠及老年人。以前只能手动登记优惠用餐人数，使老年人需要排长队登记，登记完成后才能吃饭，严重拖延了老年人的用餐时间，引进新电脑终端系统之后，可以通过扫码直接自动登记，帮助老年人节省了很多时间。

（三）个人网络提供的社会支持

调查发现，有 24.0% 的老年人表示虽独自居住，但儿女和兄弟姐妹等家人关系较为紧密，能得到家人的大力支持。有 45.4% 的老年人表示身边有一定数量较常往来的朋友，与邻居、同事交往密切，关系较好；有 30.6% 的老年人既没有经常往来的朋友，也没有交好的邻居和同事。可见，为数不少的老年人个人网络支持较少，缺乏情感支持，孤独感较强。

五　独居老年人的养老服务满意度分析

满意度是社会公认的最重要的心理测量参数之一，能够综合反映其在物质方面和精神方面的社区养老水平，更直接客观地反映出城市独居老年人的社区养老现状。本研究在理论基础上结合独居老年人的社区养老现状进行调查，通过统计学检验，在个体基本情况、经济状况、生活照顾状况和社会支持四个方面 14 个变量因素中分析城市独居老年人养老服务满意度。

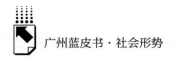

（一）个体基本情况与养老服务满意度分析

个体基本情况主要包括性别、年龄、婚姻状况、文化程度四个方面，其中，不同性别、年龄之间的养老服务满意度差异没有显著性意义，而文化程度与婚姻状况的 P 值均小于0.05（见表3），因此认为不同的文化程度婚姻状况与独居老年人养老服务满意度差异有显著性意义。

表3　个人基本情况与养老服务满意度

单位：人

变量		满意人数	一般人数	不满意人数	χ^2	P
性别	男	31	22	8	0.886	0.648
	女	60	58	17		
年龄段	60～69岁	3	9	5	4.335	0.363
	70～79岁	35	29	11		
	80岁及以上	53	42	9		
婚姻状况	已婚	31	42	14	11.000	0.004
	未婚	1	6	1		
	丧偶	19	31	42		
	离婚	1	5	3		
文化程度	不识字或识字很少	19	18	2	9.888	0.042
	小学和初中	29	34	16		
	高中	43	28	7		

第一，在不同文化程度中，小学和初中文化程度者对养老服务不满意者有16人，占比20.25%。明显高于其他组别（其中"不识字或识字很少"组，有5.1%的人不满意，高中组有8.97%的人不满意），其中原因有待分析。

第二，在不同婚姻状况中，丧偶者对养老服务不满意者42人，占比45.65%，远远高于其他组别。

（二）经济状况与养老服务满意度分析

经济状况可分为收入来源、收入情况、医疗保险参与程度三个方面进行分拆，根据 χ^2 检验的结果可知，不同经济状况的养老满意度差异具有显著性意义，其中收入情况相关关系最为显著，其次为收入来源（见表4）。

表4　经济状况与区养老服务满意度

单位：人

变量		满意人数	一般人数	不满意人数	χ^2	P
收入来源	退休金	48	21	6		
	城乡居民养老保险	23	23	4		
	低保金	5	9	3	24.258	0.002
	子女抚养补贴	13	26	10		
	无业/没有主要收入来源	2	1	2		
收入情况	1000元以下	1	1	1		
	1000~4000元	7	19	10	35.145	0.000
	4000~7000元	32	44	7		
	7000元以上	51	16	7		
医疗保险	公费医疗	51	24	7		
	职工医疗	22	35	9		
	居民医保	9	17	8	21.941	0.001
	商业保险	6	4	1		

（三）生活照顾状况与养老服务满意度分析

本研究把生活照顾状况分为自理能力、身体健康程度、精神慰藉三个方面进行分析，其中身体健康程度通过独居老人所患疾病数来进行分析，而精神慰藉方面则主要集中于独居老年人参与活动的频率来分析，根据 χ^2 检验的结果可知，城市独居老年人的养老服务满意度与自理能力、身体健康程度、精神慰藉方面均有较为显著的意义（见表5）。

表5　生活照顾状况与养老服务满意度

单位：人

变量		满意	一般	不满意	χ^2	P
自理能力	完全自理	16	30	14		
	半自理	8	45	36	52.478	0.000
	失能	1	5	41		

续表

变量		满意	一般	不满意	χ^2	P
患病疾病数	无	2	0	5	44.026	0.000
	1 种	32	16	8		
	2 种	30	28	6		
	3 种	8	24	5		
	4 种及以上	19	12	1		
参加活动频率	主动并积极参加	16	27	6	34.492	0.000
	经常参加	60	26	8		
	偶尔参加	9	20	3		
	从不参加	6	7	8		

（四）社会支持与养老服务满意度分析

本次调查把社会支持分为由政府和正式组织（非政府组织）主导的正式支持，以社区为主导的"准正式支持"，由个人网络提供的社会支持，由社会工作专业人士和组织提供的专业技术性支持四个方面进行分析。其中，正式支持从独居老年人对社区养老政策的了解程度分析，准正式支持从独居老年人饭堂、老年大学堂等社区养老设施普及程度进行分析，个人社会支持从独居老年人与家人、朋友、同事的交往关系分析，专业技术性支持则主要从独居老人对社会组织相关服务的了解进行数据分析。根据 χ^2 检验的结果显示，对社区养老政策的了解程度和个人社会支持与养老服务满意度有相关性，而社区养老设施的普及程度和对社会组织服务的了解程度，不同了解程度之间的养老服务满意度差异没有显著意义（见表6）。

表6　社会支持状况与养老服务满意度

单位：人

变量		满意	一般	不满意	χ^2	P
对社区养老政策了解程度	完全了解	3	9	5	9.480	0.050
	了解	53	42	9		
	不了解	35	29	11		

变量		满意	一般	不满意	χ^2	P
社区养老设施普及程度	社区活动场所	15	19	8	4.030	0.402
	独居老年人饭堂	36	29	6		
	老年大学堂	40	32	11		
与社会的交往关系	有密切交往的家人/朋友/同事	41	5	1	52.478	0.000
	较少密切交往的家人/朋友/同事	36	45	8		
	没有密切交往的家人/朋友/同事	14	30	16		
对社会组织了解程度	完全了解	21	26	10	4.335	0.363
	了解	36	25	9		
	不了解	34	29	6		

从表 6 中可知,在正式支持方面,医疗保险、社区养老政策普及程度之间的城市独居老年人社区养老满意度具有显著性意义;在"准正式支持"方面,社区养老设施的普及程度与独居老年人社区养老满意度之间的差异没有显著性意义;在个人社会交往方面,独居老年人的文化程度、婚姻状况、收入来源、收入情况、医疗保险参与程度、自理能力、身体健康程度、精神慰藉与社区养老满意度具有显著性意义。城市独居老年人的社区养老现状与医疗保险、社区养老政策普及程度、个人社会交往方面有显著性意义。

六 广州市社区养老服务供给和需求差距

在进行问卷调查的同时,课题组还对社区独居老年人进行了访谈。根据访谈结果发现,广州市养老服务需求日益增长,并且呈现复杂化、个性化和多样化的特点,但在养老服务供给上存在不精准、少资金和机制不健全等问题,供需差距明显(见表 7)。通过访谈资料可以看到这些差距。

表7 广州市社区养老服务供给与需求之间的差距

需求类别	需求情况	供给情况
物质和日常生活需求	1. 上门服务需求 2. 配餐服务需求	1. 无法完全上门 2. 配餐服务未普及
文化和精神需求	1. 期待文化娱乐活动 2. 依赖老伴、子女和亲人	1. 文化设施不完善 2. 失去亲人者缺乏社会支持
社会需求	1. 社会参与意愿较强 2. 社会融入意愿较强	1. 参与机制不完善 2. 缺乏接纳支持
卫生健康需求	1. 预防需求,特别是健康体检 2. 治疗需求,特别是慢性病者 3. 护理需求,特别是家庭护理	1. 社区卫生服务中心能力有限 2. 全科医生缺口较大 3. 专业的护士和护理员缺乏

（一）物质和日常生活需求未被满足的情况

我家房子是1997年我退休的时候装修过了，到现在20年了没有再装修了。年纪大了，没力气，也眼花，害怕一不小心摔倒，所以有些东西坏了也一直没有修理。自己的孩子长时间不来我这里，就是来了，也只是吃吃饭，看他的手机，然后就走了。孩子起不了作用，亲戚朋友来往也少。

（访谈资料编号：20180302）

（二）文化和精神需求未被满足的情况

我以前是和小儿子一家住在一起，上一年大儿子建新房子了，我就搬过来一起住了。白天都是在榕树下和其他人聊天、看电视和做家务。家人都很忙，要上班和读书，就我一个人在家。我当然想他们可以陪陪我，但是要赚钱没办法的。我和家人的聊天就是正常的聊天，就是吃喝拉撒之类的，其他话题不怎么聊，他们回家吃完饭之后都回房间了。

（访谈资料编号：20180327 - 1）

我现在年龄大了，身体又不好，我有很多病啊！你看看我的住院单，有十几种病。我现在腿脚也不灵便，去哪里都不方便。我也没几个朋友，那些老朋友一个个的都死掉了，现在身边都是年轻人。很多年轻人也是外地人，讲的话我也听不懂。以前还有那口子（老伴）在一起相依为命，前几年老伴走了，家里一下子空荡荡的。每次看到（老伴用过）那些东西我都要掉眼泪。两个仔（儿子）都忙得很，很少回来看我，电话都不怎么打，过节的时候会打几个电话，但也只是讲几句话就挂电话了。我打电话给他们，总是说忙，后来我都怕打电话给他们。每天晚上是最难熬的，黑黢黢的，很怕人，很想把这个房子卖掉，换一个小房子。

（访谈资料编号：20180327－2）

（三）社会需求未被满足的情况

我年轻的时候是一个很活跃的人。老了一直在带孙子，等到孙子大了，发现自己跟不上时代。每次社区搞活动，总想去参与，但总感觉不知道怎样去参与。年轻人跟我们看问题的角度不一样，很难融入他们的圈子里去。

（访谈资料编号：20171228）

每次看到小区下面搞活动的时候，我肯定会去凑凑热闹。哪怕跟不认识的人见见面，说几句闲话，也是开心的，让我感觉到自己还活着。看到很多人跳广场舞，我肯定加入进去，一起跳，一起唱，一起玩。一个人去锻炼身体，没什么意思。有时候还会想着跟老朋友、老同学一块儿出去旅游，弄不好以后没机会了！

（访谈资料编号：20130803）

（四）卫生健康需求未被满足的情况

年纪大了，最怕身体不舒服。很多老朋友身体好好的，一到医院检查就发现有问题了，然后过段时间就没了。好像人都是很脆弱似的。我们其实需要有水平的家庭医生，早期发现我们的问题，早点处理，也就

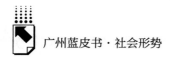

不至于到了晚期才知道。以前记得有一个老教授说："很多人死于无知。"事实上，我们就是这样。

（访谈资料编号：20171202）

七 广州市社区独居老年人养老服务存在的问题及原因

养老服务供需之间差距明显，需要从多方面寻找原因。本次调查研究站在社会支持网络的视角，从宏观（政府层面）、中观（社区层面）和微观（个体层面）来进行原因探讨。

（一）宏观层面：政府和正式组织的正式支持存在的问题及原因

1. 养老服务在宏观层面存在数量缺口和结构性缺陷

广州市老龄办、民政局和统计局联合发布《2015 年广州市老年人口和老龄事业数据手册》中的数据显示，2015 年广州市每千名老年人拥有养老床位数 38 张，养老机构入住老年人 2.44 万人。根据国际惯例，按 5% 最弱势老年群体入住养老机构计算，城市共需要 7.38 万张床位，目前的养老床位还有 2.08 万张缺口。更严重的是养老机构在供给层次、区域分布、服务结构上严重失衡，导致养老机构床位难求与空置率高并存的现象，养老服务业结构性矛盾突出。

2. 政府政策覆盖面广，财政投入精准性不足，造成供需失衡

现有社区养老政策覆盖面广，但针对老年人需求特性的专项政策尚不完善。当前政府服务保障体现为兜底保障，兜底保障主要是普惠性的，只有少数对象是选择性的。对于这些少数选择性对象，一般以收入为筛选标准（如是否低于低保线或者是否为"三无老人"）。这就会产生一个灰色地带，即收入略高于低保线的老年人，由于无法获得福利性支持，其实际生活状况可能还不如收入低于低保线而享受到政府兜底的老年人。此外，由于保障性养老服务的无偿性，接受低价服务的老年人会发现与一般购买服务的价格存在一定反差，会使其他接受购买服务的老年人产生不公平心理而不愿意购

买。因此，需要建立多层次的保障对象与保障水平机制。

3. 政府的正式支持，缺乏合适的反馈和诉求机制

在管理学中，反馈是取得管理对象信息的重要手段，反馈信息是提高管理质量的重要依据。然而，很多接受养老服务的老年人是被动接受的，出于感恩的心，在表达需求方面会存在难以启齿的情况，因此他们在需求表达、满足和反馈过程中的参与性不足。比如，在一次访谈中，一个老年人这样说：

> 不花钱就能得到的好处，我还能说什么？肯定要感谢啦！得一点是一点，哪敢提什么要求！人家要是不高兴了，分分钟可能就把我给忘记了。所以，我没什么想法。就算有想法，也不方便说。怕人家认为我这个人得寸进尺，得了好处还不满足，当我是一个贪心的人。另外，跟这些上门来的像学生仔一样大的年轻人说了估计也没用。还不如不说。
>
> （访谈资料编号：20171205）

因此，需要建立合适的反馈和诉求机制，让政府养老支持能够建立在真实反馈的基础上进行改进。

（二）中观层面：以社区为主导的"准正式支持"存在的问题及原因

1. 社区基础设备不完善，难满足老年人需求

现社区提供的服务较为有限，以 CK 街为例，该街下辖 22 个社区居委会和 1 个撤村改制公司，全街道辖区面积 4.2 平方公里，60 岁以上长者 6499 人，约占街道常住总人口的 14%，高龄长者 2695 人。仅有 1 个社区卫生服务中心、1 个文化站，老年人日托中心 3 个；老年人饭堂，包括社区老年人饭堂、高校老年人饭堂和企业老年人配餐点各有一个。根据 χ^2 检验，老年人的文化程度差异与社区养老现状有显著性意义，老有所学的文化站、老年大学堂等基础设施严重不足，以现有条件来看完全不能满足街道内所有老年人的大部分需求，只能满足老年人的基本生活需求。

2. 人力资源缺失，使老年人需求难得到满足

广州市社区居委会居家养老服务专员数量偏少，各养老机构的养老护理员的人数也远远不足以回应大部分老年人的需求，更难以回应老年人的个性化需求。养老服务人员专业知识结构不合理，以 CK 街为例，该街道一线从业人员大部分年龄在 40 岁以上，从业人员素质不高，多是下岗职工和农村剩余劳动力，并未接受过专业社区照顾养老服务培训，多是把社区照顾养老服务当成家政服务去做，不具备相关的专业知识与技能，不利于养老服务事业的可持续发展。由于养老从业人员社会地位低、收入待遇低、职业风险高的特点，养老服务面临着从业人员的断层和需求的壕沟。

（三）微观层面：基于个体之间关系的社会支持层面的问题和原因

1. 家庭养老功能的减弱

大部分独居老年人的个人网络社会支持来自家庭，特别是子女的社会支持。但是，随着经济的快速发展，生活、就业压力变大，跨地域跨国的职业流动明显增多，独居老年人与子女居住距离越来越远，沟通交流机会越来越少，与子女的关系渐渐疏远。子女长期不与独居老年人同住，使独居老年人的日常生活照料需求得不到满足；与家人关系疏远，使独居老年人的精神慰藉需求得不到满足。家庭功能是社区养老很重要的一部分，也是独居老年人选择社区养老的重要原因之一，而家庭的缺失导致有部分独居老年人在社区养老方面存在局限性。

2. 个人社交网络的缺失

有相当一部分的独居老年人因身体健康问题和性格问题等原因而造成外出活动范围小，社交活动少。根据调查可知，只有 47.8% 的调查对象表示有固定的较常往来的朋友，显示出独居老年人的社交能力存在一定的不足，再加上独居老年人大多患有一种以上的疾病，外出不方便，社交圈子小，同时与邻居的关系多为点头之交，使独居老年人的个人社交网络有较大的缺失。朋友、同事、邻里、社区里的人均是独居老年人个人支持网络重要的一部分，也是社区养老的一部分，个人支持网络的缺失将极大地影响独居老年

人的社区养老质量。

3. 自理能力减弱

身体健康状况和自理能力越好的城市独居老年人对社区养老现状评价越高。而随着年龄的增长，城市独居老年人的身体状况和自理能力开始减弱，独居老年人的依赖性逐渐增强，同时医疗支出有所增长，由身体原因造成的各方面限制较大，社区养老现状不容乐观。而自理能力受限，使独居老年人的活动范围、交往范围也受限，还有可能影响独居老年人的精神状况，因此身体状况和自理能力的减弱会极大地影响独居老年人的社区养老现状。

八 改善广州市社区独居老年人养老服务供给的建议

（一）政府和正式组织主导的正式支持层面

1. 进行养老供给侧结构性改革，提升养老服务供给的精准性

在当前的经济发展和社会进步中，人口结构变化巨大，城市养老的需求也越来越大，但供给明显滞后，特别是有效供给更加显得不足。其原因是多方面的。既有政府的不足，也有市场主体的不足，还有第三方的不足。在这种情况下，进行养老供给侧结构性改革，政府和市场主体联合治理，发挥协同作用，提升养老服务供给的精准性和有效性，将不失为一种比较好的方式。这种方式，被称为基于养老供给侧改革的 PPP 模式。在具体实施中，可以采取如下措施。

（1）在养老服务供给数量上，要增减结合，既要"去库存"，又要增加有效供给。为增加有效供给，政府需要对于现有的养老机构进行盘点，改善规划不合理、设计陈旧、技术落后、特色不鲜明等问题。盘点以后，要增减结合。所谓"减"，就是去库存，去低端，去不合格者。"去"并不是关停的意思，对原有的养老机构进行改造，变成新的有价值、有温度的、受老年人喜爱的机构也是一种"去"。所谓"增"，就是增加符合养老服务机构国家标准的新型机构，特别是能提供区域辐射服务的机构、能够与社区紧密结

合的养老机构、具有特色的养老机构（如医养结合型机构、智慧养老型机构、老年护理型机构、失智失能老人照护机构等）等。这些工作可以跟旧城改造和宜居社区建设相结合。

（2）在养老服务供给模式上，采用"共同建设与专业化运营相结合"的模式。养老服务属于准公共产品特性，单一由政府供给会出现服务不足和效率不高等情况，必须吸收民间资本以弥补政府财力的不足，在数量上增加养老服务供给。如此一来，政府居于核心位置，市场主体和社会组织积极参与，形成多元化供给的格局。然而，资本的逐利性特点，使私人组织加入必须有利可图方可持久，而养老服务行业投资较大、服务和收益周期较长、利润相对不高。因此，可以采用"共同建设与专业化运营相结合"的模式。所谓"共同建设"，就是在机构建设阶段，政府按比例出资或者投入土地，私人组织负责设计、融资和维护。所谓"专业化运营"，就是建设成功以后，将养老机构以委托运营的方式交由专业化养老企业负责运营。养老服务的价格由政府规定，并按照实际入住人数对养老院实施补贴（而不是按照床位数）。这种方式，可以降低风险，提高社会效益。

（3）在养老服务结构上，通过公私合作营造差异化养老格局。当前养老机构存在"中心区域养老机构床位紧张，偏远区域养老院床位闲置""公办养老机构一床难求，民营养老机构门可罗雀"的现象。在这种情况下，公办和民营的养老服务供给不应雷同，而应存在差异化。公办养老机构既然占有较多的公共资源，理应回归公益属性，优先供应有刚性需求的特殊群体，民营养老机构可以带有商业属性，供应高端人群和付费人群。

2. 加大社区养老经费投入

资金保障是养老服务事业发展的重要物质支撑。未来由于中高龄老年人数量逐渐增多，我国针对养老保障的财政支出要加大对社区养老经费的投入，扩大服务对象范围，覆盖居家养老服务，并针对老年人的特性开展服务。加大资金投入既能够促进居家养老质量的提高，还能将更多的养老服务内容纳入居家养老范围中，如邻里互助等，可进一步提升老年人居家养老服务质量。同时，各地区应根据地区经济发展水平，加大城市老年人社区养老经费的投入，使各地区中高龄老年人的养老待遇水平能够满足生活的需要。

3. 提升城市老年人经济收入水平

为了进一步解决城市老年人在养老经济方面存在的问题，要关注有一定数量的城市老年人没有享受国家养老待遇这一现象，要针对该部分群体，给予一定的生活补助，在保障他们最低生活水平的同时尽可能满足他们的社区养老需求，使他们的社区养老水平能有所提升。

4. 通过政策优待来鼓励互助型照顾

通过政策优待来鼓励互助型照顾，这里有家庭内互助和社会型互助两种。

（1）家庭内互助。政府应该鼓励独居老人和年轻人住在一起，比如单身人士购买房产与父母同住的，给予公积金房屋津贴；子女家庭如果愿意住在父母住家附近，也给予一定的现金减免。这样，可使家庭养老资源得到充分利用。当然，这一制度还需要有监督机制，比如对弄虚作假者要有一定的惩戒措施。

（2）社会型互助。政府可以整合老幼，组成联合体，将托老所和托儿所有机地结合在一起，让"老小孩"和"小小孩"共同生活。老少集中管理，顺应了社会的发展需要，可解决年轻人的后顾之忧。

（二）以社区为主导的"准正式支持"层面

1. 整合社区资源，构建养老服务体系

社区资源丰富，社区里的企业、市场、人际关系等都是社区资源的一部分，整合各方资源，构建养老服务体系。鼓励多方社区团体、企业单位等参与到养老服务中，可以引入社区力量参与养老服务的运营管理。加大对社区社会组织和社工机构的支持，通过"三社联动"，鼓励其参与养老服务的发展。还可以鼓励支持更多的医疗康复类、科技类等专业机构进入社区养老服务领域，建立多元化的养老服务体系。

2. 强化社区养老意识，形成良好的社区养老氛围

养老已经成为当今必须重视、关系国计民生的事业，社区必须加强对养老意识的重视，动员社区各个力量参与社区养老的发展，营造社区良好的养老氛围。一方面在社区全范围内开展广泛的宣传活动，如以宣传讲座等形式

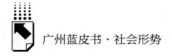

进行社区养老宣传，加强居民对养老服务的认识；另一方面开展不同形式的社区活动，营造社区养老氛围。

（三）基于个体关系的社会支持层面

1. 提高子女赡养意识

老年人的生活照顾和精神慰藉大部分来自家人尤其子女的支持，但随着跨地域职业流动的增加，越来越多的子女与父母异地而居，如此人为产生的独居让老年人生活照顾和精神慰藉往往较难得到满足。为了提高子女的赡养意识，提升子女回归家庭的主动性和积极性，可以通过经济补贴、养老补助等减少子女在经济和情感上的付出。

2. 提高老年人主动利用社会支持的意识

有老年人生活的地区要经常组织活动增加独居老年人之间的交流，增强老年人的人际关系，通过社区活动增进邻里关系，促进老年人在日常生活中能互帮互助。无论是街道或居委会组织的，还是社工机构组织的社区活动，均可以帮助老年人发现人际交往网络支持的重要性，从而发现生活的乐趣，回应老年人日常照料和精神慰藉的需求。

3. 倡导积极老龄化，鼓励"健老服务弱老"

所谓积极老龄化，就是以"积极的老龄观"代替"消极的老龄观"。首先在认知上就要有积极的态度，要乐观地看待老龄化。老年型社会是人类社会成熟和文明的象征（因寿命增长和身体健康而致），因此也要用成熟和文明的方式去应对老龄化。在认知上除了积极的态度，还可用优势视角发掘老年人具有的潜能，他们是社区和国家的财富而不是负担，他们是社会发展的资源而不是包袱。在认知上理顺以后，在行动上，要倡导"健老服务弱老"，比如可以带领相对年轻的老年人义工，为相对较老的、有残疾的、失智失能的长者开展社区服务，为其构建社区支持网络，提高老年人在社区中的成就感。

（审稿人：孙晓莉）

B.10

2018年广州市民营养老机构
服务现状调研报告

广州市消费者委员会课题组 *

摘　要： 为助推国家老龄事业发展政策落地落实，促进广州市民营养老服务健康发展，开展了广州市民营养老机构服务现状系统性调研工作。调研发现，当前广州市民营养老机构综合服务水平良好，社区养老、志愿服务形成联动机制；但其发展整体水平与满足全市居民养老需求尚有较大差距，存在供需结构性矛盾突出、养老床位紧缺、人员流失和资金不足等问题。建议政府构建共建共享的发展机制，加强分类指导以满足不同层次养老需求，完善人才培训扩大专业人才供应，以及提高对老年人消费者的宣传教育，防范以养老为名义开展的诈骗行为。

关键词： 老龄事业　养老需求　民营养老机构

党的十九大报告明确提出，要积极应对人口老龄化，构建养老、孝老、敬老政策体系和社会环境，推进医养结合，加快老龄事业和产业发展。2014年1月26日，国家质检总局、民政部、国家标准委、商务部、全国老龄办等

---

* 课题组组长：张开仕，广州市消费者委员会副主任；吴晴，广州市消费者委员会副主任。成员：李琼，广州市消费者委员会工作人员；谭琛铧，广州市消费者委员会工作人员；黄艾麒，深圳深略智慧信息服务有限公司广州分公司总经理；陈兴涛，深圳深略智慧信息服务有限公司研究经理。

联合印发的《关于加强养老服务标准化工作的指导意见》（以下简称《指导意见》）指出，行业标准和市场规范是推进养老服务工作的重要基石，是更好地提供为老服务、加强行业管理的准则和依据。《指导意见》特别提出，完善服务质量满意度测评管理，加强第三方评估，推动服务质量提升。2016年8月，民政部、国家标准委联合印发的《全国民政标准化"十三五"发展规划》提出，健全并优化养老服务等业务领域标准体系，并要求民政企事业单位管理服务标准接受社会监督，落实企事业单位标准化主体责任。2017年6月，广州市民政局发布的《广州市养老院服务质量建设专项行动工作方案》提出，养老机构标准化建设、标准化管理将成为广州机构养老服务的常态。

2018年10月，国务院办公厅关于印发的《完善促进消费体制机制实施方案（2018～2020年)》提出，进一步放宽养老领域等服务消费领域市场准入，取消养老机构设立许可，支持各类市场主体增加养老服务供给。取消养老机构设立许可，政府对养老机构的管理理念将从"严进"转变为"宽进、严管"，这对加强与完善事中事后监管机制提出更高的要求。在客观上需要各级政府有关部门以及第三方对民营养老机构从外部进行评估、管理和监督。

广州市老龄委、民政局、统计局联合印发的《2017年广州老龄事业发展报告和老年人口数据手册》指出：截至2017年底，广州市户籍老年人口数161.85万人，占户籍人口的18.03%；全市11个区中有8个区老年人口超过10万人，其中越秀区、海珠区和荔湾区老年人口总数分别为28.9万人、25.13万人和19.69万人，3个区老龄化率分别是24.5%、24.2%与26.8%；按照老龄化率划分，人口老龄化率超过20%，即进入中度老龄化，广州市这3个区进入中度老龄化。

在此背景下，2018年7月，为科学、系统地评估目前广州市民营养老机构服务现状，广州市消委会牵头，与深圳深略智慧信息服务有限公司组成调研组，依据广东省民政厅印发的《广东省养老机构质量评价技术规范》等相关政策文件精神，并参考服务满意度相关学者研究成果及相关调研经验，制定出广州市养老机构服务评价指标体系，包括3个一级指标、9个二级指标和48个三级指标（见表1）。按经营性质将各类养老机构区分为国营养老院、民营养老院、公办民营养老院。本次调研实地走访10家民营养老机构，与其负责人深入访谈（见表2）；同时向市民发放问卷，其中对入住民营养老服务机构的老年消费者及其家属进行的服务满意度问卷为 872 份，对广州市民进行的网络问卷为 3187 份。

表1　广州市养老机构服务评价指标体系

一级指标	二级指标	三级指标
服务态度与规范性	服务态度	工作人员服务态度
		提供服务的主动性与及时性
		对老人的关爱程度
		工作人员的信赖度
	服务规范	服务活动规范性
		服务流程清晰性
		服务方便性程度
		服务机构的安全性保障
	服务透明度	入住前服务与收费等介绍详细程度
服务内容与服务能力	服务项目设置	服务项目设置的齐全性
		服务项目的专业性
		相关工作人员的业务水平
		服务项目收费
	常规性服务	生活照料服务
		老年护理服务
		环境卫生服务
		休闲娱乐服务
		膳食与送餐服务
		洗涤服务
		物业管理服务
		通信服务
		购物服务
		交通服务
		安全保护服务
	医疗与健康服务	心理/精神支持服务
		协助医疗护理服务
		医疗保健服务
		陪同就医服务
	个性化服务	养老院对个人需求的了解
		委托服务①
		个人学习与教育服务
		对个人兴趣与爱好的满足
		养老院的咨询服务
		对意见的反馈与解决
		安宁服务②

续表

一级指标	二级指标	三级指标
机构内生活	软硬件配套	养老院环境
		服务设施与设备
		起居空间与家居配套
		公共活动空间
		适老设计与安全设计
		休闲与锻炼设施
	融入感与归属感	人际关系和谐性
		养老院对人际关系的调节
		定期或不定期举办集体活动
		在养老院生活的幸福感
		在养老院生活的充实感
		感觉到自己是集体的一员
		不会感到孤寂与无聊

注：①委托服务是指老人在养老机构住养期间，如有需求，可委托机构内工作人员代理去办，包括代购，代取、代收寄物品，代缴话费等费用，以及其他生活需要代办等，可收取一定的费用或免费。②安宁服务是指为老年患者在临终前通过控制痛苦和不适症状，提供身体、心理、精神等方面的照料和人文关怀服务，以帮助患者提高生命质量，舒适、安详，有尊严地离开人世。也被称为"临终关怀"或"舒缓疗护"。

表2　实地走访调研民营养老机构

养老院名称	所在区域	床位	被访人
广州市大东街耆福护老中心	越秀区	45	综合业务主任
广州市大塘街颐老园	越秀区	45	综合业务主任
广州市荔湾区侨颐养老院	荔湾区	70	综合业务主任
广州市海珠区新滘老人公寓	海珠区	93	院长
广州市荔湾区金花街老人院	荔湾区	118	院长
广州市荔湾幸福养老院	荔湾区	180	综合业务主任
广州市越秀区金色晚年养老院	越秀区	220	院长
万科榕悦城市长者照料中心	越秀区	311	院长
广州市荔湾区英明老人疗养院	荔湾区	553	综合业务主任
广州市荔湾区颐和养老豪廷公寓	荔湾区	1100	院长

一 广州市2018年民营养老机构服务现状调研数据分析

（一）广州市民对养老机构的认知及机构内养老意愿分析

1. 广州市民对养老机构有一定程度了解

调研数据显示，有27.6%的线上被访者认为对养老机构有较好了解，其中有4.2%的被访者认为非常了解。总体上看，大部分（79.9%）线上被访者对养老机构有不同程度的了解（见表3）。

表3 线上被访者对养老机构的了解程度

单位：%

年龄	非常了解	比较了解	一般	了解较少	不了解
30 岁以下	5.4	20.8	42.3	21.3	10.2
30~39	4.6	23.6	54.1	13.8	3.9
40~49	2.5	25.9	58.3	11.9	1.4
50~54	3.9	22.9	57.0	15.9	0.3
55~59	3.5	20.3	60.1	14.7	1.4
60~64	4.2	42.3	32.4	21.1	0
65~74	2.3	9.3	65.1	18.6	4.7
75~80	0	0	100	0	0
80 岁以上	20.0	20.0	40.0	10.0	10.0
总计	4.2	23.4	52.3	15.7	4.3

注：高年龄段样本较少，数据仅供参考。（后同）

2. 市民对选择民营养老机构养老的态度比较积极

调研数据显示，有19.37%的线上被访者认为对民营养老机构有较好的了解，其中有3.17%的线上被访者认为非常了解。总体上看，相比其对养老机构的了解程度，线上被访者对民营养老机构的了解程度相对较低，有58.80%的线上被访者对民营养老机构有一般程度的了解。

149

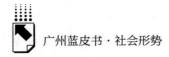

在选择养老机构时，有34.80%的线上被访者认为会选择民营养老机构，选择公办的为40.32%；另外，有24.88%的线上被访者尚未考虑会选择哪类养老院。

3. 逾二成市民倾向在养老机构养老

调研数据显示，有22.0%的线上被访者认为有较高的可能性去养老机构养老，其中有2.9%的线上被访者认为一定会去养老机构养老（见表4）。总体上看，线上被访者对养老机构养老的态度比较积极。

表4　线上被访者对养老机构养老的态度

单位：%

年龄	一定会去	较大可能会去	可能去,可能不去	可能较低	不考虑,一定不去
30岁以下	3.2	14.5	46.8	27.2	8.3
30~39	2.6	23.5	50.3	19.9	3.7
40~49	2.1	20.6	51.6	23.0	2.7
50~54	1.0	15.4	47.8	33.0	2.8
55~59	6.3	14.7	54.5	20.3	4.2
60~64	1.4	28.2	32.4	35.2	2.8
65~74	6.9	18.6	41.9	23.3	9.3
75~80	50.0	0	50.0	0	0
80岁以上	50.0	20.0	20.0	0	10.0
总　计	2.9	19.1	49.0	24.4	4.6

4. 逾三成市民支持父母在养老机构养老

调研数据显示，有31.97%的线上被访者较为支持父母去养老机构养老，其中有4.77%的线上被访者完全支持父母去养老机构养老。总体上看，线上被访者对父母去养老机构养老的态度积极。

5. 逾两成的家庭需赡养3个及以上的老人

从家庭养老负担看，有49.45%的线上被访者需赡养两个老人，23.94%的线上被访者需赡养3个及以上的老人（见图1）。广州市民面临的养老压力较大。

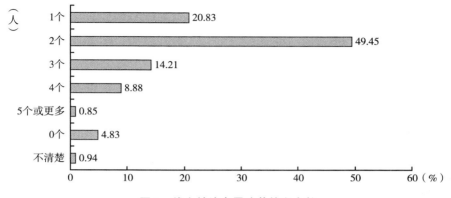

图1 线上被访者需赡养的老人数

6. 市民考虑养老机构养老的主要原因是设施完善、集体生活等

调研数据显示，线上被访者认为去养老机构养老的主要原因是（多选）："养老院各类设施完善，全天有专人照顾"（37.74%），"居家养老孤独寂寞，在养老院有集体性娱乐"（36.50%）；"医疗卫生服务方便，能够得到更好的医疗救助"，"子女需赡养的老人多，养老院养老减轻子女负担与压力"，"保姆素质参差不齐，请保姆担心服务不到位"也是重要原因（见图2）。

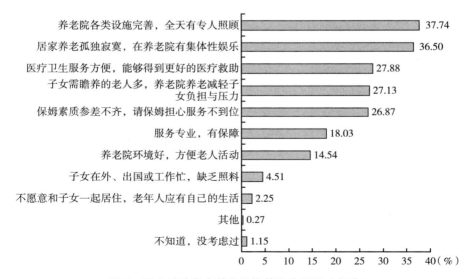

图2 线上被访者去养老机构养老的原因（多选）

（二）民营养老机构服务满意度评价分析

1. 总体评价得分

广州市民营养老机构总体服务水平良好。本次评价结果显示，广州市2018年民营养老机构服务评价总得分为 83.57 分①。各个一级指标、二级指标以及三级指标消费者评价均在 80 分以上，评价较高。在一级指标中，服务态度与规范性评价最高，评分为 84.94 分；服务内容与服务能力评价最低，评分为 83.06 分（见表5）。

表5 广州市 2018 年养老机构服务满意度评价（百分制）

一级指标	评分	二级指标	评分	三级指标	评分
服务态度与规范性	84.94	服务态度	84.95	工作人员的信赖度	85.98
				工作人员服务态度	85.42
				对老人的关爱程度	84.61
				提供服务的主动性与及时性	83.80
		服务规范	84.17	服务机构的安全性保障	84.94
				服务流程清晰性	84.13
				服务方便性程度	83.96
				服务活动规范性	83.65
		服务透明度	87.98	入住前服务与收费等介绍详细程度	87.98
服务内容与服务能力	83.06	服务项目设置	82.46	服务项目收费	82.77
				服务项目的专业性	82.69
				相关工作人员的业务水平	82.20
				服务项目设置的齐全性	82.17
		常规性服务	83.50	安全保护服务	84.92
				环境卫生服务	84.64
				生活照料服务	84.06
				交通服务	83.84
				老年护理服务	83.58
				物业管理服务	83.54
				膳食与送餐服务	83.20

① 满分为 100 分。

续表

一级指标	评分	二级指标	评分	三级指标	评分
服务内容与服务能力	83.06	常规性服务	83.50	休闲娱乐服务	82.93
				洗涤服务	82.92
				通信服务	82.86
				购物服务	82.00
		医疗与健康服务	82.83	协助医疗护理服务	83.44
				医疗保健服务	83.25
				心理/精神支持服务	83.14
				陪同就医服务	81.50
		个性化服务	82.84	养老院的咨询服务	83.94
				对意见的反馈与解决	83.26
				养老院对个人需求的了解	83.04
				委托服务	82.86
				安宁服务	82.37
				对个人兴趣与爱好的满足	82.21
				个人学习与教育服务	82.20
机构内生活	83.66	软硬件配套	82.57	养老院环境	83.62
				起居空间与家居配套	82.91
				适老设计与安全设计	82.66
				服务设施与设备	82.47
				公共活动空间	82.11
				休闲与锻炼设施	81.68
		融入感与归属感	84.59	定期或不定期举办集体活动	86.21
				养老院对人际关系的调节	84.85
				在养老院生活的幸福感	84.77
				在养老院生活的充实感	84.23
				人际关系和谐性	84.17
				感觉到自己是集体的一员	84.06
				不会感到孤寂与无聊	83.87

2. 服务态度与服务规范评价得分

服务态度与服务规范指标评分为84.94分。3个二级指标评分均在80分以上，其中服务透明度评价最高，为87.98分；以下依次是服务态度为84.95分，服务规范为84.17分。

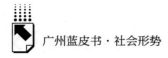

3. 服务内容与服务能力评价得分

服务内容与服务能力指标评分为 83.06 分。4 个二级指标评分均在 80 分以上，其中常规性服务评价最高，为 83.50 分。以下依次是个性化服务为 82.84 分，医疗与健康服务为 82.83 分，服务项目设置评分为 82.46 分。

4. 机构内生活评价得分

机构内生活指标评分为 83.66 分。两个二级指标评分均在 80 分以上，其中融入感与归属感评价最高，为 84.59 分；软硬件配套评分相对较低，为 82.57 分。

（三）民营养老机构实地走访调研情况

1. 政府相关政策有力地推动了民营养老机构服务提升

此次走访的 10 家民营养老机构负责人均对政府的相关政策措施反馈积极。一是政府的税收优惠，床位费补贴基本落实，有利于稳定经营者的经营信心和积极性。二是养老服务标准化等相关政策实施，有力地引导与督促经营者改善服务。三是提高了行业运营标准，有效规避无序经营，更好地保障老年人权益。

2. 民营养老机构初步形成特色化经营路线

（1）民营养老机构在社区就近经营，氛围融洽。走访的 10 家民营养老机构均在社区就近经营，走居民路线，使社区养老、志愿服务形成联动机制，有利于营造融洽的街坊氛围。公共环境基本清洁卫生，从门岗到医护照护服务人员处于日常的工作状态，有一定的养老氛围和繁忙的工作氛围。

（2）部分机构积极探索医养结合与养老信息化发展路线，并形成一定的经营特色与经营优势。部分民营养老机构走医养结合路线，与大型医院建立合作关系，并积极探索养老信息化，利用 IT 技术以及大数据，搭建信息化养老平台。例如广州市颐和养老豪庭公寓，以广州中医药大学的技术力量为依托，由教授、专家主持的老年病科采用中西医结合的治疗方案，为入住老人的健康长寿保驾护航；该机构的管理信息化建设也取得了较好成效。

（3）为老人提供丰富的集体娱乐活动，丰富老人精神文化生活。部分民营养老机构与学校、文艺团体等建立了良好的合作关系，定期为老人提供丰富的文艺表演。如广州市颐和养老豪庭公寓，该养老机构获广东粤剧学校、棹红船粤剧网友的大力支持，师生、网友定期到养老豪庭为老人演出，并对老人中的粤剧、舞蹈爱好者给予指导。

二　广州市民营养老机构服务存在主要问题

（一）养老市场供需矛盾突出，养老床位紧缺

1. 规模稍大、功能配套的全日托养老机构床位紧缺，供不应求

住院养老形式的养老机构床位供需不平衡，失能（一级护理）老人的住院需求大。从金羊友爱养老院入住的情况看，全院床位 120 人，失能者（一级护理）有 66 人，占住院老人半数以上。规模稍大、功能配套的全日托的养老机构床位紧缺，供不应求。孝慈轩养老院现有 120 个床位满员，现有 100 多人在申请入住的等候之中。金花长者家园有 40 个床位，却住有34 人。

市区内民营机构受场地限制，活动空间及设施建设较差。因用地紧缺及地价高、用地成本高等，很多市区内的养老机构受场地限制，入院老人活动空间不够宽敞，设施建设较差。特别是运营时间较长的养老机构，老房子在现有整体设计的基础上按照国家标准安装消防设施、监控设施、强电弱电设施等增加了大量成本，需要相关政策予以扶持。

2. 未来养老市场供需矛盾将进一步加剧

供需矛盾导致养老消费者虽然知道不能满足自己的要求，但也难以有更多的选择，情况被动，甚至产生矛盾纠纷。调研数据显示，有 21.99% 的被访者认为有较高的可能性去养老机构养老，未来将有更多老年市民选择机构养老，会进一步加剧供需矛盾。

（二）人员流失和资金不足成为民营养老机构经营发展的难题

1. 人员流失问题困扰民营机构发展，服务水平提升难

部分医护照护服务人员和年轻工作人员认为在此类机构工作没有发展前景，人才流失大，导致养老机构无法提供较好的服务。越秀金色晚年养老院负责人反馈雇员难的问题较为突出。"工作人员文化程度过低，不适合从事养老服务，养老院理念很高，经传播后所剩无几；对风险的意识为零，不是专业从事医学方面的。"

2. 日托养老机构资金紧缺，甚至出现设备故障须等候资金审批而影响日常工作的情况

北京大学护理学院教授谢红认为，当前我国开办养老机构是典型的微利行业甚至无利行业。[①] 近年来物价上涨，经管成本增加，一些规模小、收费低的养老机构经营困难，面临生存危机；入住老人缴费压力增大，养老机构有时会面临入不敷出的问题。

（三）民营养老机构经营和考核标准有待完善，分类指导与检查监管有待加强

1. 现有的相关经营和考核标准与民营养老机构的实际运营情况不匹配，未能充分发挥监管效果

相关经营和考核内容包括机构资质、管理人员工作态度、从业人员技能评定等。某养老机构建议，相关职能部门在出台相关政策前，应更广泛地开展调研工作，更深入地了解各类民营养老机构的运营实际情况，以便更好地指导监督民营养老机构发展。

2. 新旧规定存在矛盾之处，对原有民营养老机构继续提供服务造成影响

各项养老服务新规多为近几年出台，而有部分养老院运营时间较长久。新规出台后，原来合规的民营养老机构变为"不合规"，且受客观条件限

---

① 胡明山：《机构准入门槛降低养老产业仍面临挑战》，《南方都市报》2019 年 1 月 6 日。

制，调整困难。例如，2014 年 4 月出台的《养老服务设施用地指导意见》提出："养老服务设施用地在办理供地手续和土地登记时，土地用途应确定为医卫慈善用地。"然而，市内部分经营时间较长久的养老机构用地为集体土地、租用旧厂房等，符合当时的国情和规定，但与新规不符，导致无法正常办理相关行政审批手续，只能分流安置已入住院的老人，经营多年的养老机构骤然萎缩。

三 对民营养老行业发展的意见和建议

综合调研结果，从民营养老机构总体服务水平及经营特色看，民营养老机构总体服务水平较高，主要体现在民养老机构日常经营和管理较为规范，社区养老志愿服务形成联动机制，民营养老机构在社区就近经营，走居民路线，有利于营造融洽的街坊氛围，入住老人融入感与归属感较强；在住老人生活普遍得到较好的提升和保障，特别是部分民营养老机构在医养结合以及信息化管理等方面探索并初步形成特色路线。同时，政府的相关政策有力推动了民营养老机构服务提升，政府的税收优惠，床位费补贴基本落实，有利于稳定经营者的经营信心和积极性；养老服务标准化等相关政策的实施，有力引导与督促经营者改善服务。

从民营养老机构存在的问题与困难看，两类问题较为突出。一是养老市场供需矛盾，包括养老机构紧缺，养老机构床位紧缺，供不应求；因供应紧缺，养老消费者虽然知道不能满足自己的要求，但也难以有更多的选择，情况比较被动。二是民营养老机构经营和发展面临较多问题与困难，主要包括用工、用地、资金等问题等。另外，政府相关职能部门的监督指导工作需根据实际情况进一步加强针对性。

从市民的养老需求看，市民对到养老机构养老的态度比较积极，有21.99% 的被访者认为有较大的可能性去养老机构养老。

根据调研所获取的各方面信息以及相关政策等，广州市消委会对广州市民营养老行业发展提出如下建议。

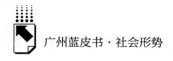

（一）鼓励与引导民营养老机构走社区经营路线，实现共建共治共享

当前我国以传统的家庭养老为主。随着经济和社会的发展，机构养老和社区养老将成为今后养老的重要形式。建议根据相关政策精神，建立养老机构分类管理制度，鼓励与监督引导公办养老机构转制为企业并开展公建民营，充分发挥市场主体作用，更大限度地激发市场活力。建议相关部门通过研究论证，妥善解决民营养老机构的用地问题。考虑在主要社区特别是老龄化程度较高的社区，规划专门的养老院建设用地。

积极探索与拓展民营养老机构社区经营模式，进一步鼓励与引导民营养老机构与社区养老志愿服务加强联动机制，鼓励社区内各类艺术团队、民间公益机构以及志愿者加强与民营养老机构的合作与联动，丰富养老机构内老年人精神文化生活。

（二）加强养老服务专业人才培训，扩大专业人才供应

加强专业人才和技能培训，以满足日益增长的养老服务需求。建议充分利用与发挥广州院校众多的优势，考虑学习借鉴日本做法，鼓励相关院校开设专门的专业课程；通过多种方式方法加强在岗人员职业技能培训，扩大专业人才供应，提高专业化服务水平。

加强宣传引导，切实提高养老服务岗位与职业的社会认同度与美誉度，提高从业人员对职业的认同感。改善从业人员工资福利待遇，保证"五险一金"落实到位。建议进一步丰富补贴形式，由单纯的床位补贴，扩展为多种补贴形式相结合，以改善民营养老机构的资金紧张状况；向取得相关职业技能等级的人员或者专业人才提供相应的补贴，稳固人才队伍。

（三）对现有养老机构加强分类指导，满足不同层次的养老需求

当下，我国养老需求巨大，养老服务缺口也同样巨大。有专家估计，未来20年养老产业化可能成为新趋势。建议加强探索新型健康养老产业模式，

开发"智能家居""智能病房"等契合老年需求的产品和服务，建设长者综合服务信息平台，尝试共享经济模式，构建"机构养老、社区养老、家庭养老"三级养老服务体系，促进广州市养老机构和养老服务既实现集约化发展，又体现差异化经营，满足不同层次、不同种类的养老需要。

一方面，鼓励与引导大中型民营养老机构医养结合与信息化发展。部分规模较大的民营养老机构在医养结合与管理信息化方面已取得较好成效，建议积极推广相关民营养老院医养结合与信息化发展经验；鼓励各类医院与民营养老机构建立合作关系，提高民营养老机构的医疗服务能力。

另一方面，可借鉴香港经验，扶持发展功能齐备的小型养老机构。充分引导其经营定位，完善其服务功能，找到生存发展的空间，成为大中型养老机构的有效补充。

（四）加强对老年人消费者的宣传教育，防范并严惩以养老为名义开展的诈骗行为

2018年，北京、杭州、南京、南昌等地发生以养老为名义的非法集资案件，以承诺提供养老服务作为变相高回报吸引老年群体投资，给老年消费者造成严重的财产损失和精神伤害。养老领域涉嫌非法集资有以下特点。一是以提供"养老服务"的名义吸收资金，二是以投资"养老项目"为名义吸收资金，三是以销售"养老公寓"为名义吸收资金，四是以销售"老年产品"等名义吸收资金。

民政部于2018年8月下发通知，要求各地将养老服务领域非法集资行为纳入行业监管范围。然而，消费者权益保护工作应更着眼于长效机制的建设，通过多方合作实现协同共治。政府相关部门、消协组织及行业协会等组织应群策群力把防范工作做在前面，加强监测预警和宣传引导，帮助老年人提升法律意识和风险防范能力，警惕以养老为名义开展的非法集资或者诈骗等违法犯罪行为，保护老年人合法权益不受侵害。

（审稿人：郭炳发）

B.11
广州市人口老龄化问题初探

广州市统计局人口和社会科技处课题组*

摘　要：　人口老龄化问题是当今世界人口发展的共同趋势，正广泛而
深刻地影响社会经济的发展。本文通过人口统计数据资料，
拟对广州市人口老龄化的现状、特征和原因进行分析，进而
揭示其对经济社会的影响，并提出相应的对策建议。

关键词：　人口　老龄化　广州

人口老龄化是指总人口中老年人口比例不断上升的过程，是人口年龄结构的相对变化，既是人口发展进程中的客观现象，也是社会经济发展的必然结果。按照国际上通用的人口老龄化判定标准，如果一个国家或地区 60 岁及以上老年人口达到总人口的 10% 或 65 岁及以上老年人口达到总人口的 7%，即进入人口老龄化社会。目前，世界上发达国家都已进入老龄化社会，许多发展中国家也正在或即将进入老龄化社会。中国在 2000 年正式跨入人口老龄化国家行列，成为较早进入老龄社会的发展中国家之一。广州市已进入老龄化社会，且户籍人口老龄化程度较深。因此分析人口老龄化的现状、特征、成因和影响，对解决广州城市人口老龄化问题、促进广州经济社会和谐长远发展具有重要的现实意义。

---

* 课题组成员：罗志雄，广州市统计局副局长；张友明，广州市统计局人口和社会科技处处长；梁汉学，广州市统计局人口和社会科技处副处长；曾琼，广州市统计局人口和社会科技处主任科员。执笔：曾琼。

一 基本现状

（一）常住人口迈入老龄化

2015 年全国 1% 人口抽样调查结果显示，在广州市常住人口中，65 岁及以上人口为 106.6 万人，占比为 7.9%（见表 1），按国际老龄化标准，广州从 2015 年开始迈入老龄化社会。我国进入老龄化社会的时间为 2000 年，广州作为人口大量流入地区，这一进程比全国晚了约 15 年。

表 1　广州市常住人口年龄结构变化情况

单位：%

项目	人口年龄结构类型标准			1982 年	1990 年	2000 年	2010 年	2015 年
	年轻型	成年型	老年型					
少年儿童人口比例	>40	30 ~ 40	< 30	28.5	22.9	16.4	11.5	13.0
65 岁及以上老年人口比例	< 4	4 ~ 7	> 7	5.8	6.3	6.1	6.7	7.9
老少比	< 15	15 ~ 30	> 30	20.3	27.6	37.3	58.2	60.9

（二）户籍人口老龄化较深

从 2014 ~ 2017 年的数据情况看，广州户籍人口的老龄化程度较深。2014 ~ 2017 年，65 岁及以上人口占比均在 11% 以上（见表 2）。从数量规模上看，2017 年户籍人口中 65 岁及以上老年人达 99.01 万人，60 岁及以上老年人达 152.86 万人，老龄人口规模较大。

2000 年，广州市户籍人口中 65 岁及以上人口占比为 8.8%，60 岁及以上人口占比为 12.5%。说明广州市户籍人口早在 2000 年之前就已经迈入了老龄化。目前已有数据资料显示，1990 年广州市区户籍人口中 65 岁及以上人口占比为 6.9%，60 岁及以上人口占比为 10.9%。可以大致推断广州市户籍人口进入老龄化的时间为 20 世纪 90 年代中期。

表2　广州市户籍人口年龄结构变化情况

单位：%

项目	2000年	2014年	2015年	2016年	2017年
少年儿童人口比例	20.1	13.9	14.6	15.3	16.7
65岁及以上老年人口比例	8.8	11.3	11.6	11.9	11.0
老少比	43.8	81.3	79.5	77.8	65.9

（三）2017年老龄化进程减缓

2017年，受出生人口高峰和外来人才引进力度加大等方面因素影响，广州户籍人口老龄化出现放缓的迹象，也将放缓广州整体老龄化进程。

2017年，广州市出生人口高峰凸显。常住人口出生率14.38‰，比上年提高3.8个千分点。户籍出生人口20.10万人，同比增加6.37万人，增长46.4%，出生率为22.7‰，比上年提高6.8个千分点，增幅显著。此外，2017年广州大力引进各类人才，户籍迁入人口18.06万人，机械增长人口13.35万人，比上年增加6.10万人，这些因素给广州人口年龄结构注入年轻血液，导致老龄化出现放缓。

2017年，广州市户籍人口中65岁及以上老年人口所占比重为11.0%，比上年下降0.9个百分点。60岁及以上老年人口所占比重17.0%，比上年下降0.8个百分点。老龄人口比重连续多年上升后首次下降（见表3），且降幅明显，与2014年水平接近，表明老龄化程度有所减轻。全面二孩政策在广州成效初显，有利于广州市人口年龄结构的调整和经济的发展。

表3　2012～2017年广州户籍老龄人口比重变化情况

单位：%

年份	65岁及以上人口比重	60岁及以上人口比重
2012	10.6	15.4
2013	10.9	16.0
2014	11.3	16.8

年份	65 岁及以上人口比重	60 岁及以上人口比重
2015	11. 6	17. 3
2016	11. 9	17. 8
2017	11. 0	17. 0

一 特征分析

（一）高龄化

2017 年，在广州市户籍人口中，80 岁及以上老年人口（即高龄老年人口）为 26.20 万人，比上年增加 0.77 万人，占 60 岁及以上老年人口比重为 17.1%，比上年提高 0.6 个百分点（见表 4）。近年来高龄人口数量和比重逐年提升，表明广州市老年人口高龄化程度日趋明显。

表 4　2012～2017 年广州 80 岁及以上高龄人口和 60 岁及以上老年人口占比情况

单位：万人，%

年份	80 岁及以上高龄人口	占 60 岁及以上老年人口比重
2012	19. 54	15. 5
2013	21. 23	16. 0
2014	22. 65	16. 1
2015	23. 81	16. 1
2016	25. 43	16. 5
2017	26. 20	17. 1

（二）女性化

2017 年，广州户籍人口性别比为 100.20，而 60 岁及以上老年人口性别比为 88.08。从年龄段看，性别比随着年龄的增加而不断下降，其中 90～99

岁和 100 岁及以上性别比分别为 50.63 和 34.47（见表 5），呈现明显的女性化特征。这主要是各年龄段男性死亡率高于女性而造成的，女性平均预期寿命比男性长。老年人口的女性化意味着有更多的高龄丧偶老年女性和独居老年女性，需加以关注。

表 5　2017 年广州户籍老年人口性别比情况

单位：人，%

年龄组	男性	女性	性别比
60~69 岁	449410	477828	94.05
70~79 岁	201175	228030	88.22
80~89 岁	96295	132587	72.63
90~99 岁	10844	21417	50.63
100 岁及以上	222	644	34.47

（三）空巢化

随着经济发展和社会转型，以及计划生育政策的实施，生育率普遍下降，独生子女家庭增多，家庭规模不断缩小，家庭结构趋向"小型化"。传统家庭的养老功能随之弱化，空巢化现象突出，广州市纯老家庭、独居老人不断增多。截至 2016 年，广州市户籍人口中纯老家庭人口达 27.35 万人，独居老人达 12.43 万人。这些空巢老人需要政府和社区更多的关注。

（四）少子化

少子化是指生育率下降，造成少年人口逐渐减少的现象。少子化意味着高龄人口相对变多，即高龄化。中国的人口老龄化具有"少子化"特征，"少子型老龄化"是指两个密切相关但又相反的发展趋势，即老年人口比重上升的同时出生率在下降，两者之间形成的张力同时作用于社会系统的同一个节点上，会加速老龄化的进程。中国老龄化的阶段性有赖于生育政策的变化。

一般认为少年人口比重在 15%~18% 为严重少子化，小于 15% 为超少子化。从广州市情况看，1982 年广州市常住人口中少年人口比重为 28.5%，

2015 年下降到 13.0%，2017 年户籍人口中的少年人口比重为 16.7%，具有明显的少子化特征。

近年来，随着"全面二孩"政策实施，广州市少子化趋势开始出现逆转迹象。2016 年和 2017 年户籍人口少年人口比重连续两年上升。2017 年广州市户籍人口出生率为 22.7‰，比上年提高 6.8 个千分点，2017 年全国人口出生率为 12.43‰。说明广州地区受传统家庭观念和生育观念影响较深，经济发展水平较高，在国家生育政策调整后，生育意愿相对较强。

（五）分区差异性

广州市老城区的老龄人口多，老龄程度深。从分区情况看，越秀区、海珠区和荔湾区三个老城区老年人口数量最多，在 2017 年户籍人口中 60 岁及以上老年人口分别为 28.90 万人、25.13 万人和 19.69 万人。从老龄化程度情况来看，荔湾区、越秀区和海珠区排前三名，60 岁及以上老年人口所占比重分别为 26.8%、24.55% 和 24.2%，处于高度老龄化阶段（见表6）。老龄人口较少的是黄埔区（6.77 万人）和南沙区（6.91 万人），老龄化程度较轻的是从化区（13.1%）和天河区（13.7%）。

表6　2017 年广州市各区户籍 60 岁及以上老年人口情况

单位：万人，%

区	人数	占户籍人口比重
荔湾区	19.69	26.8
越秀区	28.90	24.5
海珠区	25.13	24.2
天河区	12.35	13.7
白云区	16.53	16.7
黄埔区	6.77	13.8
番禺区	12.88	13.8
花都区	11.56	15.4
南沙区	6.91	16.6
从化区	8.21	13.1
增城区	12.93	14.1

（六）对外来人口的依赖性

广州作为劳动力输入地区，大量外来人口的流入，有效减缓了广州老龄化进程。来穗人员管理部门统计数据显示，2017年，广州市外来人口达943.53万人，其中21~50岁人口占比为85.18%。外来人口主要是劳动年龄人口。2015年，常住人口和户籍人口中65岁及以上人口比重分别为7.9%和11.6%，常住老年人口比重比户籍老年人口比重低3.7个百分点。广州市常住人口进入老龄化的时间至少比户籍人口晚了十几年。

外来劳动力极大地减缓了广州市老龄化的进程，减缓了广州市老龄化的程度，也减轻了社会养老负担。外来人口一般青壮年时期在广州就业，而养老和育儿在原籍，为广州提供充足的劳动力，带来了人口红利。2015年，广州市常住人口总抚养比为26.4%，比户籍人口的总抚养比（35.5%）低9.1个百分点。但同时也会对外来人口产生依赖性，如果外来人口大量回流，将会对广州经济和社会结构产生较大影响。

（七）"边富边老"

发达国家的人口老龄化是伴随着经济发展和生育率的自然下降逐步出现的，中国的老龄化受生育政策影响，老龄化进程超前于经济发展，呈现出"未富先老"的特征。2000年，全国进入老龄化社会时，人均GDP不到1000美元，到2017年，全国65岁及以上老龄人口比重达11.4%，人均GDP不到9000美元。老龄化与经济发展不同步的矛盾长期存在。

区别于全国性的"未富先老"，广州经济发展水平较高，2000年人均GDP超过3000美元，2015年常住人口进入老龄化时，人均GDP已经超过20000美元，体现为"边富边老"。较好的经济发展条件为广州市老年人口的养老保障和养老服务提供了较好的经济基础条件。

二 原因分析

广州人口老龄化是多种因素相互交织、相互叠加、共同作用的结果。其形成和发展的历程既遵循世界人口发展的必然规律，又具有鲜明国情特色，符合广州市情实际。

（一）世界人口发展的必然规律

人口老龄化是世界人口发展的必然规律。当前，在世界 200 多个国家和地区中，有 60 多个已进入了老龄化社会。主要发达国家已全部进入老龄化社会，甚至出现了人口的负增长。从各国老龄化程度看，发达国家 65 岁及以上老年人口比例相对较高，并逐步向高度老龄化和超高老龄化阶段发展；而发展中国家人口老龄化程度总体相对较轻，老龄化进程相对滞后于发达国家半个世纪左右，但近年来呈现高速化发展态势。

全球各个国家和地区都已经迈入或者正在迈入老龄化社会。因此，即使没有计划生育政策等社会经济因素的影响，随着社会经济的发展，广州人口出生率和死亡率也会遵循世界人口发展的必然规律而下降，只是这一过程会漫长许多，相应的人口老龄化进程也会延长许多。

（二）人口转变的必然结果

人口的生育过程、死亡过程和迁移过程，三者相互作用，共同决定人口结构的改变，构成了当今人口的基本形态。人口年龄结构具有明显的延续性特点，现实的人口年龄结构是过去人口结构在出生、死亡、迁移等因素作用下变动的结果。人口再生产会经历一个由高死亡率、高生育率和低人口自然增长率的模式经由低死亡率、高生育率和高自然增长率的模式再转变为低死亡率、低生育率和低人口自然增长率模式的全过程。

广州人口老龄化是人口转变的必然结果，随着人口出生率、死亡率的下降和人类预期寿命的延长，人口平均年龄增长，整个人口会逐渐趋于老龄

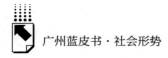

化。广州作为人口流入地区，老龄化程度相对人口流出地区，老龄化程度相对较轻。

（三）计划生育政策的影响

中国计划生育政策的实施，促使广州人口出生率迅速下降，开启了人口增长方式由无计划自发的高生育、高增长向有效控制方式的根本性转变。1982年之后，国内妇女总和生育率不断下降，已经远低于2.1的更替水平，其必然出现少子化趋向，并与老龄化互相影响叠加。直至近年来，随着国家生育政策逐渐调整放开，广州人口生育率开始小幅回升。

（四）人均预期寿命提高

1979年以来，随着人民生活水平的提高和医疗卫生条件的改善，广州户籍人口死亡率一直维持在6‰左右的低水平，低于全国7‰左右的水平，客观上助推了广州人口老龄化发展。死亡率的低位运行也意味着人均预期寿命的提升。2016年，广州人口平均预期寿命为81.75岁，高出全国平均水平5.25岁，其中男性79.01岁，女性84.63岁。人均预期寿命的不断提升在一定程度上促使了人口结构的老龄化。

（五）生育意愿的转变

随着经济和社会发展，女性受教育程度不断提高，职业地位上升，婚育观念也逐渐发生改变。晚婚晚育、不婚不育现象增多。同时，随着社会养育成本不断提高以及家庭趋于小型化，婴幼儿抚育难度加大，加上社会公共资源配套日趋紧张，造成了人们的生育意愿下降，对自身生育行为的主动控制逐渐普遍化。女性生育意愿改变将带来生育率主动降低，从而加速老龄化的进程。

三 主要影响

人口老龄化是广州和整个中国当前和今后相当长一段时期内的基本现实，将越来越广泛而深刻地影响广州经济、社会、文化等各个领域的发展。

（一）加重社会养老负担

从微观层面上看，当独生子女父母进入老年后，家庭的代际抚养比就会出现大幅度提高。从宏观层面上看，人口老龄化导致整个社会需要抚养的人口负担增大，社会养老费用占国民收入的比例逐渐攀升，从而限制社会扩大再生产，影响生产部门的资本投资和经济效率的提高，加重国民经济的负担。

人口老龄化所引起的老年人口比重上升和老年人口数量增长将给养老保障体系带来沉重的支付压力。随着人口老龄化进程推进，养老金领取者相对增多和缴费者相对减少，给养老金制度的可持续性带来严峻挑战。同时，老年人群相对于其他人群需要更多医疗资源，将大大加剧广州公共卫生和医疗保障体系的支出压力。

（二）影响劳动力供给

一是人口老龄化必然会导致劳动年龄人口比重的下降，从而影响劳动力的有效供给；二是劳动力人口年龄结构的老龄化使高龄劳动力比重增大，从而可能导致劳动力质量难以满足社会经济发展需求；三是人口老龄化还将带来劳动参与率下降，从而进一步影响有效劳动力供给。

（三）影响经济结构

人口老龄化对拉动经济增长的两个重要力量——消费和投资均有显著的影响。一是人口老龄化意味着社会整体消费倾向降低，社会总消费减少；二是老龄化还将导致储蓄率和总储蓄水平下降，引起投资减少，进而对经济增长产生不利影响。三是人口老龄化将引起消费结构变化，从而对产业结构调整提出新的需求。

年轻人口的数量和质量对一个国家或地区的创新能力和经济活力至关重要，人口老龄化将成为阻碍创新创业乃至降低企业活力的主要因素，导致经济政策保守化。甚至将重塑社会文化和秩序。

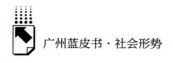

四 对策建议

人口是经济社会系统中最基础、最活跃的因素。少子老龄化和低生育率陷阱会给社会带来较大危机，而人口增长虽然短期内会降低人均资产拥有量，但新的就业人口能创造更多的资产和财富。大城市的人口拥堵等问题最终要靠加大和优化公共资源配置来解决。面对广州人口老龄化的现实和当今人口发展的新常态，需要积极应对，主动适应，采取有效措施，提高养老服务水平，提升劳动者质量，鼓励生育，引进人才，促进广州市人口结构优化和经济结构转型。

（一）养老服务和银发产业同发展

人口老龄化在新时期引发的主要新矛盾是老年人口日益增长的美好老年生活需要同老龄事业、养老服务体系发展不平衡、不充分的矛盾。广州市老龄人口规模较大，老龄化程度较高，需要积极面对，不断完善养老服务体系，发展银发产业，健全养老保障体系，推动老龄事业健康发展。

1. 发展完善养老服务体系

实行家庭养老与社会养老相结合，大力发展居家养老服务，支持社会力量发展养老服务业，建立以居家为基础、以社区为依托、以机构为补充、医养结合的养老服务体系。针对当前养老社会化服务供给不足、医养结合落地难、农村老年人养老困难、养老人才供给不足等问题，要加快构建大老龄工作格局，全面推动养老服务业供给侧改革，推进养老服务社会化，加强养老精准化服务，鼓励互助养老，加快养老人才队伍建设，不断提高广州养老服务水平。努力满足老年人口日益增长的美好生活需要。

2. 积极发展银发产业

银发产业即老龄产业。人口老龄化给经济社会带来挑战的同时，也催生了一个巨大的"银发"市场。国家应提前谋划，将银发产业打造成新的经济增长点。按照"政府主导、社会参与、市场化运作"的方针，在税收、资金、贷款等方面给予老龄产业优惠政策，有计划、分步骤大力扶持和发展老龄产业。针对老年人特殊的生理和心理需求，重点培育发展五大市场。一是养老助老需求市场，如老年公寓、托老所、专业护理机构等；二是健康医护需求市场，如医疗器具、抗衰老产品、老年门诊、家庭病床和护理、健康咨询、老年医院、康复中心和临终关怀机构等；三是老年日用商品需求市场，如饮食、衣着、防滑器具等；四是精神娱乐需求市场，如老年教育产业、老年休闲旅游业、老年娱乐用品业等；五是人寿保险需求市场，如人身保险、健康保险、养老投资连接保险等。

3. 健全完善养老保障制度

以基本养老保险为重点，加快完善养老助老保障制度，加快城乡居民全覆盖，逐步提高基本养老和基本医疗保障标准。加大保障力度，确保广州市养老服务与老年人需求有效对接。把经济困难老人的基本生活、医疗和护理等方面的帮扶放在首位，提高普惠型养老福利标准，推动医疗卫生与养老服务融合发展。

（二）劳动者数量和质量双提高

在老龄化趋势不可逆转，劳动力数量开始减少的情况下，一方面要加快培养和引入人才，积极开发劳动力资源，促进充分就业。另一方面要加强教育培训和科技创新，提高劳动者质量和劳动生产率，加快人工智能等高科技发展，培育质量型人口红利。

1. 加快"银发"人才资源开发

倡导积极、健康的老龄化。创造老年人口红利，构建老年人社会参与支持系统。树立老年人是社会财富的理念，充分挖掘老年人潜力。鼓励各类人才退休后再就业，对老年人创业给予资金、税收减免支持。建立老年人才市场。倡导和完善互助养老服务模式。鼓励老年人积极参与社会服务活动。社会服务是利用老年人力资源的潜在领域。鼓励低年龄、健康老年人开展志愿性、公益性甚至是经营性的社会服务。通过社区互助、储蓄服务时间等方式

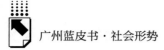

发动老年人参与力所能及的社会服务活动，将老年人力资源转化为社会服务资源。积极创造条件让老年人口有更多的生活和就业的选择性，充分做到老有所用和老有所为。

2. 培育人口质量红利

相比人口的数量红利，应更多地关注人口质量红利。质量型人口红利是指在人口机会窗口关闭过程中，人口红利会以数量方式转变为质量方式，继续发挥推动经济增长的巨大推力，又称第二次人口红利。随着新一轮产业革命，特别是机器人、人工智能的发展，经济增长对劳动力数量增长的依赖性在下降。在技术进步、产业升级的高质量发展模式下，劳动力质量的重要性更加凸显。广州要从教育制度、创新机制和人才培养方面入手，提高教育质量，特别是加快培养新经济所需要的创新型、复合型人才，培育广州市人口"质量红利"新优势，将人口红利升级为人才红利、"工程师红利"，从而提升广州产业竞争力。

（三）产业升级和经济高质量发展并行

人口老龄化的现状倒逼广州加快产业转型升级，从劳动密集型转向技术密集型，从追求数量到讲究质量，推动广州经济高质量发展。

高质量发展就是经济从主要依靠增加物质资源消耗实现的粗放型高速增长，转变为主要依靠技术进步、改善管理和提高劳动者素质实现的集约型增长。高质量发展表现在产业结构上，是由以资源密集型、劳动密集型产业为主向以技术密集型、知识密集型产业为主转变；在产品结构上，由以低技术含量、低附加值产品为主向以高技术含量、高附加值产品为主转变；在经济效益上，由高成本、低效益向低成本、高效益方向转变；在生态环境上，由高排放、高污染经济模式向循环经济和环境友好型经济转变。

当前，广州市经济处于传统产业与新动能、新业态、新产业共同发展的时期。人口老龄化的现状倒逼广州加快产业转型。从主要依靠资源和低成本劳动力等要素投入转向创新驱动，大力提高劳动力素质和劳动生产率，推动知识创新、技术创新、管理创新、文化创新、制度创新，提高创新活动产出。要主动转方式、调结构，在供给侧结构性改革和科技进步上下功夫，通过向技术进步要经济产出，提高全要素生产率，化解经济发展和劳动力资源不足间的矛盾。推动经济发展质量变革、效率变革、动力变革，不断增强广州经济创新力和竞争力。

（四）生育政策与社会政策相结合

"全面二孩"政策实施后，广州市出生人口明显增长，人口老龄化进程减缓，生育政策有效调整了广州市人口结构。广州要抓住并利用好国家生育政策调整带来的有利契机，加大宣传教育力度，继续鼓励生育。不断完善人口发展战略，加强人口变动情况监测，科学预测出生人口趋势。同时，要加快社会政策配套衔接，切实提高群众生育意愿，使生育政策的效果能够持续，从而调整广州人口结构，减缓人口老龄化速度。

第一，优先配置妇幼保健、托幼、学前和中小学教育等公共服务资源。加大妇幼保健服务供给，着力改善妇幼保健条件，提高服务水平。合理规划产科、儿科、教育等资源，推动建设标准化的母婴设施。

第二，积极探索解决群众生养子女面临的突出问题。比如，推进小学弹性离校，学校为学生提供延时照顾服务，建设社区幼儿托管点，着力解决好0~3岁婴幼儿的照顾问题，完善社区公共服务体系等。

第三，构建生育友好的社会环境。鼓励群众按政策生育，构建家庭发展支持体系，进一步健全完善税收、社会保障、住房、就业等政策，保障女性的就业权益。进一步完善延长产假、设立陪产假等制度。努力解决好"不想生、不敢生、生不起"等问题，让"全面二孩"无后顾之忧。

（五）对外来人口的吸引与服务并举

对于广州而言，大量的外来人口一方面对社会管理和公共服务造成了压力，另一方面也为广州提供了丰富的劳动力资源。目前外来劳动力占广州就业市场的一半以上，稀释了广州市常住人口中老龄人口比例，有效减缓了广州人口老龄化的进程，是广州市人口红利能够持续的重要原因。但由于他们整体的文化素质普遍较低，职业技能单一，劳动权益保护和子女教育等问题较为突出。

1. 广州要积极推动外来人口市民化

社会管理体制要逐步从以户籍人口为主向常住人口全覆盖转变，并逐步健全完善公共服务体系，统筹兼顾户籍和非户籍人口的权益。要加快推进来穗人员融合行动计划。稳步、有序、全面地推动来穗人员在人文关怀、思想认同、心理悦纳、政治参与、乐业奉献等方面的全方位社会融合，通过设置开展全方位的专业化、个性化、优质化融合项目培训，加快推进来穗人员在文化、经济、政治、生活等领域全方位融入广州社会，努力实现广大来穗人员"上岗有培训、劳动有合同、子女有教育、生活有改善、政治有参与、维权有渠道、生活有尊严"，有效促进来穗人员"个人融入企业、子女融入学校、家庭融入社区、群体融入社会"，让长期在穗就业和居住的人员落户，来穗人员适龄儿童平等地接受义务教育。努力实现符合条件的非户籍常住人口子女接受九年义务教育与当地户籍学生享有同等待遇。不断满足外来人口对美好生活的向往。

2. 要大力吸引并留住外来人才

积极引入外来移民是国外发达国家解决人口老龄化问题的有效措施。当前我国各城市人口政策出现新趋势，深圳、西安、杭州、武汉、长沙、南京、成都等一些城市都在采取积极措施，放宽人才落户条件，大力引进人才，以提升城市竞争力。北京、上海近年来一直严控人口，在 2018 年初出台政策，引入高端精英人才。广州市也需要转变外来人口是负担的观念，制定人口战略，在资源承载能力范围内，继续加大人才引进力度，争取人才、留住人才。在《广州市城市总体规划（2017~2035 年）》草案中，规划2035 年常住人口规模控制在 2000 万人左右，可见广州市目前仍有引入外来人口的较大空间。2018 年 1 月，广州印发了《广州市推动非户籍人口在城市落户实施方案》，将构建"以引进人才入户为主体，积分制入户和政策性入户为有效补充"的落户政策体系，大力吸引高校毕业生、技术工人和留学归国人员等各类人才。此外，广州要用更好的公共资源配套和服务质量留住外来人才。从被动管人转为主动服务，用服务吸引人，用品质留住人。从而有效调整广州人口年龄结构，减缓人口老龄化进程，助推产业升级、科技创新和经济高质量发展，共同建设富强美好和谐新广州。

（审稿人：杨建城）

教育发展篇

Education Development

B.12

广州大学生就业创业现状、特点
与路径探析

孙 慧[*]

摘　要： 本报告从就业意愿与需求、创业意愿与需求两大维度分析了广州
大学生就业创业现状、特点及需求。研究发现，继续学习深造、
考取"体制内"单位是大学生面对"就业难"现象的重要选择
方向；就业意愿多元化发展，新兴互联网创业企业成为职场"香
饽饽"；广州大学生的就业需求侧重于个人能力的提升及就业信
息的获知；证明自己的能力是广州大学生创业最主要的动机，创
业首选 IT 等高科技行业；广州大学生对创业扶持政策了解不足；
广州大学生希望创业指导教育课程更注重创业实践、技能和环境

---

* 孙慧，中山大学硕士研究生，广州市团校、广州市穗港澳青少年研究所助理研究员，研究方
向为青年群体、青年工作。

分析；创业扶持需求主要集中在资金、审批、组织化等方面。基于这些研究发现，本报告从政府、学校、大学生个体等层面提出了相应的对策建议。

关键词： 大学生 就业 创业意愿 广州

一 研究背景及目的

大学生作为整个社会最具创新精神的群体，是国家经济和社会发展的重要推动者。他们的就业一直是国家、社会和家庭极为关注的话题。每临毕业季，我国将有数以百万计的大学应届毕业生涌入求职市场，面临择业的问题。教育部公布的相关数据显示，2018 年全国普通高校毕业生预计 820 万人，毕业生整体就业形势严峻，就业压力较大。广州作为沿海发达城市，除了吸纳当地高校毕业生，更吸引了大批市外应、往届高校毕业生前往就业。据教育部电子注册学籍数据显示，2018 年广东省高校毕业生预计有 57.14 万人，比 2017 年增加了 1.15 万人，加上外省入粤求职的应届毕业生，这个数据将更加庞大。这预示着广州高校应届毕业生将面临激烈的就业竞争，"就业难"问题凸显。在此背景下，积极引导高校毕业生创业，将就业和创业结合起来，以创业创新带动就业，已成为解决高校毕业生就业难题的重要途径之一。

本研究旨在摸清广州高校大学生就业创业意向以及广州大学生就业创业形势现状等内容，充分挖掘广州大学生就业创业相关数据，分析研究大学生实际需求，并提出切实有效的应对广州大学生就业创业需求的对策，促进大学生就业创业，帮助大学生实现"人生出彩"。

二 课题研究基本情况

（一）研究对象及调查总体情况

本课题的研究对象为广州市范围内的高等院校的在校学生，包括研究

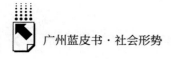

生、本科生与大专学生。

根据《广州统计年鉴（2017）》，2016 年广州全市有高等院校 81 所，本科、专科在校学生 1057281 人，其中本科生 623331 人，专科学生 433950人。有研究生培养单位的高校 19 所，在校研究生为 81979 人，其中硕士研究生为 67447 人，博士研究生为 14532 人。

（二）研究方法

1. 问卷调查

问卷调查采用自制调查问卷"广州大学生就业创业需求及对策研究调查问卷"，采用电子问卷的方法发放给学生填答，最后采用 SPSS 17.0 软件统计数据。

2. 座谈会

课题组先后赴部分高校、创业孵化基地、政府职能部门召开座谈会，更加翔实地了解广州大学生就业创业现状及需求，以探究如何更好地服务大学生就业创业，促进大学生就业创业工作的开展。

3. 文献分析法

通过对与广州大学生就业创业相关的文献、资料、政策等进行收集、梳理，并结合问卷调查与个案访谈中收集的数据与资料，可以了解广州大学生就业创业所处的政策环境，分析广州大学生就业创业现状与特点。

（三）问卷调查抽样方案

根据简单随机抽样的原则，在 95% 的置信区间和 3% 的允许误差条件下，调研的样本量为 1067 人；另据广州市 2016 年高等院校在校学生数量和研究生数量，最终确定本次调研的样本量为 1200 人。抽样按分层配额抽样和整体抽样结合的方法，根据大学生和研究生总体人数的比例分布，确定研究生、本科生和专科生的样本量，博士研究生为 15 人、硕士研究生为 71人、本科生为 657 人、专科生为 457 人。

广州共有高等院校 81 所，根据学校的性质，抽取了 8 所高等院校，包括暨南大学、华南理工大学、华南师范大学、广州大学、广东外语外贸大学、广州番禺职业技术学院、广州城市职业技术学院、广州涉外经济职业技术学院。按每所学校的博士研究生、硕士研究生、本科生、专科生在校学生人数分配样本量。

（四）调查问卷回收情况

本次调查共回收有效问卷1037份，有效回收率为86.42%。

（五）样本基本情况

本次研究调查大学生共1037名，平均年龄为20周岁，性别、籍贯、是否独生子女、年级、专业、学校类型等分布较为均匀（见表1）。

表1　样本分布情况

单位：人，%

选项		频数	占比
性别	男	448	43.20
	女	589	56.80
籍贯	广州市	159	15.33
	广东省其他地市	661	63.74
	其他省份、地区	217	20.93
是否为独生子女	是	295	28.45
	否	742	71.55
年级	大一	443	42.72
	大二	245	23.62
	大三	205	19.77
	大四	78	7.52
	硕士研究生	51	4.92
	博士研究生	15	1.45
政治面貌	中共党员	72	6.94
	共青团员	902	86.98
	其他民主党派人士	4	0.39
	群众	59	5.69

选项		频数	占比
专业	理工类	520	50.14
	文史类	183	17.65
	经管类	210	20.25
	农林牧副渔类	11	1.06
	医学类	11	1.06
	艺术类	52	5.01
	其他	50	4.82
学校类型	重点本科	509	49.08
	一般本科	89	8.58
	大专	437	42.14
	其他	2	0.19

三 广州大学生就业创业现状及特点

(一)就业形势评估

广州大学生对就业前景的态度较为乐观,男性、理工类大学生、重点本科大学生的乐观程度更高。高校毕业生由于对社会和自己的认知不同,其对就业前景的评估也显然不同。调查显示,有8.1%的被访大学生对就业前景持非常乐观的态度,38.6%的大学生持比较乐观的态度,41.1%的大学生的态度是一般。另外分别有11.8%和0.5%的学生持非常担忧和无所谓的态度。从以上数据可以看出,目前广州大学生对就业前景的评估态度比较乐观。

相比较而言,男性大学生对就业前景的乐观程度要高于女性大学生。男性大学生中分别有10.7%和42.2%的比例持非常乐观和比较乐观的态度,均高于女性大学生的6.1%和35.8%。

比较理工类、文史类、经管类三大专业类型的大学生对就业前景的评估,理工类大学生对就业前景的乐观程度高于其他两类。理工类大学生持非常乐观和比较乐观的态度的比例分别为8.9%和39.8%。文史类大学生对就

业前景的乐观程度最低，持非常乐观和比较乐观的态度的比例分别为4.9%
和37.2%。

在学校类型方面，重点本科高校学生的就业前景乐观程度高于一般本科
高校和大专类高校的学生。值得关注的是，大专类高校学生的就业前景乐观
程度高于一般本科高校学生。其非常乐观和比较乐观的比例分别是7.6%和
34.3%，高于一般本科高校学生（非常乐观占5.6%，比较乐观占33.7%）。

（二）广州大学生的就业意愿

1. 就业方向

继续学习深造、考取"体制内"单位是广州大学生应对"就业难"现
象的重要选择。数据显示，面对"就业难"现象，有36.8%的大学生选择
继续学习深造，争取更高学历；16.3%的大学生选择考公务员或事业编制单
位；11.8%的大学生选择自主创业；9.8%的大学生选择成为自由职业者。
可见，目前大学生面对"就业难"会选择较为积极的就业方式，选择考公
务员或事业编制单位依然是大学生求职的一个重要选择方向。

2. 就业领域

意向就业领域多元，新兴互联网创业企业成为热门求职领域。广州大学
生最倾向的就业单位依然是比较稳定的国家机关、国有企业、事业单位等。
选择事业单位的占比为22.4%；选择国有企业的占比为21.4%；选择国家
机关的占比为15.9%。值得关注的是，大学生选择新兴互联网创业企业的
比例为17.0%，高于国家机关的比例，也高于选择民营企业（11.4%）和
三资企业（4.2%）的比例。此外，有75.3%的被访大学生表示，如果有好
的机会，愿意从事专业不对口的工作。这些数据表明广州大学生的就业意向
更加多元化，而且更为灵活，勇于涉猎新的就业领域。相信不久的将来，新
兴互联网创业企业将成为广州大学生一个新的求职热点。

3. 就业考虑因素

收入、工作稳定、符合自身兴趣是广州大学生择业时主要关注的因素。
大学生选择就业单位与其就业价值观之间具有明显的相关性。调查显示，广

州大学生在选择工作时考虑最多的因素前三项分别是"收入高"（占比24.4%）、"符合自己兴趣、志向"（占比22.0%）、"工作稳定"（占比14.9%）（见表2）。考虑"收入高"因素的大学生，其倾向的就业单位依次是国家机关、事业单位、国有企业，选择新兴互联网创业企业的比例也较高；考虑"工作稳定"的大学生，倾向的就业单位依次为国有企业、事业单位、国家机关；而考虑"符合自己兴趣、志向"的大学生选择新兴互联网创业企业的比例远高于其他单位类型。由此可见，相比体制内的就业工作单位，广州大学生选择新兴互联网创业企业，一方面是因为目前互联网符合大学生的志向和兴趣，可以有更大的创新空间，另一方面互联网企业的薪资水平也较为符合大学生的薪资预期。

表2　大学生选择工作时考虑最多的因素

单位：%

选项	占比	选项	占比
收入高	24.4	有成就感	4.2
压力不大	4.6	专业对口	2.1
工作稳定	14.9	符合自己兴趣、志向	22.0
受人尊重	3.8	适合自己的能力	8.1
上下班的时间合适	5.4	不知道	0.7
能发挥主动性	7.5	其他	0.9
有较多休假	1.5	合计	100.0

4. 就业地区

广州大学生意向就业地区集中在发达大城市，生源地影响其就业地区的选择。调查显示，有76.6%的广州大学生倾向的就业地区集中在发达大城市，其中选择"沿海发达城市"的占比为32.4%，"一定要在珠三角发达城市"的占比为18.2%，选择"北京、上海、广州、深圳等大城市"的占比为16.8%，"一定要在广州市"的占比为9.2%。选择"国家政策鼓励的中、西部或边远地区"的占比只有0.9%。此外，还有18.9%的大学生表示"无所谓地域性，工作合适就行"（见表3）。

表3 大学生倾向的就业地区

单位：%

选项	占比	选项	占比
一定要在广州市	9.2	港、澳地区	0.6
一定要在珠三角发达城市（包括广州）	18.2	国外	1.1
沿海发达城市（包括珠三角城市）	32.4	无所谓地域性，工作合适就行	18.8
北京、上海、广州、深圳等大城市	16.8	其他	2.1
国家政策鼓励的中、西部或边远地区	0.9	合计	100.0

大学生的就业地区倾向与其籍贯有关。研究发现，户籍地为广州的大学生，有28.9%选择"一定要在广州"，比例远高于其他地区户籍的大学生。广东省其他地市籍贯的大学生倾向选择沿海发达城市和珠三角地区。其他省份地区籍贯的大学生首选沿海城市的比例较高，而选择珠三角发达城市和广州的比例相对较低。

（三）获取就业信息的渠道

网络成为大学生获取就业信息的主要渠道，校外就业网站更具优势。调查显示，有76.3%的广州大学生通过网络获取相关的就业信息，其中，通过学院就业网站获取就业信息的占15.0%，通过学校就业网站获取的占18.3%，通过其他就业网站获取就业信息的占43.0%。另有23.7%的广州大学生通过传统渠道获取相关的就业信息，其中有4.2%的学生通过学校就业宣传橱窗、报纸，6.9%的学生通过学院老师介绍，10.6%的学生通过亲戚朋友介绍。

由此可见，在互联网时代，大学生获取就业信息的渠道已集中在互联网，尤其校外互联网站更是他们获取就业信息的重要渠道。

（四）求职困扰与就业需求

1. 求职困扰

个人因素占主导地位，对岗位知识的缺乏以及自身能力不足严重影响广州大学生成功求职。广州大学生的求职困扰可归纳为个人因素与外在因素两大类。个人因素包括能力不足、综合素质差，求职方法技巧欠缺，对企业岗位专业知识缺乏了解，对社会缺乏了解，对企业招聘流程和基本要求缺乏了解，缺乏社会关系等；外在因素包括学校就业指导不够、专业不热门、性别歧视等。

调查显示，目前广州大学生的求职困扰主要在个人因素方面，占比为83.2%；其中"对企业岗位专业知识缺乏了解"的占24.3%，"能力不足，综合素质差"的占23.1%；外在因素方面，"学校就业指导不够"的占9.4%，"专业不热门"的占5.6%，"缺乏社会关系"的占3.9%，"性别歧视"的占0.9%（见图1）。

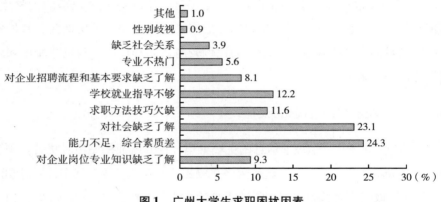

图1 广州大学生求职困扰因素

可见，目前广州大学生的求职困扰主要在于自身能力素质与获取岗位信息不对称等方面。至于"专业冷门"问题已不是大学生重点考虑的范围，这与前文显示目前大部分大学生愿意从事专业不对口的工作相吻合。

2. 就业需求

大学生普遍侧重于个人能力的提升及就业信息的获知。调查显示，广州大学生最需要的职业指导是"求职、面试技巧、说话艺术的指导"，占比为50.3%；其后是"个人职业生涯规划指导"，占比为23.2%；需要获得"职场中为人处世原则"指导的占17.3%。

分析发现，被访大学生希望从学校就业指导机构获得的就业指导和帮助，前三项分别是"求职应聘技巧指导"（47.0%）、"向社会发布毕业生的有关情况和信息"（36.6%）、"政策解释，形势分析"（34.1%）；希望从政府部门获得的就业帮助前三项则分别是"提供及时的就业信息"（57.7%）、"增加就业岗位"（52.5%），"提供专业技能培训"（41.7%）（见表4）。

表4　大学生希望学校和政府部门给予的就业指导和帮助（多选项）

单位：%

	希望学校给予的 就业指导和帮助	占比		希望政府部门给予的 就业指导和帮助	占比
就业 指导 机构	政策解释,形势分析	34.1	政府 部门	为毕业生开设就业指导课	8.1
	求职应聘技巧指导	47.0		其他	0.4
	向社会发布毕业生情况和信息	36.6		提供及时的就业信息	57.7
	个性/能力职业测试	27.1		提供就业指导	38.1
	职业生涯规划指导	29.8		增加就业岗位	52.5
	接待毕业生就业咨询谈话	12.5		提供专业技能培训	41.7
	收集、提供就业信息	22.4		多举行招聘会	23.9
	就业心理咨询	7.1		优惠政策的支持	24.5
	毕业生就业状况调查、统计分析	11.2		资金的支持	14.3
	改善服务态度	1.9		消除就业歧视	11.5
	简化手续	5.0		其他	0.4
	为毕业生推荐工作单位	20.2			

从以上数据可以看出，目前广州大学生的就业需求主要是在提升个人求职技巧与获得就业信息方面，这与上述大学生的求职困扰相对应。

（五）广州大学生的创业倾向

1. 创业意愿

有七成以上的广州大学生愿意创业。调查显示，广州大学生的创业意愿较高，被访大学生中有72.8%的学生表示愿意创业，不愿意创业的比例为27.2%。大专高校的学生创业意愿高于一般本科和重点本科的大学生。大专学生中有84.4%的学生愿意创业，高于一般本科生（68.5%）与重点本科生（63.8%）的比例。男性大学生的创业意愿（77.4%）高于女性大学生的创业意愿（69.4%）。经管类大学生的创业意愿低于理工类和文史类大学生。年级低的学生创业意愿较高，大一学生的创业意愿是80.6%，而大四学生的创业意愿为68.0%，硕士研究生的创业意愿为60.0%。

研究还发现，"能发挥主动性""符合自己兴趣、志向""收入高"等就业考虑因素对大学生的创业意愿有一定的影响作用，受这些因素影响的大学生相对多于其他就业观念的青年。相反，追求"工作稳定""压力不大"的大学生，其创业意愿相对较低。

由此可见，大学生的创业意愿，一方面与其学习的背景有密切的联系（如学校类型、专业等），另一方面也与其就业追求、就业观有显著关系。

2. 创业动机

证明自己能力是广州大学生创业最主要的动机。调查显示，广州大学生的创业动机主要集中在三个方面，即"为了证明自己的能力、把握自己的命运"（34.5%）、"做自己喜欢做的事"（33.6%）、"为了追求个人财富积累"（20.7%）（见表5）。总体来看，广州大学生的创业动机主要是规划自己的人生，证明自己的能力，实现自己的价值，是一种精神需求，同时也追求物质财富，更多的是一种发自内心的兴趣和追求，而较少是因为生活所迫或者打发时间和潮流驱使。由此可见，目前大学生追求自我个性的释放，是否符合自己兴趣、志向，能否发挥主动性已经是大学生择业的重要影响因素；另外追求财富收入也是大学生创业的一个重要助推因素。

表5　大学生创业动机

单位：%

选项	占比
为了追求个人财富积累	20.7
为了证明自己的能力、把握自己的命运	34.5
做自己喜欢做的事	33.6

选项	占比
为了赢得别人的尊重	3.7
打发时间,充实生活	3.1
羡慕成功的创业者,自己跟风创业	1.6
缓解就业压力	1.7
其他	1.1
合计	100.0

3. 创业行业

调查显示,大学生选择创业的行业集中在 IT 等高科技行业,占比为 21.3%,远高于其他行业的比例;其他比例靠前的行业是教育培训 (12.8%)、文化娱乐 (12.1%)、餐饮 (11.1%) (见表 6)。在互联网时代,IT 等高科技行业是新兴朝阳行业,极具创新空间。选择 IT 等高科技行业,更能发挥大学生的主动性,是青年感兴趣的方面,尤其是理工类专业的学生,这与其创业动机相吻合。

表6 大学生创业行业

单位:%

选项	占比
IT 等高科技行业	21.3
商务咨询	6.3
餐饮	11.1
金融行业	8.9
销售行业	4.9
教育培训	12.8
农、林、牧、渔、水利业	2.0
加工生产行业	1.0
文化娱乐	12.1
还不知道,到时候看情况	18.0
其他	1.6

4. 影响创业的因素

广州大学生认为影响创业成功的因素主要在于个人人力资本方面，共占比72.5%，其中选择"足够的社会经验和管理经验"的占比为26.3%，选择"正确的投资方向"的占比为25.6%，选择"创业者具备创业能力"的占比为13.7%，选择"创业者有良好的身体和心理素质"的占比为6.7%。影响创业成功的第二类因素是个人资源方面，共占比21.3%，其中选择"充足的创业资金"的占比为13.9%，选择"足够的人脉关系"的占比为6.2%，选择"亲友的支持"的占比为1.3%。社会影响因素较小，共占比5.3%，其中选择"政府和社会的扶持"的占比为3.3%，选择"社会经济发展状况良好"的占比为2.0%。

（六）广州大学生创业需求

1. 学校层面需求

创业指导教育课程更注重创业实践、技能和环境分析。调查显示，有69.5%的学生表示自己的学校开展过创业指导教育，10.2%的学生表示学校没有开展创业指导教育，还有20.3%的学生表示不知道。可见，目前大部分广州高校已经开展创业指导教育工作。在大专学校中有73.5%的被访学生知道自己学校开展了创业指导教育，比例高于重点本科学校（68.6%）4.9个百分点。

在开设课程内容方面，大学生希望学校开设创业指导课程更注重在"创业机会和环境分析"（45.1%）和"人际交流和沟通技巧"（27.5%）。另外，调查也显示，大学生希望学校能从"提供创业政策、可行性分析等相关帮助和指导"（59.1%）、"建立创业实践基地为大学生提供实践平台"（44.8%）、"培养大学生创业技能"（44.4%）三个方面进行指导。

大学生认为创业教育最好的方法是"创业模拟训练"（45.8%）和"到创业成功企业实地参观考察"（34.3%）。这样可以有更多的参观和实践机会，可以向成功的例子学习，同时也将创业的理论用于实践当中。

2. 政府层面需求从资金、审批、组织化等方面进行创业扶持

面对目前的创业环境，广州大学生希望政府可以从多方面入手扶持促进大学生创业。其中选择"给予税收优惠"的占比为45.5%，选择"拓宽融资渠道"的占比为44.1%，选择"放宽贷款政策"的占比为43.2%，选择"加强创业服务机构建设"的占比为33.5%，选择"放宽新企业审批条件及简化审批程序"的占比为24.6%，选择"成立创业者组织"的占比为22.3%，选择"提供与同行交流的平台"的占比为20.2%。从结果来看，放宽贷款政策、拓宽融资渠道、给予税收优惠等有助于缓解创业资金不足和营运成本较高的问题，放宽新企业审批条件及简化审批程序可以解决审批办事手续烦琐的问题，成立创业者组织、提供同行交流平台可以提高创业组织化程度，增强创业社会资本活力。

四 广州大学生就业创业存在的问题与困难

（一）人力资本不足，求职面临重重困扰

21 世纪是一个人才辈出的世纪，也是一个竞争日趋激烈的世纪。这个世纪需要的人才是一种复合型人才，是能够适应知识经济时代的高素质人才。这个时代的竞争是知识的竞争，是能力的竞争，更是综合素质的竞争。有研究指出："人力资本因素对工作的影响日益增强，工作经验或社会实践经验、个人业务能力成为成功就业的主要影响因素。"[①] 本次调查中，有24.3%的受访大学生表示其求职困扰的是"对企业岗位专业知识缺乏了解"，23.1%的人认为是自身"能力不足、综合素质差"，12.3%的人认为"对社会缺乏了解"是其求职困扰的主要因素，还有11.6%的人认为是求职方法技巧欠缺导致其求职困难。归根结底，这些都是大学生专业知识和社会实践经验不足的体现，将影响大学生的求职之路。

---

① 孙慧：《广州青年就业发展研究》，载魏国华、张强主编《广州青年发展报告（2012～2013）》，社会科学文献出版社，2013。

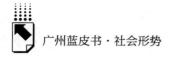

（二）高校就业指导工作的广度和力度不足

调查数据显示，有五成以上的广州大学生最需要"求职、面试技巧、说话艺术的指导"等职业指导，有47%的受访大学生最希望从学校就业指导机构获得求职应聘技巧。这说明广州大学生对求职技巧提升的需求较高，也从侧面反映出高校就业指导机构在这方面存在不足。除此之外，广州大学生还希望从学校就业指导机构获得更多的政策解释和形势分析，以及与毕业生有关情况和信息发布及职业生涯规划指导等帮助。在对部分大学生进行个案访谈时，有不少受访者表示，目前高校的就业指导主要集中在毕业前夕，指导的内容多是简历的基本制作、求职中的一般注意事项等，缺乏系统有效的指导。他们建议从大一开始就进行实习、职业规划和面试技巧等方面的指导。课余积极举办各种就业指导活动，一方面把课堂教学和社会实践结合起来，另一方面从低年级就开始培养学生的职业生涯意识和相关能力。通过理论与实践相结合的方式，提升大学生就业能力。

（三）大学生创业资金获取难度大，创业资本积累不足

创业资金是大学生创业的必备要素，充足的资金保障是大学生创业成功的前提条件。可以说创业资金是创业得以开展的重要基石，没有创业资金，再好的创意也难以转化为现实的生产力。在调查中，有13.9%的受访者认为影响创业成功的最主要因素是充足的创业资金；在政府扶持政策方面，给予税收优惠、拓宽融资渠道、放宽贷款政策等是大学生最希望获得的，这三项均与获得创业资金有关，表明广州大学生创业时非常希望获得政府在资金政策方面的扶持，这也从侧面反映出广州大学生创业资金获取难道较大。2017年，共青团广州市委员会、广州市社会科学院、广州市青年就业创业服务中心对472名创业青年进行了调查，有83.26%的创业青年的创业初始资金来源于自己的积蓄，有66.10%的创业青年的创业初始资金来源于家庭支持，有41.53%的初始创业资金来源于朋友集资，而来源于金融机构的只有16.74%，来源于天使投资的只有18.01%。同时，在企业的融资途径中，来自民间贷款

和互联网金融的创业企业分别只有 16.53% 和 14.19%。对此应该意识到来源于个人和亲友的创业启动金数量往往有限，不能持续保证充足的创业资金；同时也应该注意到，就算金融机构为了贯彻国家的政策，能够为大学生创业者提供贷款，贷款基本上也都是小额贷款，这对大学生创业来说无异于杯水车薪；而且从创业资金的贷款条件来看，其苛刻的条件令很多大学生创业者望而却步。

（四）大学生创业知识缺乏，社会经验不足

近年来，我国经济持续高速发展为大学生提供的创业机会日益增多，但对在校大学生或即将毕业的大学生来说，他们的社会资本积累不足，缺乏过硬的创业能力，对创业知识的了解也不全面，由此导致的一个问题就是当机会来临时他们往往手足无措，不能"快、狠、准"地抓住创业机会。而创业恰恰需要先把握住创业机会，寻找合适的创业项目。创业知识缺乏和创业能力不足使大学生常常面临这样的困惑：有满腔的创业热情，却不知道从何处入手，不知道该做什么项目。他们对创业机会的选择和把握缺乏科学的理性分析。在调查中，有 25.7% 的人认为影响创业成功最重要的因素是找到"正确的投资方向"，再者是"创业者具备创业能力"（13.69%），二者均是创业知识的体现。访谈资料也显示，大部分广州大学生认为自身创业能力不足，自己现有的创业知识和技能不能满足自主创业的需要。

另外，社会经验不足也是广州大学生创业道路上的"拦路石"。有 26.3% 的大学生认为影响创业成功的最主要因素是"足够的社会经验和管理经验"，说明大学生对创业实践经验的需求较高。李耀珠在《我国青年创业态势及成功创业对策研究》一文中也提道："大学生缺少工作经历和社会阅历，缺乏创业所需要的开拓市场和管理企业的经验。在创办和经营企业的过程中，无法建立一套合理、有效率的制度，在生产、人事、财务及销售等各方面的管理上极易出现漏洞和失误。"[1] 大学生适应社会尚且需要一个过程，而面对纷繁复杂的社会独立创业，更是难以应对。

---

① 李耀珠：《我国青年创业态势及成功创业对策研究》，《中国青年研究》2007 年第 6 期。

（五）大学生创业教育与培训重理论轻实践，创业软实力积累不足

一般来说，受到良好创业教育和高技能的创业培训是创业取得成功的必要保证。但是就目前来看，我国学校创业教育相对匮乏，甚至很多高校根本就没有开设相关课程；而且就算为了应对国家政策，增开了一些课程，这些课程也不够深入，具有较浓的应试教育色彩，实用性不强。2017年9月26日，全球化智库（CCG）在北京发布了《2017中国高校学生创新创业调查报告》，调查数据显示，近四成高校学生对高校提供的创新创业配套服务评价为一般，人员缺乏、投入不足、课程缺乏、课程理论性太强、实践指导不够、缺少专业创业服务指导等阻碍了高校创新创业的发展，有97.93%的学生对开展创新创业教育与培训表示有必要。广州大学生对实操层面的创业培训需求较大。具体来看，有六成左右的大学生希望获得创业政策、可行性分析等相关帮助和指导，四成以上的大学生希望建立创业实践基地为大学生提供实践平台，另有四成多的大学生希望学校的创业指导课程可以从培养大学生创业技能方面进行指导；此外，广州大学生认为创业模拟训练与去创业成功企业实地参观考察是进行创业教育最好的方法。这说明目前大学生所获取的创业教育与培训无法满足大学生创业的实际需求，由此导致的创业软实力不足也就成为广州大学生创业中的一个硬伤。

五　促进大学生就业创业的路径探讨

（一）加大工作统筹力度，强化部门工作协同

1. 系统梳理就业创业扶持政策清单，在此基础上出台专门针对全市青年大学生就业创业政策文件

目前，广州市人社、科创、财政等相关职能部门针对青年就业创业工作均出台了许多扶持政策，但针对大学生青年群体的专门配套政策比较稀少，同时由于部门实施主体过于分散，联动、协作机制不够完善，缺乏有效统筹

和宣传普及，政策知晓率和应用率较低。建议梳理目前各单位、各部门涉及青年大学生就业创业工作的文件政策，形成清单，在此基础上以市政府名义出台全市扶持青年大学生就业创业的指导意见，补充各项必要的政策制度和实施细则，建立青年大学生就业创业一站式政务服务绿色通道。

2. 链接多方资源，做大学生就业创业的资源整合者

政府要充分履行其在大学生就业创业中的主导推动职责，进一步加大大学生就业创业工作的统筹力度，建议推动广州市政府牵头成立全市促进大学生就业创业工作领导小组，由市领导担任组长，相关部门一名局级领导同志担任联席会议成员，领导小组办公室设立在团市委，定期召开工作领导小组联席会议，整体统筹推进广州市大学生就业创业工作。制定并完善"广州市大学生就业创业工作联席会议"工作制度，成员单位包括团市委、市科创委、市发改委、市经贸委、市教育局、市财政局、市人社局、市工商局、各区政府等部门，联席会议涉及的机构要措施共策，平台互通，资源共享，推动各职能部门形成联动机制，统筹研究协调大学生就业创业问题，为广州大学生就业创业在政策和制度方面提供保障。

3. 推动设立广州大学生创业发展基金，重点解决资金问题

建议由市财政每年定向拨款作为母基金，吸引社会资本作为子基金参与，为大学生创新创业打造种子期、初创期、发展期、成熟期全链条资金支撑体系，并建立严格高效的基金审批制度，面向不同发展阶段的大学生创新创业项目给予资金支持，为创业大学生搭建体系化的创业资金平台。

（二）充分发挥学校就业指导机构作用，为学生提供切实有效的就业指导服务

1. 构筑良好交流平台，促进学生和企业相互了解

学校就业指导机构应全面统筹本校毕业生的求职就业工作，建议联合各院系负责就业工作的人员组建"就业工作小组"，根据院系特点配备专职干部分口对接不同性质的企事业单位，及时了解他们的用工需求；同时让用人单位全面了解本学院各专业及人才培养特点，搭建用人单位与毕业生双向选

择的良好平台。工作小组可以在大学生毕业之前就与相关企事业单位对接，组织大学生参与实习或兼职，积累工作经验；并使其在实习或兼职过程中评估自己的优势和不足，了解自己适合的行业与岗位，从而加强未来求职的针对性，提升就业成功率。

2. 强化创新创业实践教育与培训，提升大学生创业能力

帮助大学生进行创业，从思想上转变其创业观念，给予资金支持固然重要，但更要从实际入手，帮助他们掌握创业的知识和技能，为他们提供创业的有效帮助，使对大学生创业的扶持模式由"输血"转化为"造血"，努力提高大学生的人力资本。建议高校建设一支专业化创业教育师资队伍，坚持全员参加、专兼结合，配齐配强创新创业教育教师队伍，同时改革教学内容和方式方法，组织开展专门培训，探索建立个性化培养的教学管理制度，提升教师创新创业教育能力。同时，鼓励高校积极开设创新创业类课程，并融入专业课程或就业指导课程体系，让创新创业教育贯穿人才培养的全过程。针对大学生特点，高校应进行多样化专项培训，以增强培训的有效性和实用性。比如，针对青年大学生群体思维活跃、个性迥然的特点，丰富培训教学方式，借助互动教学、案例分析、角色扮演、现身说法等方式提高培训的趣味性和吸引力；丰富培训内容和手段，开展网络远程教育，发挥现代培训技术的优势。

（三）集聚多种手段，充分发挥共青团服务青年创新创业的职能

1. 继续加强青年大学生创新创业阵地建设，服务青年大学生创业的社会化实践

一是继续加强广州青年创业学院建设，将校园创业教育和政府创业培训对接挂钩，与高校合作开发设立各类创业课程，组织创业导师为在校大学生和高校毕业生提供创业巡讲、SYB培训、创业沙龙、沙盘模拟等创业课程，开展创业技能培训和创业实训活动。二是创新大学生就业创业孵化模式，促进大学生创业社会化与组织化。建议按产业集聚特点在各区建立专业型青年创业孵化基地，如在番禺区建立电子商务类创业孵化基地，在天河区建立计算机及移动互联网应用类创业孵化基地等，创业大学生可以根据创业项目的

性质选择入驻何种孵化基地。基地的建立与运营应坚持市场化导向，可以借助行业商会的力量整合社会资金与资源，政府给予一定的政策支持。在孵化期间，基地无偿面向具有创业意愿的青年大学生开放，对入驻的青年大学生可按意向创业领域分为不同的创业小组，成员间优势互补，共同研发创业项目，孵化基地根据各创业小组项目特点提供具有针对性的技术支持与咨询服务；待项目成熟后帮助其对接风投，成功入市；入市后，基地可按一定比例参与利润分配。

2. 更新青年大学生创新创业工作宣传形式

建议共青团每年安排专项资金，制作鼓励支持青年创新创业的公益宣传片和宣传海报，将最新创业政策、创业形势、创业常见问题等融入其中，定时定点进行播放与投放；协调政府领导、社会知名人士、广州青年创业榜样参与宣传，营造全社会的创业氛围。对创新创业理念的宣传要注重分层分类，不可盲目地一刀切。创业应是一种深思熟虑的理性活动，而非一时的心血来潮。共青团组织要提倡理性的创新创业理念，引导和帮助青年大学生正确评估自身能力和资源，切忌盲目跟风创业。建议共青团组织聘请专业人员为有创业意向的青年大学生提供专业化咨询服务，利用SWOT分析法帮助青年大学生正确分析在创新创业方面的优劣势，客观评估其创业成功的概率。对有创业意愿且具备创业条件的青年大学生继续提供后续服务，帮助其成功创业；对暂时不具备创业条件的青年大学生，帮助其挖掘自己的核心竞争力，鼓励其在自己的就业岗位上进行创新，彰显自我价值。

3. 整合提升创新创业大赛的水平和规格

目前，在广州范围内创业大赛主要有广州市工信委主办的中国（广州）国际创新创业大赛、广州市科创委主办的"羊城科创杯"创新创业大赛、广州市人社局主办的"众创杯"大学生启航赛暨"赢在广州"大学生创业大赛、广州团市委牵头主办的"青创杯"广州青年创新创业大赛，各类创新创业大赛作为吸引创业人才、发掘创业人才的重要平台，经过多年的沉淀，形成了一定的社会影响力，但因大赛扶持政策和激励措施过于分散，尚

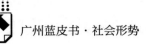

未形成合力，资源难以聚焦，需要多个部门联动、整合资源、形成合力，把"青创广州"城市名片推向世界，聚天下英才于广州。

（四）全面提升大学生综合素质，增强市场竞争力

大学生不仅需要学会灵活掌握专业知识和专业技能，而且需要具有相应的知识系统，并且通过实践将这些知识和技能运用于实际，积累自己的工作经验或社会实践经验，并在实践过程中专注于个人业务能力的提高。只有这样广大青年大学生才能不断地提高自身综合素质，增强自己的竞争实力，从而在激烈的就业竞争中找到自己的岗位。

（审稿人：黄志明）

B.13
关于促进广州校外教育培训行业
健康发展的调研报告

周　贵*

摘　要： 校外教育培训行业体量巨大，市场规模持续扩大。由于法规政策配套滞后，且缺乏有力监管，校外教育辅导行业存在种种乱象，家长和学生的合法利益得不到保障。广州市通过开展专项治理行动，规范管理已初见成效。整治过程中出现的办证难等问题，亟须出台标准和细则，只有建立长效机制进行规范和监督，才能确保校外教育培训行业健康有序发展。

关键词： 广州　校外培训　教育机构

2017 年，中国教育财政家庭调查数据显示，全国中小学阶段学生的校外培训总体参与率为 48.3%（参加学科补习或兴趣拓展类培训），广州为 57%。全国参加校外培训的学生平均支出约为 5616 元，广州为 8100 元。根据各层级在校生的规模估计，全国校外培训行业总体规模达到 4900 多亿元，广州的规模达到近 70 亿元。

目前，参加校外教育培训成为人们追求高品质教育服务和优质教育资源的途径之一，一方面满足了人民群众对个性化教育的需求；另一方面因部分校外培训机构开展以"应试"为导向的培训，影响了学校正常

---

* 周贵，卓越教育高级副总裁。

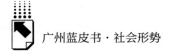

的教育教学秩序，学生课外负担过重，增加了家庭经济负担，社会反响强烈。

2018年2月，教育部、民政部、人社部、国家工商总局联合开展专项治理行动。2018年8月，国务院办公厅发布了《关于规范校外培训机构发展的意见》。2018年9月，教育部办公厅发布了《教育部办公厅关于切实做好校外培训机构专项治理整改工作的通知》。

作为学校教育的有益补充，校外培训教育是国家教育的重要组成部分，应该与学校教育同向而行，要规范整个行业，建立长效机制，促使校外教育培训行业健康发展。

一 广州市校外教育培训行业现状

2018年8月，广州市教育局公布及提供的数据表明，广州市各类校外培训机构共计8562家。其中学科类培训机构2263家，非学科类培训机构6299家。场地租用面积在200平方米以下的有6060家，200~300平方米的有1102家，300平方米以上的有1400家。员工总人数5.3万人，具有相关教师资格人数1.9万人，参加培训的学生数量25.69万人，其中小学段182470人，初中段57646人，高中段16791人。

根据《南方都市报》2018年7月做的调查报告汇总统计得知，有77.47%的受访者的孩子报过校外培训班，以7~9岁开始参加校外培训的比例最多，达到46.68%；其次，是3~6岁的孩子，为39.32%。

在参加校外培训的孩子中（多选项），选择艺术类培训的最多，达59.43%；参加英语培训的为57.09%，语文培训的为40.57%，奥数培训的只占39.86%。而家长给孩子报班的主要目的是"培养特长与爱好"，其占比为71.63%；"提高成绩"的为57.99%，"有利升学"的排在第三位占48.83%；"提升技能"的占43.81%。总的来说，大部分家长还是比较理性地给自己孩子选择校外培训。

对于家长在校外培训的开支中，每学期花费2000~5000元的占比最多，为 41.83%；5000 ~ 10000 元的为 29.08%，10000 ~ 20000 元的为 11.13%，三项占比达 82.04%。

从调查中看到，有 59.43% 的家长表示自己所报读的培训机构两证齐全，19.39% 的不知道或者没有关注，证明家长对此没有特别关注，他们关注的是培训机构能否帮助他们达成培养孩子的目的。

近年来，培训机构不断升级教学环境，所以 60.68% 的家长认为课室环境宽敞、明亮、舒适，30.88% 的家长认为消防卫生安全到位。这两个问题有可能不一致，环境好的不一定能消防达标，但整体来看，90% 以上的家长对培训机构的环境满意。

在调查中，有的家长认为，培训班的优势在于有比较先进的课程体系、一些补充性的教育方式、一些在校内没有接触的知识。"比如数学培训，对有天赋的孩子来说是打开了更大的通道；英语一些课程体系和国外课程同步。"而且培训机构没有公办学校的行政性任务，可以集中精力研究教学，所以对培训机构的教学方式比较认可。

对培训机构的教学方式，家长认为基本注重教学规律的占 47.94%，认为善于激发学生创造力的占 23.52%，认为一般没有太大特色的占 11.67%。从这些数据看到，培训机构还有很大的提升空间。

对孩子参加培训后的收获来看，几乎没有收获的仅占 7.9%，这也是培训机构这些年来发展迅猛的一个关键原因。

在针对学生的调查中发现，有 75.97% 的孩子自愿参加校外培训，24.03% 的孩子不愿意参加，但迫于家长或其他方面的原因参加了校外培训。

在学生的感觉中，有 47.67% 的学生觉得参加校外培训没有增加自己的学习负担，有 35.27% 的同学觉得增加了自己的负担。

二 广州市校外教育培训行业专项治理工作情况

为了切实减轻学生的负担，2018 年初，全国开展了统一整治行动，对校外培训教育行业进行规范化整治，对超前教学、超纲教学，场所存在安全隐患，无证无照经营，超范围经营，校内老师校外兼课等乱象进行治理。提出了2018年6月摸查完毕，11月整改完毕，2019年6月回头看的时间要求。2018年4月，广东省教育厅等五部门印发了《关于切实减轻中小学生课外负担开展校外培训机构专项治理方案》。

广州市按照"全面排查摸底、集中力量整治、建立长效机制"三个步骤，分步施策，计划在2018年底前全部完成专项治理工作。2018年4月，广州市教育局发出通知，部署全市教育系统立即开展校外培训相关情况调查摸底工作。在全面排查摸底的基础上，"一家一册"建立台账，为开展整治活动提供基础数据和重要参考。此项工作于5月底之前完成。各区要本着"规范一批、整改一批、取缔一批"的原则，在全面排查摸底建立台账数据的基础上，按照治理内容和整改要求，采用联合执法的方式，根据各部门职能，对辖区内校外培训机构进行分类、分步治理。通过专项督促和检查，全市于2018年12月底前完成专项整治校外培训机构工作，整治工作取得预期效果，实现预期目标。

在这次专项整治工作中，对1890家存在问题的中小学学科类培训机构实施分类整治。由市教育局牵头，公安、民政、人社、市场监管等各部门共同参与，开展了校外培训机构专项整治行动5次，共出动执法人员2511人次，实地清查809家机构。市、区联动，建立了翔实的工作台账并严格落实整改销号制度。本次专项行动共关停575家机构，1108家机构承诺不再从事中小学学科类培训业务。

这次治理培训机构、引导培训机构规范化办学等措施来规范培训市场，只是治标的一步，如何治本还需要从源头上寻求解决办法，制定可操作的升学办法则是关键。

此外，监管培训机构的规范化不是通过专项治理就可以一蹴而就的，更需要通过常态化的监督管理来实现，但如何协调人手、建立机制是需要考虑的问题。广州市教育局领导表示，从2019年4月起，广州市区两级各职能部门抽调人力组成专治办，联合整治校外培训机构，取得一定成效。但广州校外培训机构存量很大，且大量无照无证、有照无证的机构存在一定的历史原因，家长对校外培训的依赖程度依然高涨，集中整治难度很大。况且教育执法力量又严重不足，没有专门的教育执法队伍，"一个区几百家培训机构，而教育部门负责该项工作的只有两三个人。专项治理工作结束之后，专治办一撤销，人手不足的问题将更为突出。目前，对校外培训机构的摸查、治理工作更多的是依靠街道（镇）的支持和参与，怎么形成合力，怎样高效完成治理工作，有待于进一步探索。"

三　广州校外培训机构规范化需要解决的问题

（一）各区办理办学许可证流程不一，对政策解读不一

各区相关部门办理办学许可证的流程不一，有的区要求先到消防局取得消防设计许可后才能到教育局申请筹办，有的区就要求先得到教育局筹办同意后才能到消防局报批消防设计。广州市城市发展快，存在不少以前农民土地转为商业使用且手续不齐全的情况，导致不少房屋没有房产证，《民办教育促进法》（以下简称《民促法》）要求办学场地需要有产权证明，以免产生纠纷，办证部门就要求房产证明必须为房产证，不管这个场地是否得到消防验收，导致很多培训机构在申请办学许可证时无法过关。

（二）各区办证人员人手不足导致办证时间过长

1. 办证时间长，增加了办学者的负担

按目前的办证流程法定时间计算，成立一个完全符合新法要求的培训机构，从开始到取得办学许可证和营业执照后开始招生，需要 216 个工作日（见表 1），折算为 315 个自然天，约 10.5 个月；按 100 元/平方米的租金计算，300 平方米场地在开始招生前，就需要支出 31.5 万元的空置租金成本，增加了办学者的资金负担。

表1 办证流程法定时间

流程点	工作日	流程成果
1. 租赁意向书	1	租赁意向书
2. 工商核名	1	名称预先核准通知书
3. 教育局受理筹设	30	同意筹设批复
4. 街道租赁备案	7	房屋租赁登记备案证明
5. 消防设计审批	15	建筑工程消防设计审核意见书
6. 装修	45	装修完成
7. 消防验收	15	建筑工程消防验收审核意见书
8. 房屋安全鉴定	5	房屋安全鉴定通过
9. 教育局审批	90	办学许可证
10. 工商注册	7	营业执照,组织机构代码证,税务登记证
合计	216	

2. 工商行政部门核名难

《民促法》要求营利性培训机构要先到工商行政部门核名后,再去办理后期的相关手续,广州工商行政部门的核名时限为1个月,可再申请延长1个月,共2个月,而整个办证时间可能需时10.5个月,完全无法等到办证完成。

目前,处于新旧《民促法》转换期间,按照新的《民促法》,自2016年12月起,新成立的培训机构或新的教学点需按照新的《民促法》规定执行,选择为营利性的,须到工商部门登记。对在各区有举办分教点要求的连锁机构,按照教育局的规定,必须在每个区设立独立法人的办学主体。而之前,培训机构在民政局登记,民政局允许连锁机构在不同区设立教学点时用统一的名称,只需在机构名称加上所在区即可。但工商部门的公司命名规则与这个不同,工商部门规定,只要某个区存在某个名称,则全市内其他区均不能再使用该名称,只能另起新名。导致现有的连锁机构在各个区需要使用不同的名称。

（三）部分具体操作政策不明晰

《民促法》除了要求原来在工商部门取得营业执照的经营性培训机构要

到教育部门取得办学许可证外，要求对现有的在民政注册取得办学许可证的培训机构进行分类管理，选择为营利性培训机构的，必须到工商部门取得营业执照。但对原办学主体如何进行清算后注销再重新申办，没有具体的流程指引。对已经在民政部门注册且在教育部门取得办学许可证的培训机构如果申办新点，旧的主体如何处理，新的办学点如何审批也没有明确的指引，导致新的办学点重新注册主体，而旧的机构照旧存在。

四 规范广州市校外培训行业的对策建议

建立长效机制，规范校外培训行业健康有序发展，一要明确设立标准，设置准入条件，使行业经营有法可依；二要根据校外培训机构的市场和教育属性，加强事中事后管理。

（一）统一办证条件和流程标准，加快审批流程

对教学场地面积、消防要求等办证条件和流程标准进行明确和统一。可以通过委托民办教育协会做材料审查工作的方式，解决教育部门办证人员不足的问题，提高审批效率，把教育部门的 120 天审批工作日缩减到 30 个工作日，这可以解决工商部门核名的时间差问题。尽快让合法合规经营的培训机构能够高效率申办到办学许可证。

（二）加快落地"一市一照，分教点用非独立法人分公司"政策

根据"放、管、服"的原则和 9 月 12 日国务院常务会议提出的"全国有序推开证照分离改革，激发市场活力"，对原办学主体进行清算后注销再重新申办的流程、申办新教学点的审批等问题进行细化和明确。放宽教育行业"一照多址"审批条件，对企业所在地以外的全市区域内增设经营场所，或对多个商事主体之间有投资关系，有共同投资人、相同控股股东的，允许其使用"一照多址"，鼓励优质规范机构的发展。

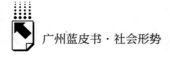

（三）强化事中、事后监督

校外培训机构种类繁多，没有标准化的统一教材，无法进行标准化的统一监管。建议建立机构年度评比机制，建立无照无证机构举报和取缔制度，将白名单和黑名单动态化管理。设立网络质量监控和投诉渠道，通过家长和市场来监督培训机构的办学质量。监管各培训机构"超前教学，超纲教学"的问题。通过网络举报等方式，重奖举报校内老师校外兼课，杜绝"课上不讲课后讲"的现象。

（四）树立正确的舆论导向，加大政策宣传力度

1. 树立正确的舆论导向

校外培训教育行业规范化整治并不是要取缔整个行业，治理的是不规范、不合法的培训机构。要树立正确的舆论导向，引导家长理性看待参加校外培训的作用，不盲目攀比，切实减轻子女校外培训负担。

2. 加大政策宣传力度

一方面，对合法成立的6000多家机构，应该给出时间，明确流程，统一宣传告知，指导其办理办学许可证。对无证无照的培训机构，不符合条件的或不肯办理合法证照的，应予以坚决取缔。另一方面，广州市正在全市范围铺开校内课后服务工作，建议引导符合条件的校外教育培训机构作为第三方服务机构承接中小学校的课后服务，开展阅读、各类兴趣培训、体育训练等辅导。

（五）利用市和区民办教育协会的力量，建立长效机制

民办教育协会是正规合法机构的聚合组织，他们对培训机构的情况最了解、最及时。要充分发挥协会的力量，可以授权于他们：协助审查申办材料，参与监督过程和年度年检评优等工作，以有效减少教育行政主管部门的工作，提高工作效率和工作质量。

（审稿人：杨建城）

B.14
加强广州市0~3岁婴幼儿托育
服务管理工作的建议

广州市政府研究室社会发展处课题组*

摘　要：　近年来，从中央到基层群众对0~3岁婴幼儿托育服务都高度关注。广州作为实际管理人口超过2000万人的特大城市，也出现了托育服务供需矛盾突出、托幼市场发展亟待规范等问题。本文对广州目前婴幼儿托育服务管理存在的问题及其原因做了分析，并在借鉴南京等地相关工作经验的基础上，提出了加强广州市0~3岁幼儿托育服务管理工作的对策建议。

关键词：　0~3岁　婴幼儿　托育机构

　　党的十九大报告首次提出要在"幼有所育"上取得新进展，中央经济工作会议在部署"提高保障和改善民生水平"工作时进一步强调，要"解决好婴幼儿照护和儿童早期教育服务问题"。特别是"全面二孩"政策实施后，解决托育服务问题的呼声日益高涨，加大婴幼儿照护服务发展力度，努力解决托育服务供需矛盾，缓解人民群众的"生养焦虑"，助力满足人民日益增长的美好生活需要，已经成为亟待解决的社会问题。南京是国内开展0~3岁婴幼儿早期发展工作起步较早的城市，2011年就提出重视0~3

---

*　课题组成员：孙晓莉，广州市政府研究室社会发展处处长；陈执桦，广州市政府研究室社会发展处副主任科员。

岁儿童早期发展，建立"政府指导、部门监管、市场运作、社区组织、家庭参与"的工作机制，特色鲜明、成效明显，对加强广州市婴幼儿托育服务管理工作具有很好的借鉴意义。

一 广州市0~3岁幼儿托育服务存在的问题及原因

党的十八届五中全会做出全面实施二孩政策的重大决策，近年来，"全面二孩"政策效果逐步显现。广州市卫健委统计显示，2015年全市常住人口出生数为15.06万人；2016年上升到18.5万人，其中二孩出生占57.28%；2017年出生人数达到23.5万人，其中二孩出生占13.4万人；2018年全市常住人口出生数21.54万人，其中二孩出生数为11.02万人。0~3岁的婴幼儿尚未到幼儿园学龄，而绝大部分家长囿于工作无法全天候照看孩子，更多只能依靠老人照料。加之计划经济时代机关单位、国有企业开办的托儿所在市场化过程中被逐渐取消，导致托育服务供需矛盾更加突出，并带来种种问题。

（一）广州市0~3岁幼儿托育服务存在的问题

1. 托幼市场发展亟待规范

广州市妇联的一项调查显示，有超过六成的人群希望将孩子送到托幼机构。[1] 由于幼儿托育市场需求巨大，近几年，广州市民办0~3岁幼儿托育机构发展迅速。在调查的297家托幼机构中，社会机构举办和自营类托幼机构占比超过了62%，其中大多数处于缺乏部门监管的状态。

2. 偏重早期教育而非托育功能

许多机构虽以托幼为名，但基本上以早期教育为主，而不是以儿童照顾看护为主，且收费不菲。民办早教机构教学教材、课程内容没有统一标准，

---

① 刘梅、范英等：《广州市0~3岁托幼服务专题调研报告》，载《2018年中国广州社会形势分析预测》，社会科学文献出版社，2018。

多是自行编写或直接引用境外教材。尽管大多数受访民众认为"托管"应该是托幼机构的最主要工作内容，但绝大部分托幼机构却将"教育"作为最主要的工作内容。

3. 场所环境和食品安全难以保障

广州市妇联调查显示，广州市有75%以上的托幼机构是租用居民住房作为经营场所，场地面积小、设施不齐全、消防难以达标，一旦发生意外事件，后果不堪设想。部分机构还利用居民厨房提供餐饮服务，食品加工环境无法达到相关要求，食材采购和卫生缺乏必要的监管，食品安全状况堪忧。

4. 机构人员素质水平亟待提升

大部分托幼机构均未取得相关教育资质，所雇用的人员中少有学习过育婴、保育的专业人员，缺乏教育学、心理学、卫生学等方面的课程训练，专业水平和工作的稳定性等难以保证。同时，专门培养幼儿托育人才的机构亦显匮乏，人才培养和储备薄弱。

（二）广州市0～3岁幼儿托育服务存在问题的原因

1. 相关政策法律尚不完善，政府投入支持力度偏低

目前，国家、省、市都尚未出台关于托幼机构管理服务的法律法规。面对巨大的市场需求，一些经营主体在没有法律法规引导、不能依法取得证照的情况下，只能打擦边球式经营。同时，政府有关部门对"幼有所育"的认识更多的是注重学前幼儿园教育的建设发展，对0～3岁幼儿早期发展工作认识不足、投入不多、支持不够。

2. 托幼行业标准尚未建立，举办机构发展良莠不齐

一个健康发展的行业，必须要有一套统一规范的行业标准，对托幼机构场地、设备、人员资质、卫生、安全、收费标准等诸多条件要有明确规定。但目前广州市尚无政府职能部门出台相关开办标准，也没有行业协会制定运营规范。市场上各类机构收费不一、提供服务五花八门，行业发展参差不齐、群众总体信任度不高，在很大程度上就是由没有统一的标准导致的。

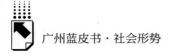

3. 部门责任归属尚不明确，民办托幼机构监管缺位

托幼机构的属性如何界定、在后续监管中其登记部门和主管部门的责任界限如何划分，这些问题长期悬而未决，使此类机构存在多部门均可审批的情况。同时，相关部门对于如何履行职责、齐抓共管也一直存在争议。例如，教育部门认为，0～3 岁幼儿更侧重于"育"而非"教"，其服务监管职责应该由卫生部门承担；卫生部门则认为，在国家和省层面尚未出台相关规定前，由其承担监管职责于法无据。相关部门职能交叉重叠，监管职责尚未厘清，也是该行业发展失序的重要原因之一。

二 南京推进 0～3 岁婴幼儿早期发展工作的经验做法

作为国内经济社会发展水平较高的大城市之一，南京在幼儿早期发展工作特别是托幼机构管理方面，也遇到和广州市相类似的问题。早在 2011 年，南京市主动适应群众需求，大胆探索、积极创新，逐步建立起以社会办育儿园和亲子园为主渠道、以公共服务为补充的多元化、多层次的 0～3 岁婴幼儿早期发展体系，取得明显成效。

（一）政府高度重视，搭建统筹协调平台

南京市将开展 0～3 岁婴幼儿早期发展工作作为民心工程、基础工程予以高度重视，成立了由分管副市长为组长、17 个相关部门组成的 0～3 岁婴幼儿早期发展协调小组，各区均相应成立了领导小组或协调小组，明确各部门工作职责，市、区、街（镇）上下联动，共同研究推进相关政策措施。确立"政府指导、部门监管、市场运作、社区组织、家庭参与"的发展路径和工作机制，明确由市卫生健康委牵头负责，积极鼓励社会力量举办，发展以民营机构为主体、以公共服务为补充的多元化、多层次指导服务体系，更好地满足群众需求。同时，将 0～3 岁婴幼儿早期发展工作纳入目标考核，2014～2020 年每年安排 2000 万元专项工作经费予以支持保障，确保各项工作落到实处。

（二）完善政策体系，确立行业运营标准

南京将建立完善政策体系和相关标准规范作为开展工作的重要基础，着力做好政策设计，先后以市政府办公厅名义出台了《关于推进南京市 0 ~ 3 岁婴幼儿早期发展工作的意见》等 5 个文件，明确工作的发展方向；并以相关部门的名义出台《南京市 0 ~ 3 岁婴幼儿保育机构设置管理暂行办法》等 13 个文件，明确育儿园、亲子园、看护点三种类型的资质要求，形成了"一意见两计划"和"一办法两标准"的政策体系及管理服务标准，在全国副省级城市中走在前列。同时创新发展路径，积极开拓多元办园思路，在民政法人登记办法之外，扩展工商法人登记渠道，大力推进机关企事业单位、社会组织、社区和公民个人以多种形式举办育儿园。

（三）以社区为阵地，推进托幼指导服务体系建设

在 0 ~ 3 岁婴幼儿早期发展服务工作中，南京市坚持以就近便利为基本原则，依托各级卫生公共服务阵地，积极推广"1 + 1 + N"普惠性、社区化服务模式，即 1 个区级指导中心、1 个街道指导站（社区中心站）和若干个社区亲子室组团，打造覆盖城乡的市、区、街（镇）、社区（村）四级指导服务体系，不断完善公益化社会化服务，目前全市已建成 1 个市级、11 个区级指导服务中心，70 个街（镇）指导服务站和 464 个社区（村）亲子活动室。对新建、改扩建的区级中心、街道服务指导站、社区亲子活动室进行奖补，奖补金额达 2947 万元。同时，探索多种服务模式，依托妇幼保健服务体系，通过独办、引入和挂牌等模式，将普惠服务与妇幼保健服务有机结合，不断提高对婴幼儿家庭的服务质量。

（四）引导社会力量，促进服务机构多元化发展

南京市大力支持和鼓励社会力量举办婴幼儿早期发展机构，加强对社会办园的政策扶持、师资培训和资金奖补，着力满足群众多元化需求。重点加强在人口密集的居住区、住宅小区配套建设全日制早期发展机构（育儿

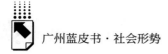

园），目前全市备案婴幼儿早期发展机构有 285 家。对新建、改扩建的保育机构，南京市按人数一次性给予 5 万 ~25 万元奖补，自 2014 年以来，共对 60 家社会办育儿园进行奖补，奖补金额达 1105 万元。

（五）部门协同合作，加强市场规范管理

加强准入管理，凡是在南京市范围内举办婴幼儿早期发展机构，须向所在区人口计生部门提出申请并注册登记，然后由当地民政部门进行法人登记，报上级主管部门备案，各区卫生健康部门具体指导备案登记等相关工作。强化监督管理，建立机构信息管理系统开展动态监管，实行登记注册年检制度，对相关机构进行年审，年审不合格的限期整改，连续两年年审不合格的，由发证机关收回登记注册书。严格安全管理，落实婴幼儿早期发展机构周边环境治理，注重食品安全管理和卫生防疫工作，确保婴幼儿人身安全，凡未登记注册或设施条件差、管理混乱、存在严重安全隐患的机构，责令限期整改，到期整改不合格的坚决取缔。加强技能培训，实行婴幼儿早期发展机构从业人员资格准入和注册管理制度，按照国家制定的相关职业资格标准，每年有计划、分层次地开展专业教育，开展政策宣传，指导机构规范运营，不断提高服务的专业化水平。

三 加强广州市 0 ~3 岁幼儿托育服务管理工作的对策建议

促进和加强 3 岁以下幼儿托育服务管理工作，是贯彻党的十九大精神的重要举措，是满足人民群众新时代美好生活需要的必然要求。做好 0 ~3 岁婴幼儿托育服务工作，能够解决广大中青年的后顾之忧，对于更好地吸引人才、留住人才，提升广州人才竞争力也具有十分重要的意义。同时，这一问题也是当前一个全国性的普遍问题，在大城市中目前只有南京、上海等个别城市进行了探索实践。广州开展这项工作，对营造共建共治共享社会治理格局走在全国前列，能起到很好的示范带动作用。在这方面，日本、韩国以及中国台湾等发达国家和地区已经形成了较为完善的

托幼服务体系机制，取得了较好的成效。广州应大力借鉴先进城市的成功经验，从以下几个方面着手，建设符合广州市实际的0~3岁幼儿托育服务管理体系。

（一）提高思想认识，正视存在问题

对儿童的照顾是国家和家庭不可推卸的责任和义务，是儿童应享有的权利，政府应当高度重视，积极推进。幼儿托育服务本质上是为弥补家庭保育教育的不足而出现的，所以除教育和照顾儿童的正常职能外，托幼服务又有着特殊的目的。托幼服务一是给幼儿提供有益的环境，满足幼儿的基本需求；二是给儿童提供伙伴关系，扮演支持性服务的角色；三是鼓励儿童发展。各类托育机构通过对儿童的教育和照顾，促进和鼓励儿童的健康发展，提供认知、美感、情绪、人际关系等发展能力与培养基本生活能力、良好生活习惯、积极的生活和学习态度等活动，为儿童学习学会生存的能力奠定基础。健康的托育产业不仅为儿童提供必要的教育和照顾，还能提供大量的就业岗位，解决促进儿童发展等社会性问题。

（二）成立领导小组，明确部门职责

建议在市一级层面成立0~3岁幼儿托育工作领导小组或协调小组，由分管市领导任组长，市卫健、教育、发改、民政、市场监督管理、妇联等部门单位为小组成员，统筹领导相关工作的开展。同时，明确具体牵头部门，并确定各级政府、各有关部门单位的具体职责，建立完善市、区、街（镇）、社区（村）四级托育服务管理工作体系，确定责任主体，做好分工协合，明确并落实好对相关托幼机构的注册登记、日常监管、指导培训等职责。根据国家有关部委的表态、兄弟城市的实践经验以及广州实际，建议明确由卫健部门牵头对0~3岁幼儿托育进行指导和监管，同时充分调动教育部门积极性，对以"教"为主且一直由教育部门管理的幼儿园办托班的，仍由教育部门负责指导监管。

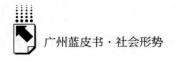

（三）完善政策法规，制定发展规划

建议市卫健委、教育局、市场监督管理局等相关部门加强配合，在国家、广东省相关政策范围内，实事求是、大胆创新，就促进0~3岁幼儿托育公共服务、规范民办托幼机构准入监管等问题出台相关指导意见及行政规范性文件。做好顶层设计，突出幼儿托育服务的公益性和普惠性，及早制定总体发展规划，将加强0~3岁幼儿托育服务管理、促进幼儿早期发展纳入全市经济社会发展规划统筹安排，作为新时代广州提高保障和民生水平的重要举措科学谋划，加大财政投入力度，落实经费保障。

（四）依托基层力量，开展托育服务

抓住机构改革的契机，推进基层计划生育服务管理职能改革，依托基层卫健公共服务阵地搭建婴幼儿早期发展指导服务体制机制。将幼儿托育服务纳入基层社区公共服务体系，充分挖掘社区场地资源，以社区适龄人口为基础进行合理规划和布局，提供托育服务的场所及亲子活动设施，探索委托符合条件的托幼机构承接公益性托育服务。鼓励有条件的幼儿园开设托儿班。鼓励同一园区、同一商务楼宇内的多家企事业单位，采用多种方式联合提供托育服务，满足园区内、商务楼宇内职工适龄子女的托育需求。

（五）鼓励社会举办，形成行业标准

采取减免租金、以奖代补等多种方式，引导支持社会组织、企业、事业单位等提供托育服务，特别是支持社会力量在居住社区、工作单位等场所举办非营利性托幼机构，为社区居民、单位职工提供更多的公益性、福利性托育服务。同时，相关职能部门要立足群众需求、结合广州实际，统一制定完善幼儿托育服务标准和管理规范，对社会办营利性托幼机构的场地、设施、师资、卫生、饮食、消防等提出明确要求和指导。支持和引导相关机构成立行业协会，建立行业自律机制，坚决处罚和取缔无资

质的托幼机构，努力营造合法规范、安全有序的托育服务行业环境，促进相关机构健康发展。

（六）加快人才培养，强化队伍建设

扩大学前教育专业人才培养规模，建立贯通培养体系，引导市属部分职业院校、开放大学新增相关专业，培养更多涉及育婴、保育、保健及托幼管理等相关专业人才。挖掘社会现有资源，开设各类科学育儿课程，通过组织各类志愿者队伍、返聘有经验的退休人员等办法，建立开放、多元的隔代养育指导队伍。加强从业人员队伍建设，形成定期培训、考核、评估机制，将有不良记录人员列入黑名单，严禁再次进入幼儿托育等与儿童服务相关的行业，不断提高专业人员的素质和能力。

（审稿人：丁艳华）

法治建设篇
Legal Construction

B.15
2018广州行政立法现状分析及
2019年展望

广州大学广州发展研究院课题组 *

摘　要： 2018年广州行政立法在民生、城市管理、经济社会管理等领域取得长足发展，但立法实际与立法计划不契合的状况一直存在。从实践需求以及远景发展来看，政府自身建设、市场体系建设、城市安全体系建设以及交通体系建设等应当是2019年地方行政立法的重点。

* 课题组成员：卢护锋，法学博士，广州大学公法研究中心特聘研究员、副主任，主要研究领域为行政法学、立法学等；谭苑芳，广州大学广州发展研究院副院长、教授、硕士生导师；周雨，博士，广州大学广州发展研究院助理研究员；粟华英，广州大学广州发展研究院主任、经济师；丁玲，广州大学法学院硕士研究生；范银芝，硕士，广州大学广州发展研究院科研助理。执笔：卢护峰、丁玲。

关键词： 广州 地方行政立法 地方治理

一 广州市2018年行政立法的情况梳理

从数量上看，2018年是广州市行政立法力度较大的年份，这一年共制定、修改20项地方政府规章。具体包括《广州市停车场条例》《广州市生活垃圾分类管理条例》《广州市湿地保护规定》《广州市保守工作秘密规定》《广州市石油天然气管道保护规定》《广州市城市道路临时占用管理办法》《广州市城市道路挖掘管理办法》《广州市发展应用新型墙体材料管理规定》《广州市公共安全视频系统管理规定》《广州市机动车维修管理规定》《广州市政府投资项目审计办法》《广州市建设工程文明施工管理规定》《广州市户外广告和招牌设置管理办法（修订）》《广州市物业管理暂行办法》《广州市职业卫生监督管理规定》《广州市供电与用电管理规定》《广州市最低生活保障办法》《广州市居住区配套公共服务设施管理暂行规定》《广州市城乡规划技术规定》《广州市餐饮场所污染防治管理办法》，具体内容见表1。

表1 2018年广州市制定、修改的20项地方政府规章

序号	规章名称	主要内容	类型
1	《广州市停车场条例》	加强停车场的规划和建设，规范停车场的使用和管理，引导公众绿色出行，促进城市交通协调发展	城市管理类
2	《广州市生活垃圾分类管理条例》	加强生活垃圾分类管理，控制污染，保护环境，节约资源	城市管理类
3	《广州市湿地保护规定》	加强湿地保护，维护湿地生态功能和生物多样性，促进湿地资源可持续利用，改善生态环境，推进生态文明建设	生态环境类
4	《广州市保守工作秘密规定》	保守工作秘密，维护国家利益和社会的正常秩序	国防安全管理类
5	《广州市石油天然气管道保护规定》	加强石油、天然气管道的保护工作，保障能源安全和公共安全	生态环境类

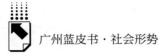

续表

序号	规章名称	主要内容	类型
6	《广州市城市道路临时占用管理办法》	加强城市道路管理,保障城市道路设施完好和交通畅通	城市管理类
7	《广州市城市道路挖掘管理办法》	加强城市道路挖掘管理,充分发挥道路功能,保障交通畅通,维护市容环境	城市管理类
8	《广州市发展应用新型墙体材料管理规定》	保护土地资源和生态环境,节约能源,促进建筑业和建材业的技术进步,推广和规范新型墙体材料的生产和使用	生态环境类
9	《广州市公共安全视频系统管理规定》	加强公共安全视频系统的管理,提高城市应急指挥响应和城市管理能力,保障公共安全	国防安全类
10	《广州市机动车维修管理规定》	维护本市机动车维修市场秩序,保障机动车的维修质量和运行安全,促进机动车维修业健康发展	民生类
11	《广州市政府投资项目审计办法》	规范政府财政投资	民生类
12	《广州市建设工程文明施工管理规定》	规范管理市区建设工程文明施工	城市管理类
13	《广州市户外广告和招牌设置管理办法(修订)》	规范设置和发布户外广告申请办理程序	城市管理类
14	《广州市物业管理暂行办法》	规范本市物业管理活动,维护业主和物业服务的合法权利	民生类
15	《广州市职业卫生监督管理规定》	加强职业病防治工作,预防、控制和消除职业病危害,保护劳动者职业健康权益	经济社会管理类
16	《广州市供电与用电管理规定》	规范供电与用电行为,维护供电与用电秩序,保障供电企业和用户的合法权益,促进经济与社会的和谐发展	民生类
17	《广州市最低生活保障办法》	健全最低生活保障制度,保障本市居民基本生活	民生类
18	《广州市居住区配套公共服务设施管理暂行规定》	规范居住区配套公共服务设施管理	民生类
19	《广州市城乡规划技术规定》	加强城乡规划管理,实现城乡规划编制和规划管理的标准化、规范化、法制化,保障城乡规划实施	城市管理类
20	《广州市餐饮场所污染防治管理办法》	防治全市餐饮场所污染,进一步改善环境质量,保障群众身体健康,促进餐饮场所健康发展	城市管理类

二 对2018年广州市行政立法的评价

（一）总体评价

从 2018 年广州行政立法的内容来看，民生立法和城市建设立法仍是重心，这与广州市的总体定位直接相关。根据"四个全面"的战略布局和"五位一体"的总体布局，为贯彻落实创新、协调、绿色、开放、共享发展理念以及全省"三个定位、两个率先"目标要求，民生和城市建设是广州市政府立法工作的重中之重。但同时，广州市亦强化了生态环境立法，2018年共有三项行政立法直接关涉环境与资源，这是对党的十八届四中全会、五中全会所倡导的协调发展理念的贯彻。

在广州 2018 年行政立法中，民生立法主要体现在劳动者保护、公共安全、社会保障等方面。例如，在《广州市最低生活保障办法》的修订中，将第二十八条修改为"最低生活保障对象有下列情形之一的，区民政部门应当做出减发或者停发其本人最低生活保障金的书面决定，并自决定做出之日起 5 个工作日内将相关决定送达当事人，同时书面通知有关部门"。① 这为实现社会公平迈出了重要一步，让最低生活保障切实落在最需要的群众身上，成为困难群众的一道温暖防线。

在城市治理方面，广州市政府也积极作为，倾注了较多的努力。随着广州市城市管理范围不断增大，公众对城市管理要求日益提高。在"十三五"期间，广州市城市管理依法行政能力不断提高，建设了涵盖领域广、标准高和操作性强的法规、规章、文件体系。仅在 2018 年政府修订的 20 件政府规

---

① 停发或减发最低生活保障金的规定：（1）出现本办法（《广州市最低生活保障办法》）第二十三条规定情形之一的；（2）自费出国旅游的；（3）达到法定就业年龄且有劳动能力但未就业的家庭成员一个月参加社会公益服务时间不足 60 个小时的；（4）离开居住地超过 3 个月，未向申请地所在镇人民政府、街道办事处书面报告的；（5）无正当理由连续 3 次拒绝接受介绍的与其健康状况、劳动能力等相适应的工作的；（6）存在明显高于一般生活消费的情形。

章制度中，就有近一半的修改内容与城市管理有关。

例如，《广州市居住区配套公共服务设施管理暂行规定》第六条第二款做出最新修改："群众性体育运动场地、居民健身场所、社区少年宫、家庭综合服务中心、社区日间照料中心、托儿所、农贸（肉菜）市场、再生资源回收站、老年人福利院、社会停车场和其他商业服务设施等，由建设单位建成后按照规划确定的使用功能进行使用和组织经营管理；社区公园、小区游园、物业服务用房（含业主委员会办公用房）等，由建设单位建成后按照规划确定的使用功能和《广东省物业管理条例》的规定使用。"

再如，《广州市城乡规划技术规定》将第二十四条第五款明确规划城市用地空间，确保城市用地在各地区合理配置，周围设施配套要满足本区的需求。

（二）具体评价

1. 与年度立法计划的相符度

2018 年，广州市政府规章的实际完成情况与立法计划之间仍表现出较大程度的不相符合。广州市 2018 年度政府规章制定计划见表 2。

表 2　2018 年广州市政府规章制定计划

类别	序号	项目名称	牵头起草部门	备注
年内审议项目	1	广州市人民政府关于将一批市级行政职权事项调整由各区实施的决定	市编办	制定
	2	广州市人民政府关于委托黄埔区政府及其职能部门行使部分市一级管理权限的决定	黄埔区政府	制定
	3	广州市井盖设施管理办法	市城管委	制定
	4	广州市气象灾害防御规定	市气象局	制定
	5	广州市社会信用规定	市法制办	制定
	6	广州市行政委托管理规定	市法制办	制定
	7	广州市房屋安全管理规定	市住建委	修订
	8	广州市法律援助实施办法	市司法局	修订
	9	广州市政府信息共享管理规定	市工信委、市法制办	修订

续表

类别	序号	项目名称	牵头起草部门	备注
适时审议项目	1	广州市非物质文化遗产保护办法	市文广新局	制定
	2	广州市生活噪声管理办法	市公安局	制定
	3	广州市电商平台知识产权保护办法	市知识产权局	制定
	4	广州市行政决策程序规定	市法制办	制定
	5	广州市食品安全监督管理办法	市食药监局	修订
	6	广州市职工伤病劳动能力鉴定办法	市人社局	修订
	7	广州市老年人优待办法	市民政局	修订
	8	广州市实施《中华人民共和国行政许可法》若干规定	市法制办、市发改委	制定
	9	广州市历史建筑和历史风貌区保护办法	市国规委	废止
	10	广州市房屋租赁管理规定	市城管委	废止
	11	广州市餐饮垃圾和废弃食用油脂管理办法（试行）	市城管委	废止
	12	广州市城市道路自动收费停车设施使用管理（试行办法）	市交委	废止
	13	广州市停车场管理办法	市交委	废止
调研项目	1	广州市生态保护红线管理办法	市环保局	制定
	2	广州市公共资源交易管理暂行办法	市发改委	制定
	3	广州市行政给付程序规定	市法制办	制定
	4	广州市行政检查办法	市法制办	制定
	5	广州市人民政府规章制定办法	市法制办	修订
	6	广州市城市管理综合执法细则	市城管委	修订
	7	广州市社会保障卡管理办法	市人社局	修订
	8	广州市爱国卫生工作规定	市卫健委	修订
	9	广州市拥军优属实施办法	市民政局	修订
	10	广州市建设项目雨水径流控制办法	市水务局	修订
	11	广州市闲置土地处理办法	市国规委	修订
	12	广州市城乡规划程序规定	市国规委	修订
	13	广州市测绘管理办法	市国规委	修订

从表2可以发现，在2018年的立法计划中，无论是年内审议项目，还是适时审议项目、调研项目，都未达成本年度的立法规划目标。在笔者看来，对广州市行政规章的制定而言，这是需要改进的问题，原因有二：一是

实际立法与立法计划之间的契合度太低,这说明立法计划在实践中几乎没有发挥多大作用。换言之,相关部门花费大量人力物力制定出来的立法计划落实程度较低,这无疑损害了立法活动的严肃性。二是实际立法与立法计划之间不契合成了常态化现象,这说明广州整体的立法环节出现了衔接上的失误。无论是立法计划还是立法计划确定之后的实际推动,实质上均是立法活动的具体程序,相互之间契合度低意味着行政立法机关在此过程中对某些程序做了相对随意的处理,这是值得认真反思和总结的。

2. 对本地区社会热点问题的关注程度

很多地方立法研究容易困于传统的研究模式,仍然将地方立法的重点放在与上位法相衔接的角度上,上位法优先仍然是地方立法研究的核心主题。地方行政立法是为了解决地方现实社会需求存在的,社会矛盾在一国之内存在共性,但在不同的地方社会矛盾特殊性便凸显出来。地方行政立法最期待的是解决本地方的现实热点问题,解决本地有特色的社会问题,否则地方立法就会失去意义。换句话说,地方立法的选题不应当跟着国家立法计划亦步亦趋,而应当在顺应整个国家整体的立法趋势下,保留自己应有的特色。造成地方立法"地方现实性"缺失的原因有三:一是地方立法机构实地考察不足,未能对本地区特殊性的社会问题有敏锐的感知,实践考察仍需要进一步加强;二是思维比较保守,机械遵从上位法以及上位立法计划,最后成为上位法的"复读机",造成地方立法功能的缺失,重复立法增加了立法成本,浪费了立法资源。从2018年广州市地方行政立法的情况来看,广州市立法机构正在进行更多的试探与改变。

随着城市化进程不断推进,城市拥堵已经成为诸多大城市发展面临的问题,"停车难"成为出行的一大顾虑,作为超一线城市的广州,这一问题更加突出。

2003年5月,为了进一步规范停车场管理工作,广州市政府制定的《广州市停车场管理办法》明确规定,经营性停车场投入经营前需申请行政许可。2004年5月,广东省人大常委会颁布《广东省运输管理条例》,明文规定将不再对"机动车保管"实施前置许可。2018年4月,广州市人大常委会制定了《广州市停车场管理办法》（以下简称《办法》），《办法》将经营性停车场实行的前置审批手续改为备案管理，降低停车场市场准入门槛，符合车辆数目大幅增多的市场需求。根据本地区的经济发展形势，不断调整、修订停车管理条例，才能使政策服务于当下的发展。

2001 年 7 月，为了更加充分、高效地利用城市道路资源，广州市政府出台了《广州市城市道路自动收费停车设施使用管理试行办法》（下称《试行办法》），《试行办法》对城市道路停泊车位实行特许经营。随着市场经济的不断发展和"放管服"政策的进一步深入，"不与民争利"已成为政府工作中的重点，《试行办法》中不符合广州市道路现状的条文已被废止。随着《广州市停车场条例》的出台，城市道路自动收费停车设施已在全市范围推广普及。广州市立足于广州市发展的实际，在制定公共交通资源立法方面顺应了经济社会发展的需要，其他规章亦如是。例如，为了促进实体经济发展，广州市政府颁布实施《广州市小额建设工程交易管理试行办法》，随着"放管服"改革的进一步深入，原办法中已经不适应广州市小额建设工程交易管理市场以及违反简政放权、降低成本的相关条文，也于 2018 年正式废止。

3. 广州地方行政立法的合法性

关于广州市行政立法的合法性需要从以下几个方面来考虑。一是《立法法》关于规章的规定。《立法法》在第八十二条对地方政府规章做出如下规定：地方政府规章可以就"为执行法律、行政法规、地方性法规的规定需要制定规章的事项"制定规章，该条文体现了规章的执行性立法的属性。同时又规定，地方政府规章可以就"属于本行政区域的具体行政管理事项"做出规定，这些事项尽管限于"城乡建设与管理、环境保护、历史文化保护等方面"。从广州市 2018 年行政立法情况来看，还没有突破《立法法》授权范围的情形。二是《行政处罚法》《行政许可法》《行政强制法》等上位法中关于行政处罚、行政许可以及行政强制的规定。例如，《行政处罚法》第十三条规定："省、自治区、直辖市人民政府和省、自治区人民政府所在地的市人民政府以及经国务院批准的较大的市人民政府制定的规章可以

在法律、法规规定的给予行政处罚的行为、种类和幅度的范围内做出具体规定。尚未制定法律、法规的,前款规定的人民政府制定的规章对违反行政管理秩序的行为,可以设定警告或者一定数量罚款的行政处罚。罚款的限额由省、自治区、直辖市人民代表大会常务委员会规定。"这便是关于行政规章罚款设定权及相关程序性要求的规定。

本文之所以关注地方行政规章的合法性问题,其意图在于地方立法原本就是从属性立法,在中央集权体制之下,其空间受到了严格的限定,尽管某些限定未必合理,但在上位法未发生改变之前,仍必须坚持这种限定,以实现"法出有名"。否则,如若地方行政规章本身就是有问题的,那么以其为依据的行政管理必将陷入相对混沌的状态,既不利于相对人权益的保障,也不利于法治秩序的建立。

从以上分析的情况来看,2018 年广州市行政立法在整体上满足了上位法的形式要求,体现了广州市法治建设的实际需要。

三 2019年广州市行政立法的重点

2018 年 9 月,中国政法大学出版了《中国法治政府评估报告(2018)》(以下简称《评估报告》)。在这个评估报告中,广州市整体评分获全国第三名。该报告评价认为,广州市政府近年来法治政府建设成绩优秀,法治程度也相对较高。其中,"行政决策"这一指标获全国城市最高分,为 93 分。获得第一名的原因在于,广州市最先出台了关于重大行政决策的目录管理系统,采用"公众参加""专家学者论证""风险评估""合法性审查""集体决策"五个重要的法定程序,来确保重大行政决策行为的合法有效性。

据《评估报告》介绍,"行政决策"这一指标是广州市在法治政府评比中的一个传统优势项,广州市已连续三年在该指标上成绩优异(2016 年获第一名,2017 年获第二名),由此能够反映出广州市政府在建立重大行政决策目录、重大行政决策的法律审查、决策咨询和示范专家库、专家论证程序和重大决策的公众参与等方面都有突出的表现。而在"依法行政制度体系"

这一指标上，广州市获第二名，得 70 分。这一指标的评分标准主要针对行政规范性文件的管理。广州市政府坚持在制度上不断推进依法治理，建立了规范性文件基础性程序体系，对规范性文件实行事前审查制度，"统一登记、统一标号、统一公布"是这一制度的突出特点，建立了全市统一的规范性文件管理平台。与此同时，广州市政府颁布实施的《广州市依法行政条例》是国内第一次在立法性文件中规定了规范性文件的有效期限，这也是依法行政体系的一个制度创新。在"监督与问责"这一指标上，广州市获全国第三名，得 90.96 分。《评估报告》认为，广州市政府重视对权力的制约与监督，不仅能够做到定期听取本级政府部门和下级政府执法情况的报告，在与群众的信息沟通方面也有积极作为，及时发布政府执法工作报告，公布重大审计报告及审计结果。尤其是对政府负责人及工作人员的违法行为坦诚公开，透明公正的执法态度有利于政府公信力的提高。

2018 年，广州市在行政立法方面已经取得了较大的进展，2019 年作为全面深化改革的重点之年，仍然有许多问题需要改进。建议 2019 年广州市行政立法重点关注以下几个方面。

（一）政府自身建设

有公信力的政府才能得到社会公众的满意和支持，尽管广州市政府在廉政建设、便民服务上已经做出了很大的改进，但在自我规范与权力监督方面仍有很大的进步空间，重点应当在以下几个方面有所突破。

1. 规范行政权力运行

落实全面依法治国要求，必须"将权力关在笼子里"。这就要求政府应当在宪法和法律的范围内行使权力，加快推进法治政府建设，坚持依法立法、科学立法、民主立法，在保证立法科学性与民主性的基础上，鼓励群众积极建言献策，完善专家学者参与立法制度，增进立法质量与效益，节约立法成本，同时完善立法监督制约权力的膨胀。

其中，"文明执法"是评价权力是否合法运行的一项重要指标。加强执法队伍建设，提高执法队伍人员的综合执法素养，提高全员文明执法的意识与能力，执法人员不能站在群众的对立面，必须始终坚持执法为了人民，服务为了人民。要进一步深入学习行政执法的三项制度，做到执法受监督。要继续大力推进行政复议制度改革，发挥行政复议解决行政争议的突出作用；继续推进政府服务改革，优化办事流程，坚决惩治政务失信行为，不断提高人民群众对政府服务的满意度。继续发挥行政调解制度的优越性，依法化解行政机关与相对人两者之间的矛盾和问题，促进社会和谐。加快"信息政府"建设，及时发布政务信息，提高行政公开水平，提高政务服务的公开性与便民性，联合多部门协同办事，提高部门间的工作效率，重点工作和常规性事务基本实现"一网通办、只进一扇门、最多跑一次"，减轻老百姓办事负担。

2. 行政信息公开

在现代宪政法治建设中，行政告知和行政公开是保障公民知情权的重要制度，是行政主体和行政相对人两者沟通的桥梁。行政公开在保障公民知情权、连接行政主体与行政相对人、沟通政治与行政的有效桥梁中，都起着不同程度的重要作用。

广州市的政府信息公开制度建设一直处于全国的前列，甚至在全国具有信息公开风向标的地位。2002年，《广州市政府信息公开规定》正式出台，对政府信息公开做了较为详细、全面的规定，该规定是我国第一个较为系统的关于政府信息公开的地方政府规章，对全国产生了积极的重大影响，获得了社会的普遍的赞扬。在《广州市政府信息公开》的基础上，2007年又出台了《广州市依申请公开政府信息办法》。在行政公开方面，广州市政府应当继续发挥固有优势，为全省乃至全国做好表率。

（二）市场体系建设

在市场体系建设中，市场监管和信用管理无疑是最为重要的两个维度。党的十八届四中全会提出，要实行行政执法公示制度、执法全过程记录制度、重大执法决定审批法律制度。

市场监管，是指法定的国家机关对市场准入与退出以及市场经营主体在其存续期间的运营进行的监督和管理。① 市场在资源配置中发挥决定性作用，能够有效调节社会资源的分配，能够促使企业按照社会需求自我调节，激发经济活力淘汰落后产能。但市场调节同时存在盲目性和滞后性的弊端，单一市场调剂将会导致资源配置过度倾斜，造成资源浪费和分配不公，最终会导致社会经济秩序混乱。

党的十九大对市场监管机构改革提出了新的要求，要打造一套适应新时代要求的统一市场监管综合执法的制度体系，改变以往市场监管多头管理的弊端，这对建立一个统一开放、竞争有序的市场有战略意义。2018 年国家市场监督管理总局（以下简称"市场监管总局"）设立，是自改革开放以来对市场经济发展的又一次重大探索，符合推进市场监管体系与治理能力现代化的要求，为营造一个更加公平有序的市场环境奠定了良好基础。

从目前广州市场监管状况来看，采取了将工商、质监"合二为一"的做法，将食品药品监督分离在市场监管的范围之外，建议应将广州市场监督管理条例作为一个立法项目，纳入政府规章计划之内。国家监管机构改革的大形势，为广州市监管机构改革指明了道路。一是必须完善法律市场监管的地方性法规与地方政府规章，建立统一的《广州市市场监管条例》，明确市场监管主体对象、职责、权利与义务，同时也应当加强对电商市场的监管。现有的上位法依据主要是《消费者权益保护法》《合同法》《产品质量法》，但这三项法律本身对消费者权益的保护并不充分，对电子商务也未有详细的补充规定。二是加快建立统一的"信息监管平台"，加快建立全市范围的信用信息共享交换平台，信用信息及时向社会发布，让违法违规企业无处遁形，增强企业守法自觉性。三是培育一只高素质的综合执法监管队伍，按照新组建的国家市场监管总局的规章统一原工商、质监、食药监等部门的执法要求，统一规范执法标准、执法程序、执法制服、执法证件、执法文书等，解决基层执法中面临的难题。广州市监管体制改革的重点要始终围绕"填补现行市场监管存在的空白、缺位，纠正越位，降低行政成本、提高行政效率"

---

① 顾功耘：《市场监管法律制度的改革与完善》，北京大学出版社，2014，第 3 页。

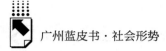

这一目标，真正解决现行市场监管体制存在的职能交叉、资源浪费、信息沟通不畅、部门法律冲突、力量分配不均、监管部门间互相推诿等问题。

要加速市场监管行政部门的行政体制改革，改变原来市场监管和综合行政执法职能分散在不同行政部门的旧体制，信用管理是市场体系建设的另外一部分重要内容。征信系统往往涉及群众的人身利益和隐私权益，应当明确界定政府在征信过程中的角色、所能做的处罚权限等。

在信用体系建设中，信用信息活动能否得到有效实施，信用信息产业是否能够健康成长，信用信息活动中各个实体的利益能否实现，关键在于信用报告机构能否完整地收集的各方面的信息和数据，以及分散在社会生活角落的企业和个人信用状况的信息，来构建大型数据库系统。但社会信用体系建设需要庞大数据库的支撑，而基础信息数据库建设是需要成本的，为了避免重复建设，实现信用信息资源的有机整合，建议政府应当加快建立统一的数据中心，或者采取措施有效整合各信用数据库的数据信息，由发改委牵头实现数据共享，打破信用数据地区、行业分散局面，提高信用数据的真实可靠性与完整性，从而保证征信数据和征信产品的质量。

（三）交通体系建设

随着城市化进程的不断推进，城市拥堵已经成为我国大城市发展的突出问题，作为超一线大城市广州，这个问题更加严重。面对拥堵压力，坚持公交优先、大力发展和完善城市公共交通体系就成了必然的选择。

2001年7月，为合理利用城市道路资源，广州市制定了政府规章《广州市城市道路自动收费停车设施使用管理试行办法》（以下简称《试行办法》），规定城市道路停车泊位实行特许经营。随着广州市经济社会的发展以及"放管服"改革的进一步深入，《试行办法》中相关措施已经不适应广州城市道路停车管理的现状。2018年4月，广州市制定了地方性法规《广州市停车场条例》，规定城市道路停车泊位实行政府直接监管。废止《试行办法》后，广州市可依据《广州市停车场条例》等规定对城市道路自动收费停车设施实施管理。目前，现存有效的行政法规体系主要有《广州市公共自行车系统管理办法》《广州市城市道路临时占用管理办法》《广州市客车租赁管理办法》《广州市城市路桥隧道车辆通行费年票制办法》《广州市公交专用道管理暂行办法》《广州市市区出租小客车管理办法》《广州市网络预约出租汽车经营服务管理暂行办法（草案）》等。结合广州市交通现状，应当尽快制定《广州市互联网租赁自行车管理暂行办法》，以约束网络租赁自行车的无序状态。

（四）城市安全体系建设

"十三五"规划是全面建设小康社会的关键时期，也是广州市发展的机遇期。为实现全面完成"十三五"规划的五年目标，提高全市经济效益和城市安全度，增进人民生活幸福感，结合2018年的立法工作计划，广州市2019年城市公共安全立法主要有三项：一是修改《广州市食品安全监督管理办法》，二是对《广州市电梯安全管理办法》进行修订，三是对《广州市城市管理综合执法细则》进行修订。

《广州市食品安全监督管理办法》于2004年制定，2012年修订，该规章为实现广州地区食品安全做出了重要贡献，但该规章的修订仍十分必要。一是在新一轮市场监管机构改组之后，工商、质监、食药监三局合并成为必然，可以预计《食品安全法》中关于风险监管、监管主体、监管对象等多个方面会有较大的修改，但仅仅在法律层面的规定过于宽泛，如果没有执行性的地方行政立法，在广州这样复杂的城市是难以达到预期效果的。二是随着网络电商平台的兴起，"饿了么""美团"等网络订餐平台在城市生活中扮演的角色越发重要，但相关的监管措施不力，部分商家的食品卫生状况令人担忧，包括新闻媒体爆出的一系列"黑厨房"让人对整个平台的卫生安全产生质疑，政府应当加强对此类电商平台的准入资质管控与监管。作为国家中心城市，广州的尝试是具有代表性价值的，通过行政立法的实践为中央立法提供有益的参考。

《广州市电梯安全管理办法》于2012年审议通过，2013年正式施行，该办法对电梯的维修、保养，监督检查都做了详细规定，但随着电梯设备更新，原有的管理办法已经无法解决新引发的电梯问题，为加强电梯安全工作，保障人身和财产安全，2019年应当尽快修订《广州市电梯安全管理办法》。

为进一步优化城市管理综合执法体制，加强城市管理执法队伍建设，持续加大依法执法力度，提升执法水平和公众满意度，《广州市城市管理综合执法细则》仍然需要进一步细化、修订。《广州市城市管理综合执法细则》（以下简称《细则》）于2019年由广州市人民政府颁布，《细则》规定，城市管理综合执法机关依据市容环境卫生管理方面法律、法规、规章的规定，对部分违法行为行使行政处罚权。①《广州市人民政府办公厅关于印发广州市城市管理第十三个五年规划（2016～2020年）的通知》中提出：到2020年，实现广州市住房城乡建设领域行政处罚权的集中行使，实现无人机监控违法建设常态化，监控面积覆盖率不小于全市行政区范围的95%，新增违法建设治理率超过90%；工地噪声扰民办结回复率达100%，"六乱整治"市民投诉办结回复率达100%。显然，城市治理需要进一步改革完善，应明确界定城市管理和执法职责的界限，合理划分市、区城市管理事权，明确市、区两级政府在城市管理和执法中的主体责任，优化管理、执法和服务关系，充实一线人员力量，将工作重点放在基层。

综合广州市安全体系建设现状，广州市政府应当从本区实际出发，制定出具有本区地方特色的城市管理的地方标准，形成一套完备的城市安全治理体系。建立健全有效的追责、问责机制，促使执法队伍形成"谁经手谁负责"的意识。畅通行政复议渠道，鼓励人民监督行政行为，及时处理群众提出的合理诉求。贯彻落实《广州市违法建设查处条例》《中共广州市委　广州市人民政府关于全面查处违法建设的意见》《关于强化查控违法建设工作责任制的实施意见》《广州市查控违法建设累积记分考核和红黄牌提醒暂行办法》等文件要求，结合《广州市建成区违法建设专项治理工作五年行动方案》，强化对违法建设专项治理工作的指导、协调、监督、考核，加大问责力度。修订《广州市城市管理和

---

① 违反市容环境卫生的部分违法行为包括：（1）违反建筑废弃物和建筑散体物料运输管理的；（2）违反生活垃圾清扫、投放、收集、运输、处置管理的；（3）违反户外广告和招牌设施设置管理的；（4）在公共场所或者公共设施擅自张贴、设置横额等宣传品，或者吊挂、晾晒和堆放影响市容的物品等违反市容管理相关规定的；（5）违反水域市容环境卫生管理的；（6）其他违反市容环境卫生管理的行为。

综合执法条例》等法规规章，提请立法机关进行审核。

综合广州市安全体系建设现状，政府应当加快制定、修订一批具有广州地方特色的城市管理综合执法方面的地方标准，形成一套综合整治城市管理的立法体系。建立健全有效的追责、问责机制，促使执法队伍形成"谁经手谁负责"的意识。畅通行政复议渠道，鼓励人民监督行政行为，及时处理群众提出的合理诉求。

（五）民生问题

自 1980 年起，政府提倡"一对夫妇生育一个孩子"。时至今日，我国的人口形势已然发生了重大转变，生育率逐年走低、人口老龄化趋势加重、男女性别比失衡、强壮年轻劳动力占比下降等问题已经成为共识。2011 年 11 月，我国各地全面实施"双独二孩"政策；2013 年 12 月，实施"单独二孩"政策；2015 年 10 月，党的十八届五中全会提出：坚持计划生育基本国策，积极开展应对人口老龄化行动，实施"全面二孩"政策。

2017 年 8 月，《广州市人口与计划生育服务和管理规定》（以下简称《规定》）经市政府第十五届第十九次常务会议审议通过，并在 12 月经市长签发，定于 2018 年 2 月 1 日开始施行。《规定》新增了多项计划生育服务相关制度，保留行之有效的管理制度，补充上位法规定、完善再婚再育制度，删除与上位法相抵触的部分。在 2019 年的立法计划中应当继续对《广州市人口与计划生育服务和管理规定》实施调研与审议，并在上位法规定的范围内，探索出更为合理的人口政策。

除了人口政策，还有很多民生问题有待解决，如为保障残疾人平等参与社会生活，促进社会文明和进步，应当为残疾人提供更加便利的公共设施，修订《广州市无障碍设施建设管理规定》应当被提上日程。再如，为提高政府社会管理和公共服务水平，推进民生领域均等化、普惠化保障工作成果，《广州市社会保障卡管理办法》也应当成为 2019 年政府立法工作的重点。

（审稿人：田丰）

B.16
广州市推进相对集中行政许可权
改革试点的调研报告

宋伟江[*]

摘　要：　本报告分析了广州市在广州开发区、天河区、南沙区开展相对集中行政许可权改革试点的经验做法等有关情况，对相对集中行政许可权改革试点存在的问题和不足进行了总结，结合广州市相对集中行政许可权试点的实际情况，提出了完善相对集中行政许可权的几点思考，具有一定的参考和指导意义。

关键词：　广州　行政许可权　行政许可法

　　相对集中行政许可权是国家新时期规范行政权、调整行政权运行方式的重要内容之一，是对国家现行的行政许可权的重构，包括对行政许可主体的重新设置和对许可权运行模式的重新设计，目的是解决行政许可程序多、耗时长、效率低等问题。《行政许可法》第25条规定："经国务院批准，省、自治区、直辖市人民政府根据精简、统一、效能的原则，可以决定一个行政机关行使有关行政机关的行政许可权。"第26条规定："行政许可需要行政机关内设的多个机构办理的，该行政机关应当确定一个机构统一受理行政许可申请，统一送达行政许可决定。行政许可依法由地方人民政府两个以上部

---

　　* 宋伟江，法学硕士，广州市政府法制研究中心主任科员，研究方向为民商法和行政法。

门分别实施的，本级人民政府可以确定一个部门受理行政许可申请并转告有关部门分别提出意见后统一办理，或者组织有关部门联合办理、集中办理。"《行政许可法》的以上规定为广州市深入推进相对集中行政许可权试点实施提供了法律依据。

一 广州市相对集中行政许可权试点的经验做法

相对集中行政许可权是实行一门受理、一个窗口对外、一条龙服务。早在2008 年 12 月，成都市武侯区就率先建立全国首个行政审批局[1]，将相关部门行政审批权集中由行政审批局行使。2015 年 5 月，全国相对集中行政许可权改革现场会对"行政审批局"模式充分肯定[2]，相关改革工作在全国各地普遍展开。截至2017 年，全国有十多个省份的 180 多个地级市和区县（含开发区、自贸区）成立了行政审批局。[3] 在相对集中行政许可权试点方面，广州市在广州开发区、天河区和南沙区三个地方开展试点，形成了一些切实有效的经验。

（一）广州开发区相对集中行政许可权试点

2015 年 5 月，广州开发区被确定为全国"相对集中行政许可权"改革试点区，广州开发区行政审批局作为全省首个行政审批机构，出台了《广州市开发区开展相对集中行政许可权试点改革工作方案》等"1 + N"制度体系，积极推进"来了就办、一次搞掂"审批改革工作。试点以来，通过优化审批流程、创新审批方式，推动审批效率明显提升，企业办事满意度显著提高，取得了审批优质高效和企业满意的"双赢"。

1. 在企业投资建设领域试行相对集中行政许可权

成立行政审批局，开展相对集中行政许可权改革试点，以破解企业投资

---

① 王克稳：《论相对集中行政许可权改革的基本问题》，《法学评论》2017 年第 6 期。
② 沧州市编办课题组：《相对集中行政许可权改革的实践与思考——以河北省沧州市为例》，《行政科学论坛》2018 年第 3 期。
③ 方宁：《相对集中行政许可权试点实践探析》，《中国行政管理》2018 年第 12 期。

建设项目审批周期长、流程烦琐为突破口，划转了从立项、规划、施工到竣工验收的企业投资建设全链条 38 个行政许可及公共服务事项由行政审批局统一行使，事项内容涉及立项、规划、建设、环保、市政、人防、绿化、招标、水务 9 类，重构审批流程，对审批环节实行"链条式"整合，重塑最便利的企业投资项目审批流程，实现"一章"实现"集成办"，努力打造"要件最少、时间最短、程序最优、服务最好"的企业投资建设的审批样板。

同时，探索推进统一项目代码制度。黄埔区推进企业投资建设统一项目代码制度，探索实施项目代码"一码"管理，项目代码将同一个项目分散在不同部门的审批信息进行归集统一、捆绑，利用"一码"串联起项目审批全过程，实现审批和监管信息的互联互通。推进"事项二维码墙"，将涉及企业投资建设项目的 17 部门共 396 个事项编制成"二维码库"对外公布，与黄埔区网上办事大厅实时连接，企业和群众只需手机扫码即可实现查办事指南、在线申报，实现"码上办"。

2. 重构审批流程，提升审批效率

（1）探索并联、合并、联合和集中审批。发挥相对集中行政许可试点优势，跳出压缩单个事项办理时限的"碎片化"思路，全省率先打破原来多阶段串联审批模式，优化融合各阶段审批流程，探索并联、合并、联合、信任审批等方式，实现审批事项跨阶段并联办理，实现企业投资建设从立项、规划、人防、环保、市政绿化、招投标、施工到验收全链条的 38 项行政许可及公共服务事项"一个部门、一枚印章、一个流程"的企业投资行政审批新模式。

通过打破部门界限，广州开发区打破了部门条块划分模式，减少了企业申报提交材料，变部门间协调为部门内协调，实现不同专业领域事项合并办理，部分事项跨阶段办理，企业投资建设项目动工建设报批材料从原来的312 项减少到 184 项，平均每个事项只需提交 4.8 份材料。例如，将建设工程规划许可证与防空地下室合并审核，节省 4 个工作日，减少申报材料 5份；将占用、挖掘城市道路、砍伐、迁移、修剪树木和临时占用城市绿地合并办理，实现了"现场实施"无缝衔接，大大加快企业筹建速度。同时，选取部分条件成熟的建设工程项目，会同招商、消防、安监、气象等部门，以召开联席会议的方式开展联合审查、会议审批，有效避免了企业在多个政府部门间奔走协调的难题。

（2）首创行政审批与技术审查相分离。广州开发区通过采取政府购买服务的方式，建立中介服务机构库，由具备相关资质的中介机构对规划设计、环境影响评价、初步设计、社会稳定风险评估、固定资产节能审查等进行技术审查，并提供免费的事前、事中咨询服务。将技术审查业务交由专业机构承担，审批部门依据专业技术机构的技术审查意见做出行政审批，最大限度地减小行政审批人员自由裁量的空间，促进审批效率的提高，也在一定程度上缓解了行政审批人员数量和技术力量不足的问题。

（3）推动施工图设计文件集中审查。率先在全省推行施工图设计文件集中审查，通过政府购买服务的形式，委托施工图审图机构统筹建设、消防（备案）、节能、绿建、防雷的集中技术审查，企业一次性修改完善后，各主管部门依据审查结果完成审批。通过集中审查方式，实现施工图一站式提交，技术问题一次性告知，一次性修改完善后过关，"集中审查之外再无审查"，跳出了不同专业的分项施工图在不同主管部门间审批碰撞、专业打架的怪圈，提高了审批部门的审批效率，节约企业筹建成本。截至2018年6月底，累计集中审图80宗，总建筑面积约190.3万平方米，为企业节约筹建资金375.6万元，审查时限均少于10个工作日。

3. 探索在重点领域部分事项施行信任审批

在全省率先逐步探索实施有条件的信任审批或完全信任审批，出台推行承诺制信任审批实施方案以及企业投资建设项目承诺制信任审批实施办法等相关制度，在规划、建设、环保、市政类等领域分批逐步推行承诺制信任审批。根据审批要求不同，分为全信任审批、非核心要件信任审批和要件后补信任审批三类。承诺制审批实行审批、监管、信用"三联动"，事前审批实行告知承诺，审批部门与申请人签订告知承诺书。

审批后审批部门在一定期限内（原则上 1 个月）对被许可人的承诺内容是否属实进行跟进核查。

信任审批主要集中在以下几个方面。一是公共安全、生态环境保护以及人身健康、生命财产安全影响较小；二是审批事项所需提交的材料或技术标准比较简单，申请人能够做出准确判断；三是通过事中、事后监管可以达到事前审批的管理目的；四是通过事中、事后监管能够纠正不符合审批条件的行为且不会产生严重后果的事项，逐步探索实施有条件的信任审批或完全信任审批。目前，黄埔区市场和质量监管局、行政审批局等 13 个部门的 91 项事项纳入承诺制信任审批，主要涉及企业投资备案、施工图设计文件审查备案和环境影响评价文件审批（检验检测类实验室）等涉及商事登记、企业投资建设和市场准营（"证照分离"改革）等营商环境的核心领域。以施工图设计文件审查备案信任审批为例，在企业缺少非核心资料情况下先行备案，为后续的建设工程合同备案、质量安全监督登记、招投标等报建赢得时间，企业所提交的资料从原来的 7 份减少至 1 份，审批工作时限由原来的 2 个工作日减少至 1 个工作日。

4. 推出减轻企业负担"十大免费服务"和帮办服务

（1）在全省率先创新推出技术审查、专家咨询、零星地形图测量等"十大免费服务"。切实减轻企业筹建负担，将企业投资建设过程中审批事项涉及的部分费用，改由政府统一购买服务承担，具体项目如下：一是聘请专业机构，对规划、环保等事项报批提供专业方面的咨询与指导；二是免费为企业提供规划设计文件"修详通""报建通""验收通"三个技术核查服务；三是免费为企业提供规划文件公示公布的服务（原规划公示需要企业自费完成公示和公证）；四是免费为加建、改扩建项目提供零星地形图测量服务；五是免费为项目提供周边管线情况等基础数据资料；六是原由企业承担的施工图审查费用改为政府财政承担；七是免费为企业提供组织环评文件专家评审服务；八是免费为企业提供初步设计文件专家评审服务；九是免费为企业提供固定资产投资项目节能报告专家评审服务；十是免费为企业提供防雷设施专项评审服务。经统计，一个 1 万平方米的建设项目,可为企业减少 15 万~20 万元的筹建成本,累计为 5253 家次企业减免费用 918.5 万余元,降低了企业筹建成本,大大加快了企业筹建速度。

(2)推出帮办服务。推进"来了就办、一次搞掂"改革,组建帮办导办队伍,为公众提供叫号引导、业务咨询、材料初审、系统录入等一条龙服务,"圈点式"精准辅导和"零等候"服务模式切实提升了群众办事的"一次性告知率"及"一次性申报成功率",对重点企业和重点项目提供从项目落地到筹建竣工验收的"一对一""点对点"的帮办。同时,还针对企业主体井喷情况,设立"1 小时出证免预约专窗",开设绿色通道、专窗受理、即时审批、即刻打印出证,企业设立登记一小时搞定。

5. 打造精准化监管体系,破除事中、事后监管难

广州开发区出台《广州开发区相对集中行政许可权和事中事后监督管理实施办法》《广州开发区监管清单改革工作指引》,推动在环保、安监、药品、餐饮、劳监、公共场所卫生等 17 个试点领域形成统一、规范的"监管清单",依托标准化的"监管清单",推动环保、安监等部门建立健全监管系统,实现在线动态监管、执法检查规范留痕。例如,广州开发区环境监察在线监测系统建立了全国最先进的重点废气污染源(110家)排放特征(指纹)数据库和污染源快速识别模型,整合了全区 2015家企业的污染源动态档案数据和全区 76 套在线监测设备、130 个视频监控点、6 个大气子站的监控监测数据,有力促进了监管实时化、精准快速化。

(二)天河区相对集中行政许可权试点

1. 在经济发展、市场服务、社会民生服务三大领域试行相对集中行政许可权

2017 年 5 月,由省政府批复同意,2017 年 12 月 28 日挂牌成立天河区行政审批局,在经济发展、市场服务、社会民生服务三大领域先行先试,按照"分布推进、积极稳妥"的思路,首批集中 8 个部门 43 项审批事项,包括企业登记、社会团体登记、民办学校等与创新创业、民生服务关系紧密的

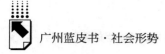

事项。其他暂不纳入区行政审批局实施的审批事项,维持原有政务服务模式,集中在区政务中心办理。

2. 建立一窗一网式政务服务模式

积极推进线上线下政务服务一体化,对进驻政务中心的部门分类管理,建立"前台综合受理、后台分类审批、统一窗口出件"服务模式。全市率先完成"三集中三到位",区级行政审批事项应进必进,除婚姻登记和不动产登记外,审批职能部门全部进驻天河区政务服务中心,进驻单位对首席代表充分授权,对即来即办业务当场审批。

为稳妥推进"一窗式"集成服务改革,天河区对进驻政务中心单位进行分类改革。一是对适合综合受理的业务员进行一窗受理,目前共有民政、安监等14个部门审批业务纳入综合受理窗口;二是针对原审批事项多、业务量大的公安、市场监管、人社等部门,采用内部综合方式进行一窗受理;三是设置建设工程联合审批区,由住建、发改、环保、国规4个部门通过云受理平台统一受理和业务操作。

3. 实现审批事项集中受理

自2018年3月1日起,首批8个部门43项集中审批事项已经集中到天河区行政审批局,实施"混合运行模式"。其中,7个部门事项实行"前台综合受理、后台分类审批、统一窗口出件",由区行政审批局综合窗口受理,各部门派驻人员审批,盖原审批部门印章。商事登记类业务以区市场监管局借调人员为主,在区政务服务中心窗口进行受理审批,14个街道市场监管所按原状办理业务。

4. 深入优化审批流程,推进行政审批标准化

对所有行政审批事项进行三级优化,减少内部审批环节,精简审批材料,优化审批流程,量化审批标准,压缩审批时限,编印可操作的审批事项业务手册,将全部审批事项录入审批平台,做到"认标准不认关系,认流程不认面孔"。严格编写行政审批事项办事指南要素,对申请材料、办事流程、法律救济等要素信息进一步细化,精准优化事项材料、表格模板,全面提升审批业务精细化管理水平。目前,在市事项管理系统中共录入完善了

549 项行政许可事项、141 项行政备案事项的事项标准，统一细化完善事项要素 170 项。

（三）南沙区相对集中行政许可权试点

1. 设立行政审批局，在商事制度相关领域开展相对集中许可权试点

2017 年 6 月 16 日，行政审批局正式挂牌成立，具体实施相对集中行政许可权改革，启用行政审批专用章，由原来各部门 28 个印章变为审批局一个印章，在南沙实现了"一个印章管审批"。首批将发改局、工信局、投资促进局、建交局、国规局、环保和水务局、市场监管局 7 个部门的开发区（自贸区）主体业务及商事制度方面相关且标准化程度较高的行政许可事项共 76 大项 143 子项划转至行政审批局，由行政审批局统一实施。在运作相对成熟之后，逐步扩大相对集中行政许可事项范围。其他暂时未纳入相对集中行政许可权改革范围的行政许可事项，继续按原有模式进驻政务中心。

2. 再造建设工程项目审批新流程，提升审批效率

行政审批局成立一年来，先后两轮对建设工程项目审批流程和机制进行创新优化，不断提升审批效率。第一轮优化在 2017 年底，行政审批局制定并出台了《广州南沙开发区（自贸区南沙片区）、南沙区关于创新建设工程项目行政审批服务的实施办法》和《南沙开发区（自贸区南沙片区）、南沙区建设工程项目行政审批告知承诺办法》，对企业投资类建设工程项目的审批正式实行新办法、新流程。通过采取并联审批，合并审批环节、审批事项等措施，将企业投资类建设工程项目审批分为规划许可、施工许可、竣工验收 3 个阶段，企业投资类建设项目从取得用地到施工许可证核发由原来约 88 个工作日压缩为 25 ~ 45 个工作日内完成；第二轮优化在 2018 年 9 月，制定出台了《南沙开发区（自贸区南沙片区）、南沙区落实和深化国务院关于开展工程建设项目审批制度改革实施方案》，推出优化社会投资类建设工程项目审批的系列举措，出台缩减审批事项、区域评估、优化审批措施、试行土地"带设计方案"出让、压

缩审批时间、加强线上线下咨询服务等改革措施。其中，"带设计方案"出让项目在取得用地后可立即办理施工许可证，实现拿地即可开工，其余出让项目从取得用地到获得施工许可证政府审批时间压缩至 15 个工作日。

3. 开展商事登记制度改革

以"流程简化优化，办事便捷高效"为目标，坚持"能转尽转、能放尽放"的原则，全面积极贯彻落实有关商事制度改革的各项举措，大力深化商事登记制度改革，实施"多证合一""一照一码"以及即审即办等措施，进一步提升开办企业便利度。实行企业设立审批改革，企业设立不再实行审批，改为商事登记确认制，实现与国际通行规则的商业登记模式接轨。实行企业名称自主申报，进一步放宽名称限制。实行住所（经营场所）自主申报承诺制，降低了企业准入的制度性成本。实行经营范围申报备案制，方便投资者根据经营策略自主决定经营方向及类别。这些举措充分激发了市场的活力和创造力，促进市场主体保持快速增长。截至 2018 年 11 月，南沙市场主体总数已突破 1200 万户，较行政审批局挂牌前翻了一番。

4. 开展联合审图等技术审查制度

采取政府购买服务开展联合审图等技术审查等举措，将原来需企业出钱聘请专业机构开展的消防设计审核、防雷装置设计、人防设计审查等专项审查工作以及地质灾害、地震安全、压覆矿产、环境影响、水土保持等事项的专业评价或评估工作由政府统一购买服务承担，一年能为企业节省约 2000 万元，减少了由企业承担的费用，提升了社会投资类建设工程项目审批的便利度、满意率和获得感。

5. 研究建立审管联动和信息共享机制

行政审批局及时将审批信息告知监管部门。监管部门负责实施集中行政许可事项的事中、事后监管。监管部门将上级部门有关政策调整及时通报行政审批局，行政审批局及时将行政审批政策调整、职责清单变动等内容通报相关监管部门。

二 相对集中行政许可权试点存在的问题

（一）事权下放和政策法规清理不到位，相对集中行政许可权试点的制度障碍仍然存在

行政许可事项均由法律、行政法规、地方性法规和规章等设定，区一级并无权限进行调整或取消。例如，广州市工业项目在广州开发区相对集中，但目前省、市都没有专门针对工业项目的相关规划技术规范和实施性技术规定，而工业项目与一般的居住或商业项目不同，从规划管理的角度要求也不同，广州开发区无制定独立适用于广州开发区（黄埔区）的城乡规划实施性技术规定的权限。

（二）科学归集相对集中行政许可事项仍处于探索试验阶段

相对集中行政许可权改革试点以来，出现的一个比较大的问题就是权力集中范围的不科学。[1] 设立行政审批局是相对集中行政许可权的一种有益探索，但是在操作过程中存在难以科学判定需归集的许可事项，难以判定哪些事项保留在原审批部门实施更为科学高效，这需要实践的检验和不断的探索。如果只强调集中，不考虑专业性、技术性要求，还有可能造成执行难、协调难的问题，增加行政成本。[2]

（三）信息资源共享难制约相对集中许可权试点

1. 数据共享难制约事项全程网上办理

国家各部委和省级部门统建系统，部分上级部门规章明确相关领域关键

---

[1] 欧超荣、问方圆：《相对集中行政许可权试点改革研究——以某试点地为例》，《法治社会》2017 年第 6 期。

[2] 姜书彬：《相对集中行政许可权之"行政审批局"模式探析》，《机构与行政》2016 年第 6 期。

信息不能对外共享，致使政务服务信息无法实现上下互通共享使用，网上审批事项无法协同办理，无法实时签发电子证照。例如，商务部外商投资综合管理应用系统、省经信委无线电台站业务系统等，档案、审计、法制卷宗检查需要各级部门提供纸质材料，甚至是原件提交，限制了窗口办事机构对材料的电子化应用。

2. 数据权威性不够

各部门的行政许可信息共享到数据中心后没有进行数据清理和汇集，没有对应实际的业务需求进行整理，造成陈旧、过时、错误的数据不断沉淀，在后续针对个性化业务办理，其数据的权威性、真实性、有效性低，难以有效利用。

3. 数据再利用程序设计不便捷，共享实时程度低

存储于数据中心的信息要求获得产生部门许可后方能使用，这需要先向区数据中心管理部门申请，再取得业务部门许可，耗时长、程序复杂。在行政许可业务办理过程中，需要实时调取办理业务所需要的数据，特别是在多种业务联办、窗口综合受理时，各业务行政许可数据要求实时调用，数据共享程序和共享便捷性成为制约业务办理的瓶颈。

（四）承诺制信用审批实施困难大、障碍多

实行承诺制信任审批减免了申请人需要提供的审批材料，以申请人的承诺代替部分审查，准入条件大幅降低，如果被许可人提供的产品、服务导致第三人利益受损，行政机关将面临履职责任风险。各部门尚未建立诚信档案、共享信用数据、信用信息运用等相关机制，无法对被许可人进行信用监督与联合惩戒，建立和实施有效的事中信用预警、事后信用联动惩戒等信用管理机制尚处于探索阶段。

（五）事中、事后监管能力有待进一步提升

相对集中行政许可权改革试点对行政主管部门履行自身职责提出了新的更高要求，行政主管部门对改革试点产生了一定的焦虑和阻力，其实质是行

政审批职权划转后政府部门如何重新定位和转型的问题。① 根据相对集中改革试点要求，相对集中许可事项的范围仅限于行政审批，而行政确认等其他行政职权未纳入集中范围。在具体操作过程中，部分领域审批与监管职责边界难以明确区分。例如，建设工程项目审批后的违法建设，行政审批局无权做出行政确认，仍需规划部门进行认定，相关的监管职责由城市管理综合执法部门行使，这就出现审批、确认、监管主体不同的情况。由于目前审批、监管都有专门的管理系统，区一级与国家、省、市的多个垂直系统难以实现自动对接、互联互通，审批与监管间信息共享难度大，迫切需要进一步开放权限，实现数据的共享对接。

（六）机构编制问题在一定程度上制约了相对集中行政许可制度创新

以广州开发区为例，相对集中审批事项涵盖立项、建设、环保、市政、水务、绿化、人防、招投标八大类，专业性强、业务涉及面广，对审批人员的专业能力和业务水平都有较高要求。在开展集中审批工作的基础上，还承担了改革探索的任务，厘清与原审批部门的审批监管权限，与原审批部门上级主管部门之间的业务沟通衔接等工作，以及政务服务、政务公开、12345政府服务热线、社区网格化服务管理、电子政务服务等职能，人手少、职能多进一步制约了对集中审批的研究与创新。

三　深入推进相对集中行政许可权试点的若干思考

（一）科学合理确定相对集中行政许可权事项范围

为打造市场化国际化法治化营商环境，要持续深入推进相对集中行政许可权改革试点，扩大试点地域范围和事项范围，围绕企业投资项目，对已纳

---

① 梁滨：《相对集中行政许可权改革后政府部门职能定位的转型和思考》，《中国机构改革与管理》2017 年第 7 期。

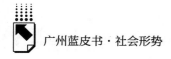

入集中审批的事项分支延伸进行研究，特别是要将与企业筹建审批链条关系密切的事项纳入集中审批范围，进一步扩大集中审批的事项范围。

（二）继续探索创新审批服务方式

1. 探索智能审批服务制度机制创新

以"数字政府"建设为契机，将企业投资建设和经营过程中可能涉及的 90 个行政审批和公共服务事项，运用信息化、区块链等技术，打破各垂直部门的信息系统壁垒，促进审批、监管数据共享和运用，积极推广"一码管理"，实现企业筹建项目链条化"订制式审批"，实现线上点一下、线下跑一次 O2O 全贯通，全力打造"来了就办、一次搞掂"行政审批品牌，最大程度便利企业。

2. 在更多的领域探索信任审批

鼓励黄埔区、广州开发区按照《黄埔区广州开发区企业投资建设项目承诺制信任审批实施办法》的要求，继续在规划、建设、环保、市政类等领域深入探索信任审批试点，扩大信任审批范围，制定出台企业投资建设项目承诺制信任审批实施细则，制定各事项承诺制信任审批工作指引，及时总结信用审批经验并在全市复制推广。

（三）在更广的范围和更多的项目为企业提供免费服务

借鉴广州开发区有关经验，进一步扩大为企业提供免费服务的种类和范围。例如，将免费地形图测量服务由加改扩项目扩大至全部工业项目；将工业项目规划报建所需的放线测量通过纳入政府财政购买服务免费提供给企业，为企业提供区域环境质量、地质水文、气象自然等数据服务，继续为企业投资建设减轻成本。

（四）为企业提供"量身定制式审批服务"

针对 IAB（新一代信息技术、人工智能、生物医药）和 NEM（新能源、新材料）新主导产业类型，将分散在不同政府部门的注册登记、用地建设、经营发展全阶段的审批事项进行全面梳理，让企业在签订投资协议时，就能充分了解在投资建设和经营过程中需要行行政审批和政务服务项目、办理流程及每个环节可预估的时限等信息。根据企业的特征和需求，帮助企业梳理筹建报批事项，为企业定制个性化报批流程，打造主题式审批"高速公路"，将分散在不同政府部门的行政审批事项，按企业办事主题进行模块整合、流程优化，通过系统自动获取关联审批事项，主动推送前后相关审批环节一连串办事指引信息，打造行政审批流程最优、材料最简、时间最短、成本最低的"高速公路"，帮助企业统筹报批时间。推广黄埔区推行全程电子化商事登记、放宽住所登记、名称自主申报等经验做法，推动企业注册提速。

（五）推动放管衔接，强化事中、事后监管

以"监管清单"为核心，构建审管衔接长效机制，强化放管衔接，为简政放权保驾护航。相对集中行政许可权实施后，审批事项依法划转到行政审批局，造成审管主体分离，原审批部门的工作重心从前端审批转为事中、事后监管，要特别注意厘清审批和监管职责，加强审批部门与原审批部门及其上级职能部门的联动，建立重要事项会审等对接机制。通过审批监管数据共享交换平台，强化审批与监管部门之间的信息流转，实现审批数据与监管数据的共享。对信任审批事项，行政机关在做出准予行政审批决定后2个月内，必须对被许可人的承诺内容是否属实进行实地核查。

（六）积极探索和完善承诺制信任审批相关制度机制

1. 把好承诺制信任审批的入口关

只有对公共安全、生态环境保护以及人身健康、生命财产安全影响小，通过事中、事后监管能够纠正不符合审批条件的行为且不会产生严重后果的审批事项，才能纳入承诺制信任审批。

2. 加强对申请人的信用审查

审批部门要积极与人民法院失信被执行人名单等信用管理系统相对照，对存在违信记录且未修复的被申请人，不适用承诺制信用审批。

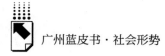

3. 探索信用管理制度

审批部门应当会同监管部门探索开展事前信用承诺、事中信用预警、事后联动奖惩的信用管理机制，完善信用监督与奖惩制度。

4. 加强审后核查和事中、事后监管

审批部门应当明确核查时间、核查材料、核查方式，原则上在做出准予行政许可决定 2 个月以内，对被许可人的承诺内容是否属实进行核查。监管部门要结合承诺制信任审批事项的类型和特点，形成相应的监管工作方案和监督工作机制。各有关部门应当建立信用档案，共享信用数据，完善信用监督和信用信息共享机制。

5. 建立完善承诺制信任审批评估退出机制

审批和监管部门应当对纳入承诺制信任审批事项的实施情况进行动态评估，健全容错纠错机制，对确实存在较大管理风险的审批事项，按程序申请退出，不再实行承诺制信任审批。

（七）坚持"权力集中"与"权力制衡"并重

要科学设置好权力运行程序和监督机制，通过公开透明运行、内部岗位的相互制约、社会和公众监督等举措确保行政许可权的规范行使。要建立和完善鼓励创新容错免责机制，坚持"两个尊重"（即尊重历史、尊重实情）、"三个区分"（即把干部在推进改革中因缺乏经验、先行先试出现的失误和错误，同明知故犯的违纪违法行为区分开来；把上级尚无明确限制的探索性试验中的失误和错误，同上级明令禁止后依然我行我素的违纪违法行为区分开来；把为推动发展的无意过失，同为牟取私利的违纪违法行为区分开来）、"四个没有"（即没有明显违法违纪，没有损害群众利益，没有造成国有、集体资产流失，没有牟取个人私利）原则，对干部给予容错免责，为敢于担当、真抓实干的干部撑腰鼓劲。

（八）深化政务服务便利化改革

建立健全政务服务工作体制机制，统一名称、统一职能，负责本级的政务服务管理工作，负责本级的政务服务管理日常工作，对实体办事大厅、网上办事大厅进行管理，负责政务服务体系的建设、组织管理和监督实施，以及对审批、服务事项的组织协调、管理监督。推动完善电子证照、建设工程领域等相关政策法规，推动国家从立法层面明确电子签名、电子证照的法律地位，大力推行电子图纸、电子档案、电子材料，建立起与政务服务便民举措相适应的配套机制。

（审稿人：杨建城）

B.17
广州市加强工商联组织民企依法维权
与法律服务工作的调研报告

广州市工商业联合会　广州市民营企业投诉中心课题组 *

摘　要： 本文结合广州市工商联系统民营企业维权及法律服务的实际
情况，以及调研中掌握的具体问题，着力从建立长效机制、
优化民营经济发展环境，完善各级工商联组织维权及法律服
务机构建设、构建联动机制，建立法律宣传培训机制、增强
民营企业维权与法律意识三个维度，提出有针对性的对策建
议。

关键词： 民营企业　法律服务　维权

　　党的十八大以来，广州市工商联的民营企业维权与法律服务工作始终坚
持围绕中心、服务大局，牢牢把握两个健康主题，在引导非公有制经济人士
守法诚信、依法维护非公有制企业和非公有制经济人士合法权益等方面发挥
了重要作用，取得了较好成效。为更好地履行职能，广州市工商业联合会、
广州市民营企业投诉中心课题组深入广州市多个基层工商联、行业商（协）
会、民营企业，就全市工商联组织民营企业维权与法律服务工作展开调研，
进一步掌握存在问题，为加强广州市工商联组织民营企业维权与法律服务工
作提供了意见建议。

---

* 课题组组长：陈立，广州市工商联副主席；成员：贺辰，广州市民营企业投诉中心副主任。
执笔：贺辰。

一　基本情况

（一）民营企业合法权益被侵害的主要表现

1. 相关政策落实不到位

近几年广州市出台了一些加快民营经济发展的有利政策，但就实际效果来看，许多政策仍然没有很好地落实，政策效应没有完全显现。例如，在一些竞争性市场领域，名义上已消除所有制歧视、准入门槛等，但实际上仍存在无形市场壁垒、苛刻的经营许可条件及模糊的准入制度等，使民营资本无法进入这些领域。

2. 政策稳定性差

有的区对待民营企业投资经营的政策时紧时松，缺乏稳定性，有些地区甚至出现主要领导更换，政策立即改变的现象，造成民营企业的投资项目停滞或是夭折，给企业带来损失，挫伤企业投资发展的信心。

3. 政策实施力度不够

在优惠政策鼓励下，一些民营企业会启动新的投资项目，但新项目要经过多个部门审批，程序繁杂、周期过长，导致企业资金长时间压在项目上却无法获得回报。出于经济利益的考虑，部分民营企业上新项目时会选择"先上车后买票"，最后造成被职能部门查处或罚款，影响了民营企业投资热情。

4. 行政行为不规范

在调研中，民营企业家反映最为突出的维权问题就是行政侵权，主要体现在职能部门重管理、轻服务，对行政处罚尤为热衷；行政服务意识不强；违规罚款、变相收费、违法摊派；行政审批效率较低、审批环节较多，一些行政许可项目久拖不决等现象时有发生；行政诉讼周期长，成本高、执行难等。

（二）广州市工商联组织民营企业维权与法律服务现状

1. 多元化的投诉工作机制已经完善

（1）广州市民营企业投诉中心顺利移交并运作良好。广州市委、市政府于2003年3月在广州市工商局和各区（市）工商局设立了民营企业投诉中心，广州市民营企业投诉中心于2008年移交至广州市工商联，并于2010年获批了6名工作人员编制及专项工作经费。从2012年至今，广州市民营企业投诉中心处理各类民企维权案件200余起，切实维护了投诉企业的合法权益。

（2）设立广州市受理民企投诉工作部门联席会议制度。广州市委、市政府于2008年建立广州市受理民企投诉工作联席会议制度，由市委分管工商联工作的常委和市政府负责联系工商联工作的副市长担任联席会议召集人，由广州市工商联牵头，广州市委办公厅、宣传部、统战部等共39家职能部门各派1名负责同志组成联席会议，协调解决投诉工作中遇到的重点和难点问题。

（3）成立广州市工商联调解仲裁指导中心。广州市工商联调解仲裁指导中心于2012年5月成立，主要任务是：指导并推动区工商联和有关商会（协会）成立调解仲裁工作站或调解委员会；承担调解机构与仲裁机构、司法机关之间的联络工作；提供调解、仲裁业务及相关法律咨询服务等。目前已指导、推动广州青年商会、广州市通信产品行业商会、广州市现代办公设备行业商会等建立了商事纠纷人民调解委员会。

（4）成立广州市总商会商事纠纷人民调解委员会。2013年4月成立了广州市总商会商事纠纷人民调解委员会。广州市总商会会员之间，会员与其他经济主体、社会组织以及自然人之间的商事纠纷，均可提交至市总商会商事纠纷人民调解委员会免费调解。

2. 专业化的法律服务团已经组建

广州市工商联与广州市司法局、广州仲裁委分别签订了《关于做好非公有制企业民商事纠纷调解仲裁工作合作备忘录》；与两家知名律师事务所签订合作协议；邀请广州市中级人民法院、司法局、仲裁委有关领导担任指导中心"特邀顾问",在知名商会协会中选聘10位在各行业中德高望重的企业家担任指导中心"特邀咨询专家",为维权与调解工作提供专业支持。与市司法局、工信委、人社局、工商局、律师协会5家单位联合成立了广州市中小企业法律服务专家团,为开展民营企业维权及法律服务工作提供了强大的专业与智力支持。同时,充分发挥法律服务专家团、法律顾问单位等法律工作队伍作用,做好"送法进企业、送法进商会、送法进机关"的工作,多次与广州市劳动争议仲裁院、各区工商联及有关商协会等联合举办多场企业法律风险防范论坛、法律沙龙、预防劳动争议培训、案件研讨会、受理投诉工作业务学习班等活动,参会企业家及管理人员达2000多人次。市工商联还组织法律专家、企业代表多次参加立法相关工作,为完善广州市地方立法建言献策。

3. 立体化的维权及法律服务网络已经形成

广州市工商联着力推动构建广州市民营企业维权和法律服务网络,推进科技园区(工业园)、基层商会成立维权机构或市民营企业投诉中心基层工作站。在广州市民营企业投诉中心的推动、指导下,广州大学城健康产业产学研孵化基地、广东省汽车流通行业协会、广州市家具行业协会成立了维权和法律服务中心、劳动争议调解委员会、广州市民营企业投诉中心工作站,为园区内、商会内的企业提供投诉维权、企业法律风险诊断、法律专题培训、法律咨询和劳动争议调解等服务。通过广州市工商联网站和广州市工商联、广州市民营企业投诉中心微信公众号等平台,重点推送与企业发展密切相关的政策法规及案例分析有关内容,引导民营企业依法维权。多平台、多层次的维权及法律服务网络已经形成。

二　存在问题

(一)各区工商联的民营企业维权机制基本未建立

各区民营企业维权机构设立与管理不统一。其中,越秀、海珠、荔湾、天河、黄埔等区民营企业投诉中心仍未移交至工商联，业务活动基本处于停滞状态；白云区将民营企业投诉中心放在政务中心；番禺区、花都区、南沙区、增城区已完成民营企业投诉中心移交，但没有配备专门工作经费及人员编制，无法挂牌工作，遇到维权请求"有心无力"。目前，只有从化区工商联近期为区民营企业投诉中心争取到一个由区财政拨款的用人指标，相关人员招聘工作正在进行中。

（二）市民营企业维权机制及法律服务仍有待完善

相对各区而言，广州市民营企业维权机制比较完善，维权及法律服务等运作情况基本正常，也取得了一定成效，但仍存在许多需要改进的地方。

1. 人员编制问题

虽然广州市民营企业投诉中心配备了 6 名编制，但因为是参照公务员管理的事业编制，而工商联干部属公务员编制，存在身份差异，在管理上造成一个单位两种管理模式；而且由于长期将投诉中心的部分干部抽调到其他岗位，人手不足，严重影响了该机构正常运作及作用发挥。

2. 联席会议制度落实力度不够

联席会议制度是一种很好的制度设计，在广州市的民营企业维权工作中发挥了重要作用，但在其运作过程中仍存在一些问题。例如，联席会议成员或联络员变动比较频繁，而且一些单位人员变动后不及时知会联席会议办公室；联席会议没有按规定正常召开等，导致了该制度发挥作用有限。此外，有些部门工作人员对民营企业维权的重要性缺乏认识，对维权工作支持、配合不够，造成协调难的局面。

（三）商协会的民营企业维权及法律服务力量薄弱

通过走访调研了解到，广州市仍有不少商协会未能有效开展为民营企业维权及法律服务工作，有的商协会虽成立有维权及法律服务部门或调解工作站，但人手不足或专业知识缺乏，导致"有形无实"。

（四）法律服务供给与需求衔接不紧密

广州市现有工商联会员 5 万余家，但平时与工商联联系密切的会员企业不足千家，维权及法律服务覆盖面不广，还有不少企业不知道工商联设有专门的维权及法律服务机构，遇到问题不懂的不知道向工商联求助；另有企业反映，工商联组织的法律宣传培训活动形式单一，吸引力不强。

三　对策建议

（一）建立长效机制，优化民营经济发展环境

1. 政策环境方面

应当通过召开听证会等形式，在专门听取、吸收民营企业代表意见的基础上，制定更多更加具体化、专业化、有针对性、可操作性强的民营企业扶持政策及配套措施，调动全市发展民营经济的积极性；涉及民营企业权益的政策、法规出台前应听取民营企业代表意见；未经法定程序，不得查封、扣押和冻结企业财产和资金，切实维护民营企业合法权益。

2. 政务环境方面

各级政府职能部门应转变观念，改变重管理轻服务、管理多服务少的工作方式，要经常深入民营企业开展调查研究，及时了解掌握民营经济的发展情况及诉求，认真为其解决实际问题；在各区（市）成立民营企业维权服务机构，改进对民营经济发展的指导和维权服务；建立健全政府绩效考核制度，坚持和完善民营企业评议政府部门和司法机关的做法与制度。

政府职能部门应努力规范自身的行政行为，一是严格依法执法，行政机关对民营企业进行检查，要尽可能组织联合实施，防止对企业多头检查、重复检查、交叉检查，不得影响企业正常的生产、经营活动。行政机关对民营企业执法检查中发现的违法行为依法实施行政处罚时，应当以法律、法规、规章为依据，合理、规范地行使行政处罚自由裁量权，并坚持以教育为主、

以处罚为辅的原则，杜绝多重罚款现象。二是改革审批制度，进一步清理和简化行政审批事项，将审批权有条件地下放，并建立联合审批机制，提高审批效率。三是加强行政执法队伍建设，提高行政执法人员综合素质和文明执法水平，对于个别滥用职权、侵害民营企业合法权益的工作人员，依法追究其违法责任。

3. 市场环境方面

应放宽民营资本的投资领域，凡是国家没有明确禁止民营资本进入的行业、领域都要向民营企业开放，并在项目招投标、融资服务、财税政策、土地使用、对外贸易和经济技术合作等方面，确保民营企业与其他所有制企业的同等待遇。规范市场秩序，严厉打击不正当的市场行为，为民营企业提供一个良好的市场环境，促进市场正当有序竞争，切实保护民营企业的合法权益。加强各行业商协会建设。应鼓励各行业加快本行业商协会的建设，并提供一定的政策支持，发挥其积极作用，促进市场良性发展。

4. 舆论环境方面

加强对民营企业维权重要意义的宣传，在全市各大媒体设立民营企业维权专栏或专题节目，对一些典型民营企业维权案例、好的维权经验及维权机构进行宣传，创建良好的维权工作氛围。

（二）完善各级工商联组织维权及法律服务机构建设，构建联动机制

一是将区（市）民营企业投诉中心统一移交至工商联，并配备 1～2 名工作人员编制及专门的工作经费，使其"有形有实"，以确保民营企业维权有"娘家"。二是参照市里的做法，在各区（市）设立受理民营企业投诉工作部门联席会议，为基层民营企业维权工作提供支持和保障。三是完善市民营企业投诉工作部门联席会议制度，适时调整和适当扩展联席会议成员单位范围，将有关政府职能部门全部纳入其中，出台联席会议联络员管理办法。确保每年至少召开一次联席会议。四是由市及各区（市）工商联指导各行业商协会成立专门维权部门，发挥行业商协会在维权工作中的作用；加强市各级工商联、各级维权联席会议成员单位及各

商会协会之间民企维权与法律服务工作的联动，致力形成一个高效立体维权及法律服务网络。

（三）建立法律宣传培训机制，增强民营企业维权与法律意识

一是创新维权及法律服务工作方式，变被动为主动，主动送法进企业，上门为企业提供法律服务。二是市各级工商联组织应善于借助外部力量，持续开展法治培训，不断提升企业风险防范能力。例如，大力加强法治宣传，持续开展"法律三进"活动，定期举办法律知识讲座，邀请法律专家为民营企业有针对性地讲解与经营相关的法律、法规；继续加强与公检法机关的联系交流，积极反映企业司法诉求；继续与人社部门等协调劳动关系，帮助企业构建和谐劳动关系、化解劳动争议；加强与各类法学研究机构、社会法律服务机构合作，充分发挥法学家和律师的作用，组建法律专家库和律师服务团等各类团队，不断壮大工作力量。三是继续加大维权及法律服务工作宣传力度。通过报纸、网络、刊物等媒体宣传维权机构与维权业务，宣传维权成功的典型案例。增强民营企业的法律风险防范意识、维权意识，引导民营企业依法、守法经营，促进民营经济健康快速发展。

（审稿人：郭炳发）

社会调查篇

Social Investigation

B.18
2018年广州市居民幸福感
状况调研报告*

郑希付　刘学兰　罗品超　黄喜珊　攸佳宁**

摘　要： 本研究从广州本土市情出发，以2013年编制的《广州市居民幸福感评价指标问卷》，采取分层整群随机抽样的方式对2793名广州市居民进行了网络调研，并与2016年和2017年的数据进行了对比。结果显示：广州市居民在精神生活、生活质量和

---

* 本报告为广州市人文社会科学重点研究基地——华南师范大学幸福广州心理服务与辅导基地研究成果。

** 郑希付，博士，华南师范大学临床心理学专业教授、博士研究生导师、心理咨询专家，研究方向为临床心理学和心理健康教育；刘学兰，博士，华南师范大学心理学院副院长、教授、硕士研究生导师，研究方向为学习心理、文化心理、心理咨询与家庭治疗；罗品超，博士，华南师范大学心理学院副研究员、硕士研究生导师，研究方向为临床心理学；黄喜珊，博士，华南师范大学心理学院副教授、硕士生导师，研究方向为青少年问题行为、学习心理与跨文化心理研究；攸佳宁，博士，华南师范大学心理学院副教授、硕士研究生导师、心理咨询中心主任，研究方向为青少年问题行为、情绪障碍、危机干预等。

个人发展维度上的满意度较高，在社会公平和社会环境维度上的满意度相对较低；广州市居民的 7 项幸福感指标受到性别、在广州生活时间、婚姻状况、受教育程度、居住地、月收入及消费水平、房产状况、职业类型等的影响；目前居民的相对剥夺感仍较为普遍，且在不同社会群体中存在差异；生活质量是影响居民幸福感提升最重要的因素和最希望得到改善的因素；与 2016 年和 2017 年数据比较发现，总体幸福感与 7 个分维度的得分变化情况呈现直线上升趋势。基于以上调研结果，报告对今后如何进一步提升广州市居民的幸福感提出了若干建议。

关键词：　广州市居民　幸福感　年度比较

一　调研背景

2011 年 1 月，在中共广东省委十届八次全会上，广东省委书记汪洋在报告中首次系统地提出了"幸福广东"的概念，他指出，广东"十二五"发展的核心就是要加快转型升级、建设幸福广东，归根到底，就是要通过转型升级增强广东经济社会发展的均衡性、协调性、可持续性和核心竞争力，不断创造社会财富和公平分配社会财富，让人民群众共享改革发展成果，过上好日子，增强幸福感。① "幸福广东"自提出和宣传后，就成为广东省经济和社会发展的一个热词，同时也成为政府工作的出发点和落脚点。

在 2017～2018 年度 CCTV 中国经济生活大调查中，广州未能入选中国最具幸福感的十大城市，这在一定程度上说明广州市居民的幸福感仍需要进一步提升。广州是广东省的省会城市，是除北京、上海之外的中国大陆经济规

---

① 南方报业传媒集团：《加快转型升级建设幸福广东：广东省第十一次党代会精神学习读本》，南方日报出版社，2012。

模第三大城市，2017 年常住人口增量居全国第二位，外来人口大量涌入，呈现多元化状态，这给幸福广州建设带来了不小的挑战。本研究团队从广州市情出发，以马斯洛需要层次理论为依托，建立具有广州特色的幸福感评价指标体系，在编制"广州市居民幸福感评价指标问卷"的基础上，开展广州市居民年度幸福感现状调研，对调研结果采用科学手段进行分析，获得有价值的研究结论，以期为党政部门及相关组织团体进行科学决策提供依据。

二　调研工具

（一）广州市居民幸福感评价指标问卷

问卷由个人发展、生活质量、政府服务、社会环境、社会公平、精神生活和生态环境 7 项一级指标、44 项二级指标组成，主要考察广州市居民的各项生活满意度（见表 1）。居民需要对 1~44 个题目进行评价，该指标采用李克特 5 点量表评定方法，每个二级指标都有"非常符合""比较符合""一般""不太符合""很不符合"五种回答，分别记为 5 分、4 分、3 分、2 分、1 分，得分越高，表示个体对于该项目满意度越高。广州市居民总体幸福感的计算方法为：每个一级指标的满意度乘以该指标的权重，然后相加得出总分（即居民总体幸福感 = 个人发展均分 ×10% + 生活质量均分 ×25% + 精神生活均分 ×15% + 社会环境均分 ×15% + 社会公平均分 ×10% + 政府服务均分 ×10% + 生态环境均分 ×15%）。

表 1　居民幸福感评价指标体系

序号	一级指标	二级指标	非常符合	比较符合	一般	不太符合	很不符合
1	生活质量	我对目前的受教育状况很满意					
2		我对目前的社会保障水平很满意					
3		我对目前的医疗服务水平很满意					
4		我对目前的住房状况很满意					
5		我对目前的交通出行状况很满意					
6		我对目前的交通安全状况很满意					

续表

序号	一级指标	二级指标	非常符合	比较符合	一般	不太符合	很不符合
7	生活质量	我对我目前的体育健身情况很满意					
8		我对自己和家人的身体健康程度很满意					
9		目前的生活有必要的休闲时间保障					
10		我对目前的消费水平很满意					
11	社会环境	我对目前的社会诚信程度很满意					
12		我对目前的社会消费环境很满意					
13		我对目前的社会治安很满意					
14		我对目前的社会文明状况很满意					
15		我对目前的食品药品安全状况很满意					
16		目前的社会是有人情味的社会					
17		我对目前的城市生活节奏很满意					
18		我对目前的社会发展趋势很乐观					
19	个人发展	我对目前的工作状况很满意					
20		我对目前的收入及其增长状况很满意					
21		我对我个人的价值及成就感很满意					
22		我的生活是有尊严的生活					
23		我对当前个人发展状况很满意					
24		我对个人发展前景的预期很乐观					
25	社会公平	我对目前的社会分配公平很满意					
26		我对目前的诉求表达渠道很满意					
27		我对目前的司法公正情况很满意					
28		我对目前的民主决策参与程度很满意					
29		我对目前的选举权利保障程度很满意					
30	政府服务	我对目前的政府工作效率很满意					
31		我对目前的政府服务态度很满意					
32		我对目前社会突发事件处理很满意					
33		我对目前的政务公开程度很满意					
34		我对目前的政府廉政建设很满意					
35		我对目前的政府依法行政情况很满意					

续表

序号	一级指标	二级指标	非常符合	比较符合	一般	不太符合	很不符合
36	生态环境	我对目前的饮用水质量很满意					
37		我对目前的空气质量很满意					
38		我对目前的卫生状况很满意					
39		我对目前的绿化建设很满意					
40		我对目前的噪音控制情况很满意					
41	精神生活	我对我的人际社交情况很满意					
42		我对目前的家庭和谐程度很满意					
43		我对目前的文化娱乐生活很满意					
44		我对目前的城市文化氛围很满意					

（二）自编相对剥夺感问卷

该问卷参考 2004 年《上海市市民的社会生活状况评价调查报告》编制而成，目的在于测量个体在特定参照条件下产生的一种主观感受。该问卷共有 3 个项目，每个项目可做出"不同意""一般""同意"的回答，计 1~3分。项目一"我应该过上比现在更好的生活"得分越高，表示个体的相对剥夺感程度越强烈；项目二"我现在的生活就是我原来想要的生活"和项目三"我现在的生活比原来想的更好"得分越低，表示个体的相对剥夺感程度越强烈。

（三）自编人口学情况调查表及开放性问题

人口学情况调查表包括性别、年龄、居住地、在广州生活时间、婚姻状况、职业、学历、家庭月收入、家庭月消费、房产情况等项目。开放性问题直接询问居民对提升幸福感的看法和建议，以获得居民的具体意见。

三 调查对象

以广州市居民为调查对象，采用网络调查的方式，使用分层随机抽取的方法获取样本,包括年龄、婚姻状况、学历、职业、性别、居住区的各类人群(见表2),共发放电子问卷2793份,回收有效问卷2000份,回收有效率为71.61%。

表2 2018年调查对象的人口学情况

单位:人,%

人口学变量		人数	占比
性别	男	1025	51.25
	女	975	48.75
年龄	18~25岁	300	15.00
	26~35岁	400	20.00
	36~45岁	500	25.00
	46~55岁	400	20.00
	56~65岁	300	15.00
	66岁及以上	100	5.00
在广州生活时间	半年至1年	89	4.45
	1~3年	146	7.30
	3~5年	313	15.65
	5~10年	307	15.35
	10~15年	253	12.65
	15年以上	892	44.60
居住地	天河区	232	11.60
	荔湾区	132	6.60
	越秀区	165	8.25
	白云区	349	17.45
	海珠区	233	11.65
	番禺区	234	11.70
	黄埔区	154	7.70
	花都区	150	7.50
	南沙区	98	4.90
	从化区	90	4.50
	增城区	163	8.15
婚姻状况	未婚	214	10.70
	已婚	1756	87.80
	离异	27	1.35
	丧偶	3	0.15

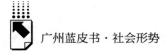

续表

人口学变量		人数	占比
学历	初中及以下	9	0.45
	高中/中专/职高	109	5.45
	大专	365	18.25
	本科	1356	67.80
	硕士	152	7.6
	博士	9	0.45
职业	政府公务员	149	7.45
	企事业单位职员	601	30.05
	企事业单位管理人员	525	26.25
	各类专业技术人员	380	19.00
	自由职业者	118	5.90
	军人、警察	8	0.40
	农民	0	0
	外来务工人员	118	5.90
	离退休人员	22	1.10
	失业或下岗人员	4	0.20
	个体户	63	3.15
	学生	11	0.55
	其他	1	0.05
房产情况	没有	284	14.20
	有一套	1485	74.25
	有多套	231	11.55
家庭月收入	1000元及以下	0	0
	1001~2500元	0	0
	2501~4000元	1	0.05
	4001~6000元	111	5.55
	6001~8000元	242	12.10
	8001~10000元	363	18.15
	10001~20000元	901	45.05
	20001~50000元	376	18.80
	50000元以上	6	0.30

人口学变量		人数	占比
家庭月消费	1000 元及以下	11	0.55
	1001~2500 元	81	4.05
	2501~4000 元	234	11.70
	4001~6000 元	413	20.65
	6001~8000 元	473	23.65
	8001~10000 元	409	20.45
	10001~20000 元	283	14.15
	20001~50000 元	88	4.40
	50000 元以上	8	0.40

四 调查结果

（一）2018年广州市居民幸福感状况

1. 总体状况

在 7 项幸福感指标中，按评分从高到低依次为精神生活（3.80 分）、生活质量（3.70 分）、个人发展（3.69 分）、政府服务（3.69 分）、生态环境（3.68 分）、社会环境（3.68 分）、社会公平（3.60 分）。其中，7 项指标的分值均在"一般水平 3"之上，总体幸福感得分为 3.70 分，处于中等偏上水平。这在一定程度上表明，相关的政策颁布与实施是有效的，居民的满意度得到了提高。

2. 性别差异

除精神生活维度外，两性其余维度得分基本持平，居民总体幸福感得分不存在显著的性别差异（$p > 0.05$），说明政府采取的关爱女性弱势群体、保障女性权益的有关措施发挥了作用，让女性群体得到了公平对待。但是女性在精神生活维度上的满意度显著低于男性，可能是因为对于新时代的女性而言，在追求个人发展之余，还要兼顾家庭，因此女性比男性面临更多的压力，导致女性居民没有更多的时间和精力来满足自己的精神生活需求，因此得分低于男性居民。

3. 在广州生活的时间差异

总体而言，在广州生活时间越长，满意度越高。在构成幸福感的7个维度和总体幸福感上，在广州生活时间主效应显著（p < 0.05）。在所有维度上，居住半年到15年的居民满意度差异不显著；居住10~15年居民满意度在社会环境、生态环境维度上的得分显著高于居住半年到1年以及1~3年的居民；居住15年以上的居民满意度得分最高，在幸福感的7个维度和总体幸福感上显著高于居住半年到1年、1~3年、3~5年的居民满意度，在除精神生活满意度外其他6个维度和总体幸福感上显著高于5~10年的居民满意度，在个人发展、社会公平、政府服务三个维度上也显著高于10~15年居民满意度（见表3）。在广州生活半年至3年的居民，总体幸福感最低，他们初来乍到，面临激烈的竞争、较高的物价和房价，压力很大，不太适应广州的生活节奏。经过几年打拼，居民幸福感水平显著提升，因为他们已经很好地融入广州的生活，生活和工作趋于稳定，各种待遇良好。

表3 2018年广州市居民在广州生活不同时间段的幸福感状况

指标	半年至1年	1~3年	3~5年	5~10年	10~15年	15年以上
生活质量	3.51	3.44	3.58	3.64	3.72	3.82
社会环境	3.43	3.46	3.55	3.61	3.69	3.81
个人发展	3.36	3.44	3.56	3.60	3.63	3.85
社会公平	3.43	3.37	3.42	3.51	3.54	3.77
政府服务	3.54	3.47	3.54	3.61	3.62	3.84
生态环境	3.36	3.44	3.59	3.59	3.74	3.90
精神生活	3.57	3.58	3.72	3.79	3.76	3.90
幸福感总分	3.47	3.46	3.58	3.63	3.69	3.83

4. 婚姻状况差异

方差分析结果显示（见表4）：在总体幸福感上，已婚居民的满意度评分要显著高于未婚居民。在生活质量、社会环境、生态环境和精神生活维度上，已婚居民的评分显著高于未婚居民，已婚居民和离婚居民的评分无明显差异。通过交叉列联表分析发现，未婚者大多是 18～25 岁的居民，该年龄阶段的居民可能处在上学期或刚步入社会参加工作，此时的他们工作还没有稳定下来，收入较少，所以在生活质量维度上评分较低。但这部分居民大多可以熟练运用网络获取信息，负面信息易传播的特性以及相比已婚群体有更多的时间和精力关注社会以及生态环境方面的负面信息，因此对社会环境和生态环境的评分较低。同时，根据埃森克的人格发展理论，这个阶段个体的主要目标是发展亲密关系，未婚居民情感不稳定，爱和归属的需要未能得到较好满足，由此导致未婚居民在精神生活维度的满意度偏低。[①]

表 4　2018 年不同婚姻状况的居民幸福感状况

指标	婚姻状况（$M \pm SD$）				F
	未婚	已婚	离异	丧偶	
生活质量	3.64 ± 0.81	3.82 ± 0.68	3.64 ± 0.69	3.42 ± 0.76	5.43^{**}
社会环境	3.53 ± 0.78	3.70 ± 0.69	3.41 ± 0.81	3.42 ± 0.73	5.53^{**}
个人发展	3.55 ± 0.83	3.70 ± 0.73	3.78 ± 0.6	3.44 ± 1.07	2.92^{*}
社会公平	3.50 ± 0.87	3.62 ± 0.77	3.41 ± 1.06	3.60 ± 0.79	1.53
政府服务	3.56 ± 0.76	3.72 ± 0.64	3.52 ± 0.76	3.43 ± 0.41	4.51^{**}
生态环境	3.54 ± 0.85	3.70 ± 0.72	3.53 ± 0.84	3.4 ± 0.69	3.87^{**}
精神生活	3.64 ± 0.81	3.82 ± 0.68	3.64 ± 0.69	3.42 ± 0.76	5.43^{**}
总体幸福感	3.56 ± 0.76	3.72 ± 0.64	3.52 ± 0.76	3.43 ± 0.76	4.51^{**}

注：因参与本次测评的丧偶居民人数较少，故不纳入方差分析中。F 值无 * 标注表示未达到显著水平，即 $p > 0.05$；* 表示 $p < 0.05$，** 代表 $p < 0.01$。

5. 文化程度差异

方差分析结果显示为（见表 5）：在总体幸福感上，本科学历和硕士学历的居民得分显著高于大专学历。在除个人发展维度外的其余 6 个维度上，本科学历和硕士学历的居民得分最高，大专学历的居民得分最低，在个人发

---

① 林崇德：《发展心理学》，人民教育出版社，2009；彭聃龄：《普通心理学》，北京师范大学出版社，2012。

展维度上本科学历的居民显著高于硕士学历的居民。随着科技的发展和改革开放的深入，广州人才市场对中高层次人才需求广泛，大专学历越来越不能适应市场需求，因此幸福感的水平相对较低。近年来，各大院校扩招硕士研究生，加上研究生用人成本的增加使研究生就业市场供需失衡，硕士毕业后就业难使他们在个人发展维度上的满意度低于本科生。[1]

6. 居住地差异

方差分析结果显示（见表6），在总体幸福感维度上，不同居住地的居民满意度得分差异显著，海珠区的居民幸福感总分显著低于番禺区，其余区域之间没有显著差异。具体来说，除政府服务外，在其他维度上不同居住地的居民满意度差异显著，比较明显的是海珠区和天河区的居民，海珠区的居民在生活质量、社会环境、个人发展、社会公平、生态环境和精神生活6个维度上的得分均为最低，天河区的居民在个人发展、社会公平、生态环境和精神生活上满意度较低。尽管政府部门在各区的规划与建设中尽量做到协同发展，但是海珠区和天河区的居民在多个维度上得分较低，反映了这两处的居民对以上维度指标投入和建设的认可度仍未达到满意水平。

7. 年龄差异

方差分析结果显示，在总体幸福感和7个分维度上，不同年龄居民得分均不存在显著差异（$p > 0.05$），说明不同年龄的居民幸福感基本相同。

8. 拥有房产的差异

方差分析结果显示，在总体幸福感和7个分维度上，不同房产状况的居民的得分存在显著差异。其中，没有房产的居民总体幸福感最低；在社会公平维度上，有多套房产的居民满意度高于有一套房产的居民。没有房产的居民最基本的安全需求未得到满足[2]，因此幸福感水平偏低。但拥有多套房产的居民只有在社会公平维度上比拥有一套房产的居民满意度显著更高，所以房产并不总是带来幸福。

---

[1] 郑凯文：《硕士生就业压力研究》，湖南大学硕士学位论文，2008。
[2] 郑凯文：《硕士生就业压力研究》，湖南大学硕士学位论文，2008。

表5　2018年不同文化程度的居民幸福感状况

指标	教育程度（$M \pm SD$）						F
	初中	高中/中专	大专	本科	硕士	博士	
生活质量	3.37±0.89	3.70±0.68	3.47±0.73	3.76±0.65	3.71±0.62	3.83±1.46	11.32***
社会环境	3.28±0.94	3.61±0.7	3.47±0.76	3.74±0.68	3.72±0.66	3.72±1.43	9.84***
个人发展	3.44±1.00	3.61±0.71	3.48±0.81	3.77±0.70	3.53±0.75	3.93±1.47	8.76***
社会公平	3.09±1.13	3.53±0.81	3.39±0.86	3.68±0.73	3.53±0.84	3.73±1.49	9.42***
政府服务	3.50±1.06	3.66±0.70	3.46±0.85	3.76±0.72	3.66±0.68	3.69±1.38	9.60***
生态环境	3.24±1.07	3.66±0.71	3.47±0.80	3.74±0.70	3.74±0.72	3.86±1.34	8.52***
精神生活	3.42±0.98	3.81±0.73	3.62±0.74	3.85±0.66	3.83±0.72	3.86±1.34	6.86***
总体幸福感	3.34±0.97	3.67±0.66	3.48±0.73	3.76±0.62	3.69±0.63	3.79±1.41	10.96***

注：因参与本次测评的初中、博士学历的居民人数过少，故不纳入方差分析中。F值***表示$p < 0.001$。

表6 2018年不同居住地的居民幸福感状况

地区	各维度得分（M±SD）							
	生活质量	社会环境	个人发展	社会公平	政府服务	生态环境	精神生活	总体幸福感
天河区	3.61±0.67	3.58±0.74	3.56±0.71	3.53±0.81	3.60±0.79	3.57±0.79	3.73±0.69	3.60±0.68
荔湾区	3.74±0.78	3.71±0.78	3.74±0.79	3.68±0.82	3.78±0.79	3.71±0.80	3.83±0.77	3.74±0.74
越秀区	3.64±0.67	3.63±0.71	3.67±0.70	3.56±0.79	3.67±0.71	3.64±0.74	3.77±0.72	3.66±0.65
白云区	3.78±0.62	3.73±0.67	3.78±0.70	3.62±0.76	3.72±0.71	3.74±0.70	3.86±0.63	3.76±0.61
海珠区	3.56±0.73	3.55±0.72	3.52±0.81	3.50±0.81	3.61±0.79	3.56±0.76	3.68±0.75	3.57±0.70
番禺区	3.79±0.58	3.77±0.60	3.77±0.60	3.62±0.77	3.72±0.73	3.81±0.66	3.94±0.56	3.78±0.55
黄埔区	3.76±0.71	3.75±0.71	3.75±0.71	3.71±0.77	3.76±0.73	3.74±0.72	3.79±0.66	3.75±0.66
花都区	3.62±0.70	3.63±0.74	3.63±0.72	3.48±0.83	3.62±0.85	3.58±0.74	3.75±0.69	3.62±0.69
南沙区	3.71±0.67	3.69±0.67	3.69±0.67	3.65±0.79	3.72±0.73	3.68±0.70	3.86±0.68	3.71±0.64
从化区	3.80±0.72	3.73±0.72	3.73±0.72	3.76±0.70	3.79±0.72	3.81±0.72	3.81±0.74	3.79±0.67
增城区	3.73±0.69	3.74±0.73	3.74±0.73	3.67±0.76	3.68±0.74	3.71±0.76	3.76±0.81	3.73±0.70
F	3.06**	2.24*	3.10**	2.01*	1.33	2.88*	2.42*	2.64**

注：F 值无 * 标注表示未达到显著水平，即 $p > 0.05$；* 表示 $p < 0.05$，** 表示 $p < 0.01$。

9. 月收入差异

因月收入在4000元以下和50000元以上的居民人数较少，不具有代表性，故不做进一步分析比较。在总体幸福感和各分维度上，不同收入水平的居民差异显著，随着收入的增加，居民的满意度也逐渐提高，说明收入水平是影响人们幸福感的重要因素。

10. 月消费水平差异

因月消费在1000元以下和50000元以上的居民人数较少，不具有代表性，故不做进一步分析比较。在总体幸福感和各分维度上，不同月消费水平的居民得分存在显著差异。整体而言，随着消费水平的增高，居民的幸福感呈递增趋势。

11. 职业类型差异

职业选择为其他的仅有1人，不具有代表性，故不做进一步的统计分析。如表7所示，不同职业的居民在总体幸福感和7个维度上的得分均存在显著差异（见表7）。总的来说，个体户、企事业单位管理人员以及公务员三类群体的幸福感水平较高，失业或者下岗、外来务工者的幸福感水平最低，表明政府在失业救助以及外来务工者的福利保障方面还要继续努力。

12. 居民的心声

影响居民幸福感提升最重要的因素是生活质量（49.25%），以下是社会公平（28.60%）、个人发展（28.25%）、生态环境（28.10%）、社会环境（26.25%）、精神生活（20.85%）和政府服务（18.00%）。而居民最希望得到改善的两个因素为社会公平（36.25%）和生活质量（35.90%），其后依次是生态环境（29.75%）、社会环境（27.10%）、个人发展（26.25%）、政府服务（23.80%）和精神生活（22.00%）。通过进一步分析发现，在生活质量上，居民对住房状况和医疗服务水平这两项满意度较低；在社会公平上，居民对社会分配公平的满意度较低。

13. 居民相对剥夺感

2018年，有61.8%的居民认为"我应该过上比现在更好的生活"，只有

表7 2018年不同职业的居民幸福感状况

各维度得分（M±SD）

职业	生活质量	社会环境	个人发展	社会公平	政府服务	生态环境	精神生活	总体幸福感
政府公务员	3.81±0.63	3.74±0.69	3.80±0.67	3.72±0.78	3.75±0.74	3.74±0.79	3.92±0.66	3.79±0.61
企事业职工	3.71±0.67	3.71±0.70	3.69±0.77	3.62±0.80	3.71±0.75	3.71±0.72	3.82±0.68	3.71±0.65
企事业管理人员	3.83±0.63	3.80±0.64	3.83±0.66	3.72±0.75	3.78±0.71	3.78±0.69	3.90±0.66	3.81±0.61
专业技术人员	3.60±0.72	3.58±0.77	3.60±0.79	3.50±0.82	3.61±0.81	3.60±0.77	3.71±0.74	3.61±0.71
自由职业者	3.57±0.67	3.55±0.68	3.52±0.72	3.53±0.71	3.61±0.77	3.55±0.66	3.67±0.75	3.57±0.66
军人、警察	3.55±0.82	3.59±0.79	3.62±0.80	3.85±0.69	3.63±0.73	3.40±0.99	3.78±0.99	3.61±0.77
外来务工人员	3.29±0.69	3.30±0.68	3.26±0.76	3.15±0.75	3.29±0.74	3.32±0.79	3.47±0.67	3.30±0.66
离退休人员	3.55±0.44	3.55±0.36	3.48±0.57	3.20±0.51	3.53±0.44	3.56±0.58	3.82±0.56	3.55±0.40
失业下岗人员	3.18±0.54	3.28±0.81	3.33±0.53	3.05±0.66	3.29±0.64	3.45±0.30	3.25±0.54	3.26±0.54
个体户	4.02±0.52	4.00±0.62	4.01±0.59	3.97±0.62	4.02±0.57	4.04±0.60	4.04±0.53	4.02±0.51
学生	3.39±0.76	3.37±0.66	3.35±0.77	3.42±0.55	3.47±0.70	3.49±0.85	3.45±0.67	3.42±0.68
F	10.53***	8.29***	9.50***	8.82***	6.45***	6.73***	6.69***	9.67***

注：F值***表示 $p < 0.001$。

3.3%的居民表示不同意这种说法；有39.8%的居民认为"我现在的生活就是我原来想要的生活"，有12.2%的居民不同意这种说法；有44.7%的居民认为"我现在的生活比原来想象的更好"，有11.3%的人不同意这种说法，可见目前广州市居民的相对剥夺感仍较为普遍。

在性别和年龄上，居民相对剥夺感大体相同；在婚姻状况上，离异的居民相对剥夺感最高；在受教育程度上，博士学历的居民相对剥夺感最高；在职业类型上，军人的居民相对剥夺感最高；在房产情况上，自己或配偶名下没有房产的居民相对剥夺感最高；在收入和消费水平上，中高等收入居民的相对剥夺感较高（见表8）。

表8　2018年居民的相对剥夺感现状

单位：%

选项		我应该过上比现在更好的生活	我现在的生活就是我原来想要的生活	我现在的生活比原来想象的更好
性别	男	62.34	37.20	42.20
	女	61.23	39.28	45.23
年龄	18~25岁	62.33	37.67	42.33
	26~35岁	62.75	43.00	48.25
	36~45岁	61.40	38.20	47.00
	46~55岁	62.25	39.00	44.50
	56~65岁	60.33	42.67	40.67
	66岁以上	60.00	35.00	39.00
婚姻状况	未婚	64.02	38.79	39.72
	已婚	61.39	40.03	45.27
	离异	77.78	33.33	48.15
	丧偶	0	0	33.33
文化程度	初中及以下	33.33	55.56	22.22
	高中及中专、职高	68.81	31.19	35.78
	大专	61.37	31.51	41.64
	本科	61.06	43.07	46.90
	硕士	64.47	33.55	38.16
	博士	88.89	66.67	77.78

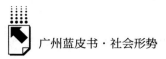

续表

选项		我应该过上比现在更好的生活	我现在的生活就是我原来想要的生活	我现在的生活比原来想象的更好
职业	政府公务员	70.47	59.06	60.40
	企事业单位职员	57.40	36.11	42.10
	企事业单位管理人员	61.14	43.81	47.24
	各类专业技术人	66.84	40.26	43.16
	自由职业者	57.63	34.75	43.22
	军人	100.00	25.00	12.50
	外来务工人员	60.17	18.64	29.66
	退休人员	63.64	22.73	22.73
	失业或下岗人员	50.00	0	0
	个体户	65.08	52.38	68.25
	学生	54.55	27.27	27.27
	其他	100.00	100.00	100.00
房产	没有	54.23	17.96	44.70
	一套	63.57	43.50	49.02
	多套	59.74	42.42	45.02
家庭人均月收入	2500~4000 元	0	0	0
	4000~6000 元	55.86	27.93	36.04
	6000~8000 元	52.07	28.51	32.64
	8000~10000 元	64.46	35.26	42.98
	10000~20000 元	63.93	41.40	45.73
	20000~50000 元	62.23	50.80	54.52
	50000 元以上	66.67	50.00	33.33
家庭月消费金额	1000 元以下	0	9.09	9.09
	1000~2500 元	51.85	23.46	23.46
	2500~4000 元	61.11	42.74	44.87
	4000~6000 元	59.56	35.35	44.07
	6000~8000 元	63.00	39.53	46.30
	8000~10000 元	68.46	47.43	48.66
	10000~20000 元	63.25	35.69	41.70
	20000~50000 元	51.14	44.32	52.27
	50000 元以上	37.50	100.00	62.50

（二）2016～2018年广州市居民幸福感状况的比较

1. 总体情况比较

纵观2016～2018年的幸福感数据（见表9），广州市居民的总体幸福感和各分维度均呈现直线上升的趋势，表明广州市政府为居民所做出的服务和贡献得到了居民的普遍认可。

表9　2016～2018年广州市居民幸福感状况

指标	2016年	2017年	2018年
生活质量	3.33	3.64	3.70
社会环境	3.10	3.56	3.69
个人发展	3.50	3.62	3.69
社会公平	3.06	3.49	3.60
政府服务	3.18	3.56	3.69
生态环境	2.97	3.55	3.68
精神生活	3.70	3.72	3.80
幸福感总分	3.22	3.60	3.70

2. 性别差异比较

2016年的调查显示男性居民在社会环境和生态环境维度上的得分（M = 3.15/3.05）显著高于女性居民（M = 3.06/2.92），但总体幸福感得分无显著性别差异（$p > 0.05$）；2017年调查显示分维度和总体幸福感得分均无显著性别差异（$p > 0.05$）；2018年调查显示总体幸福感得分无显著性别差异（$p > 0.05$），总体来看居民幸福感的性别差异逐年缩小。

3. 婚姻状况差异比较

2016年调查显示丧偶居民在7个分维度以及总体幸福感得分（M = 3.51）均为最高，离婚居民在生活质量、社会环境、个人发展、精神生活以及总体幸福感得分（M = 3.17）均为最低；2017年不同婚姻状况的居民在各项指标上的评分较为一致，已婚居民除精神生活外的其他分维度以及总体幸福感得分（M = 3.62）均为最高；2018年已婚居民在总体幸福感（M =

3.72）、生活质量、社会环境、生态环境和精神生活上的满意度评分均为最高，且不同婚姻状况的居民在社会公平和生态环境维度上的得分较 2017 年都有不同程度的提高。

4. 受教育程度差异

在 2018 年的测评中，受不同教育程度的居民在社会环境、社会公平、政府服务维度上的得分较 2017 年有明显提升。由 2016 年、2017 年和 2018 年的调研结果来看，高学历者的幸福感不一定是最高的（见表 10）。

表 10 2016～2018 年广州市受不同教育程度的居民总体幸福感状况

年份	初中以下	高中/中专	大专	本科	硕士	博士
2016	3.38	3.24	3.24	3.26	3.17	3.17
2017	3.42	3.53	3.48	3.66	3.49	3.46
2018	3.34	3.67	0.48	3.76	3.69	3.79

5. 年龄差异比较

2018 年不同年龄居民的总体幸福感和各分维度得分均不存在显著差异。各个年龄段居民在政府服务、社会环境上的得分较 2017 年度有小幅提升（见表 11）。

表 11 2016～2018 年不同年龄的居民总体幸福感状况比较

年龄（岁）	2016 年	2017 年	2018 年
18～25	3.26	3.62	3.73
26～35	3.21	3.65	3.71
36～45	3.28	3.65	3.70
46～55	3.29	3.51	3.68
56～65	3.15	3.54	3.66
66 及以上	3.40	3.73	3.71

6. 月收入差异比较

2018 年月收入在 4000 元以下的居民在社会公平、社会环境、生态环境分维度得分较 2017 年明显下降，月收入在 50000 元以上的居民在社会环境、生态环境和总体幸福感上的得分较 2017 年有了大幅度的提升（见表 12）。

表 12　2016～2018 年不同月收入的居民总体幸福感状况比较

月收入（元）	2016 年	2017 年	2018 年
2500～4000	3.24	3.42	3.16
4000～6000	3.28	3.39	3.41
6000～8000	3.27	3.49	3.40
8000～10000	3.34	3.53	3.64
10000～20000	3.30	3.65	3.75
20000～50000	3.35	3.82	3.89
50000 以上	3.29	3.31	4.01

7. 月消费水平差异比较

2017 年，月消费水平在 20000～50000 元的居民在生活质量、社会环境、社会公平上的得分均高于 2016 年和 2018 年，2017 年和 2018 年月消费在 2500～4000 元、4000～6000 元、6000～8000 元、8000～10000 元、10000～20000 元、20000～50000 元的居民在生活质量、社会环境、社会公平、政府服务、生态环境和总体幸福感上的得分与 2016 年相比均有大幅提升，而2016～2018 年不同的月消费水平的居民个人发展和精神生活维度得分基本持平。

8. 职业类型差异比较

2018 年，个体户在总体幸福感（M＝4.02）和各维度上的得分较 2017年度均有大幅度上升，学生在社会公平（M＝3.42）、生态环境（M＝3.49）上的得分较 2017 年有明显上升，退休人员在政府服务（M＝3.53）上的得分有明显上升。而失业下岗人员在精神生活（M＝3.25）维度上的得分较 2017 年度有所下降。

9. 居民心声的比较

在 2016～2018 年的 3 次施测中，都有将近 50％的受访者认为生活质量是影响幸福感的重要因素，其重要性逐年上升，此外，生活质量也是居民最迫切希望改善的因素（见表13）。

表13　2016～2018年广州市影响居民幸福感和居民希望改善的幸福感因素

单位：%

指标	影响居民幸福感的因素			居民希望改善的幸福感因素		
	2016 年	2017 年	2018 年	2016 年	2017 年	2018 年
生活质量	45.80	49.25	48.00	33.80	35.90	34.40
社会环境	35.90	26.25	27.70	35.80	27.10	28.20
个人发展	26.60	28.25	26.10	14.70	25.30	21.25
社会公平	12.90	28.60	25.70	29.90	36.25	34.55
政府服务	15.70	18.00	16.50	31.20	23.80	27.85
生态环境	33.60	28.10	31.30	31.00	29.75	32.30
精神生活	20.90	20.85	24.50	16.10	21.90	21.45

（三）2016～2018年居民相对剥夺感比较

就整体情况而言，三年来广州市居民的相对剥夺感仍然较为普遍（见表14）。

表14　2018年居民相对剥夺感总体情况

单位：%

选项	我应该过上比现在更好的生活			我现在的生活就是我原来想要的生活			我现在的生活比原来想象的更好		
	2016 年	2017 年	2018 年	2016 年	2017 年	2018 年	2016 年	2017 年	2018 年
同意	64.1	61.0	61.8	21.1	38.5	39.8	23.7	44.3	44.7
不同意	1.5	2.9	3.3	21.1	14.0	12.2	22.2	11.5	11.3

2016～2018年，相对剥夺感均无显著性别差异；相较于2017年，2018年66岁以上的居民相对剥夺感有所下降，其余年龄段的居民相对剥夺感无显著变化；2016年未婚的居民相对剥夺感最高，2017年已婚的居民相对剥夺感最高，2018年离异的居民相对剥夺感最高；2016年本科学历的居民相

对剥夺感最高,2017年硕士学历的表现为相对剥夺感最高,2018年博士学历的居民相对剥夺感最高;2016年外来务工人员和学生的居民相对剥夺感较高,2017年则表现为失业下岗人员和企事业单位管理人员的居民相对剥夺感较高,2018年军人警察、外来务工人员的居民相对剥夺感较高;2016年月收入为6000元以下的居民相对剥夺感较高,2017年月收入为20000~50000元的居民相对剥夺感较高,2018年则是50000元以上的居民相对剥夺感较高;2016年表现为低消费水平的居民相对剥夺感较高,2017年则表现为高消费水平的居民相对剥夺感较高,2018年则表现为中高等消费水平的居民相对剥夺感较高(见表15)。

表15 2016~2018年居民相对剥夺感现状

单位:%

选项		我应该过上比现在更好的生活			我现在的生活就是我原来想要的生活			我现在的生活比原来想象的更好		
		2016年	2017年	2018年	2016年	2017年	2018年	2016年	2017年	2018年
性别	男	63	61	62	21	40	40	23	45	44
	女	65	61	61	21	37	39	23	44	45
	18~25岁	71	58	62	14	43	38	12	46	42
	26~35岁	66	63	63	20	40	43	24	48	48
	36~45岁	69	66	61	22	40	38	26	44	47
	46~55岁	68	69	63	28	33	39	28	43	45
	56~65岁	76	60	60	20	37	43	40	41	41
	66岁以上	68	90	60	50	41	35	40	43	39
婚姻状况	未婚	71	57	64	15	39	39	13	44	40
	已婚	69	66	61	23	39	40	26	45	45
	离异	72	56	78	9	48	33	24	32	48
	丧偶	63	46	0	15	7	0	31	7	33
文化程度	初中及以下	64	78	33	23	67	56	26	11	22
	高中及中专、职高	65	54	69	21	35	31	23	38	36
	大专	68	59	61	22	30	32	31	38	42
	本科	63	63	61	19	41	43	20	48	47
	硕士	58	62	65	21	44	34	19	38	38
	博士	57	60	89	57	40	67	29	70	78

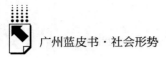

续表

选项		我应该过上比现在更好的生活			我现在的生活就是我原来想要的生活			我现在的生活比原来想象的更好		
		2016年	2017年	2018年	2016年	2017年	2018年	2016年	2017年	2018年
职业	政府公务员	59	66	71	34	49	59	38	59	60
	企事业单位职员	62	62	57	21	35	36	25	44	42
	企事业单位管理人员	76	63	61	18	46	44	27	51	47
	各类专业技术人员	74	60	67	25	32	40	22	36	43
	自由职业者	65	60	58	21	44	35	27	46	43
	军人警察	64	38	100	43	50	25	36	38	13
	农民	56	75	0	11	0	0	11	0	0
	外来务工者人员	64	43	60	16	21	19	15	19	30
	退休人员	64	60	64	21	31	23	43	39	23
	失业或下岗人员	72	67	50	20	50	0	36	17	0
	个体户	65	47	65	32	49	52	33	42	69
	学生	57	46	55	14	8	27	13	46	27
	其他	61	67	100	18	67	100	22	0	100
家庭人均月收入	1000元以下	63	33	0	9	0	0	5	0	0
	1000~2500元	53	42	0	24	42	0	25	21	0
	2500~4000元	68	34	0	15	40	0	19	42	0
	4000~6000元	61	50	56	18	27	28	22	30	36
	6000~8000元	61	55	52	19	33	29	25	40	33
	8000~10000元	67	60	64	25	31	35	26	37	43
	10000~20000元	71	65	64	27	42	41	28	48	46
	20000~50000元	59	66	62	34	48	51	51	56	54
	50000元以上	69	58	67	19	33	50	50	50	33
家庭每月消费金额	1000元以下	51	50	0	12	36	9	21	7	9
	1000~2500元	58	46	52	20	31	24	24	39	24
	2500~4000元	61	57	61	17	35	43	24	37	45
	4000~6000元	70	64	60	22	38	35	24	47	44
	6000~8000元	65	67	63	24	40	40	19	44	46
	8000~10000元	72	64	69	23	46	47	24	51	49
	10000~20000元	65	56	63	29	37	36	26	46	42
	20000~50000元	52	55	51	28	45	44	34	66	52
	50000元以上	60	86	38	20	43	100	40	71	63

五 建议与对策

居民幸福感的测评是衡量和评价社会运行与政府工作效果的"温度计",是建设幸福广东工作方向和手段的"指示器"。2018年的幸福感测评结果反映了现阶段居民对幸福广州实现程度的感受和主要诉求,各级政府应以此为导向,找准下一步工作方向。基于上述调研结果和相关研究,为更好地实现"幸福广州"的终极目标,研究提出以下建议和对策。

(一)改善住房状况,提升生活质量

在房价一路高涨的现实背景下,住房已经成为影响城市居民主观幸福感重要的外部因素。所以,提升生活质量,关键在于住房。住房可以抵御经济困难,得到收入回报,提供经济安全,因此拥有住房产权能显著提升幸福感。通过对居民的访谈,建议具体可从以下几个方面着手。一是坚持房子是用来住的、不是用来炒的定位;二是积极构建新时代住房保障体系,建立多渠道住房保障制度,进一步规范并加强租赁住房补贴工作;三是不断完善保障性住房分配制度,坚持保障房源、分配过程、分配结果"三公开",确保公平公正分配;四是提高住房金融保障,打击市场投机行为,维护市场秩序。

(二)共享改革发展成果,保证社会公平

通过对社会公平维度5个项目的分析发现,广州市居民对社会分配公平的满意度最低。党的十九大报告指出,必须始终把人民利益摆在至高无上的地位,让改革发展成果更多更公平地惠及全体人民,朝着实现全体人民共同富裕不断迈进。政府可以从以下几点改善收入分配不均的局面。一是持按劳分配原则,完善按要素分配的机制,促进收入分配更合理、更有序;二是鼓励勤劳守法致富,扩大中等收入群体,增加低收入者收入,调节过高收入,取缔非法收入;三是拓宽居民劳动收入和财产性收入渠道,履行好政府再分

配调节职能，加快推进基本公共服务均等化，缩小收入分配差距；四是随着互联网的普及以及中外交流的增多，可利用这些优势使偏远山区居民获得更多教育资源，减小由收入分配不均带来的资源分配不均等影响。

（三）践行生态文明，保护生态环境

2018 年的调查发现，广州市居民对空气质量和噪声控制情况担忧较大。面对生态环境日益严峻的形势，必须大力推进生态文明建设。一是加快建立绿色生产和消费的法律制度和政策导向，建立健全绿色低碳循环发展的经济体系；二是构建以政府为主导、以企业为主体、社会组织和公众共同参与的环境治理体系；三是改革生态环境监管体制，统一行使监管城乡各类污染排放和行政执法职责。

（四）开展丰富文化活动，丰富女性精神生活

2018 年的调查发现，女性居民在精神生活维度上的满意度显著低于男性居民，精神生活在决定社会关系、深入影响社会结构及个体全面发展方面有着深刻的作用。提高女性精神生活，建议从以下几个方面入手。一是组织开展"三八红旗集体""三八红旗手"评选活动，将她们的事迹进行广泛宣传，营造学先进、争做先进的良好氛围；二是抓好非公组织妇女建设，提高妇女组织覆盖率；三是关注女性心灵成长，建立女性文化沙龙，丰富女性文化生活；[①] 四是设立女性心理援助基地，提高女性心理健康水平。

（五）推广社区心理健康建设，减少相对剥夺感

相对剥夺反映了个体以及群体之间的不公平程度，可以看作个体对自身剥夺和贫困进行分析后做出的客观判断。近年来，随着贫富差距不断扩大，相对剥夺感越来越强烈。有研究指出，公平是维持社会正义与和谐的前提，在这样的社会中绝大多数人可以实现自己的目标，而剥夺的存在会阻碍这一

---

① 戴波：《构筑女性精神家园 打造高品质文化品牌》，《中国文化报》2015 年 1 月 20 日。

目标的实现，并引起社会冲突，进而降低生活满意度。降低相对剥夺感，可大力发挥全市的"幸福广州心理服务与辅导基地"的作用，为增进社会和谐、建设幸福广州贡献力量。也可以此为契机，大力推广社区心理服务，规范广州市现有各心理服务机构，创造出适合广州的高效工作模式，让社会各界均能关注和重视心理健康工作，共同努力建设"幸福广州"。

综上所述，提升居民幸福感，建设"幸福广州"是一项长期、庞大的系统工程，牵涉方方面面，生活质量、社会环境、个人发展、社会公平、政府服务、生态环境、精神生活 7 项幸福感指标是相辅相成的，因此在城市建设过程中应该注意统筹兼顾，协同发展。

（审稿人：梅声洪）

B.19
广州市民美好生活满意度入户调查

广州市统计局普查中心　广州市统计咨询中心*

摘　要： 党的十九大报告指出，中国特色社会主义进入新时代，我国社会主要矛盾已经发生变化，新时代谋划发展、推动发展必须深刻地把握我国社会主要矛盾发生变化的新特点，牢牢把握人民群众对美好生活的向往。为了了解新时代背景下市民对美好生活需要的看法和期待，广州市统计局于2018年3月上旬，通过万户居民调查网，对全市11区40个行政街200个社区的5000名常住居民进行了入户抽样调查。

关键词： 美好生活　获得感　幸福感

　　调查结果显示：市民对目前生活的水平、条件及环境总体感觉良好；生态环境质量是近年来改善最大的一个方面，多数市民期待未来在个人发展、社会公正程度和社会保障程度等方面进一步改善；人民富裕和环境优美是市民对未来广州美好生活的最高期待；有七成以上的受访者对未来三年在广州安居乐业持绝对乐观态度；有七成以上的受访者认为，医疗、就业与收入等方面得到改善最能提高幸福感。

---

　*　课题组成员：欧阳飞，广州市统计局普查中心主任；倪静，广州市统计局固定资产投资统计处副处长；卢洁辉，广州市统计咨询中心社情民意调查部部长。执笔：卢洁辉。

一 市民对美好生活需要的看法

(一)对目前所处生活环境的评价

针对市民目前所处生活环境各个方面的评价，总体得分正面良好，但离满意还有一定差距。从综合得分①情况来看，6.93 分（满分 10 分）的结果比较客观，但得分不是很高，一方面真实反映了市民的评价总体上比较正面，另一方面也表明了广州市的生活环境与市民心中期望值尚有一定差距，未来仍有较大的提升空间。

各项得分均较良好，整体均衡，差异小。从各项得分看，得分最高的是生态环境质量，为 7.08 分；得分最低的是个人发展，为 6.64 分；两者差距仅为 0.44 分，其余六项评分均处于 6.86 ~ 7.07 分，差异较小（见表 1）。

表 1 广州市目前生活环境评分

排名	内容	得分
1	生态环境质量(空气、绿化美化、水环境等)	7.08
2	政府管理服务(规划与治理能力、工作效率、工作作风等)	7.07
3	社会安全程度(人身安全、财产安全、生产安全、食品安全、药品安全等)	7.01
4	社会保障程度(就业、教育、医疗、养老等)	6.98
5	物质生活质量(收入、消费、住房、出行等)	6.92
6	社会公正程度(依法办事、机会平等、分配公正等)	6.87
7	精神生活质量(文化体育休闲娱乐、人际关系等)	6.86
8	个人发展(就业机会、发展前景、受到尊重、自我实现等)	6.64
	总体平均	6.93

注：满分 10 分。

---

① 主要从物质生活质量等八项内容分别评价计分，然后计算其平均分作为综合得分。

各项得分充分体现了政府工作成果和政策效果差异。从各项得分具体差异看，生态环境质量评分最高，得益于近年来政府部门切实践行"绿水青山就是金山银山"的科学理念，不断加大环境整治力度，生态环境、城市生活环境得以持续改善，市民满意度进一步提升；政府管理服务得分次高，是广州市多年来系统提升城市管理服务效能，纵深推进作风建设的成果体现；社会安全程度得分较高，反映了当前社会治安、生产、食品药品安全程度等有所改善，初步得到市民肯定；其余7分以下的内容，主要集中在民生、社会公正和个人高层次需要等，表明市民对此有更高的期待，希望政府能有进一步投入或重视。

（二）对近年生活环境改善情况的评价

生态环境质量近年改善最大，获得最高评分。调查显示，市民认为近年来改善最大的三项是生态环境质量、社会安全程度和物质生活质量，选择的比例分别为46.4%、41.5%和41.0%。选择个人发展的比例最低，仅为21.6%。无论从现状水平还是从改善发展的角度来看，社会在满足市民文化、社会公正、个人发展等较高层次的需求方面，均存在较大的进步空间（见表2）。

表2 广州市居民对近年来生活环境改善方面的认识（多选项）

单位：%

排名	内容	比例
1	生态环境质量（空气、绿化美化、水环境等）	46.4
2	社会安全程度（人身安全、财产安全、生产安全、食品安全、药品安全等）	41.5
3	物质生活质量（收入、消费、住房、出行等）	41.0
4	社会保障程度（就业、教育、医疗、养老等）	37.7
5	政府管理服务（规划与治理能力、工作效率、工作作风等）	32.5
6	精神生活质量（文化体育休闲娱乐、人际关系等）	30.6
7	社会公正程度（依法办事、机会平等、分配公正等）	24.1
8	个人发展（就业机会、发展前景、受到尊重、自我实现等）	21.6

（三）对全面深化改革的"获得感"评价

近九成市民对近年来广州全面深化改革的"获得感"（即共享改革成果）表示"有很大提高"或"有一定提高"，表明绝大部分市民对改革成果的分享持肯定态度。其中，认为"有很大提高"和"有一定提高"的比例分别为14.3%和72.4%，两项合计达到86.7%，认为"基本没有提高"和"有所下降"的比例相对较低，分别为10.1%和0.3%，另有2.9%表示"说不清"。

（四）对广州是否作为安居乐业城市的选择

有九成以上市民表示，在未来三年"应该会"或"肯定会"在广州就业定居，还在一定程度上反映了广州仍具备足够的吸引力，仍然是市民心中择业与定居的好城市。其中，有72.6%的被访者表示未来三年"肯定会"在广州就业定居，24.5%则表示"应该会"，两项比例合计高达97.1%，表明市民对其整体认同度高；表示"不会"和"很难说"的分别仅为1.1%和1.8%。

二　市民对美好生活需要的期待

（一）心目中向往的美好生活愿景

1. 被访市民对未来广州美好生活的愿景主要集中在"人民富裕""环境优美""经济发达"

从调查情况看，选择"人民富裕"和"环境优美"的比例均超过半数，分别为57.0%和55.2%；"经济发达"比例稍低，为47.3%，说明在美好生活需要中的"硬需求"并没有消失，但呈现出升级态势；其他各项均在40%以下，比例最低的是"创新活力"，仅为9.5%，这从侧面反映了广州市创新氛围仍有不足，"大众创业、万众创新"的群众意愿仍有待开发、基础仍需继续夯实（见表3）。

表3 市民对未来广州美好生活的各项选择（多选项）

单位：%

排名	内容	比例
1	人民富裕	57.0
2	环境优美	55.2
3	经济发达	47.3
4	安全稳定	39.8
5	社会公平	25.9
6	和谐共处	21.8
7	文明有礼	20.0
8	民主法治	14.7
9	创新活力	9.5

2.市民期待最多的是社会保障程度等三项

对未来期待进一步改善的各项内容中，被访市民选择最多的是社会保障程度，达到43.1%；以下为物质生活质量和生态环境质量，选择比例分别为40.6%和38.2%；精神生活质量选择比例相对最低，为27.6%（见表4）。

表4 市民期待进一步改善的各项选择（多选项）

单位：%

排名	内容	比例
1	社会保障程度（就业、教育、医疗、养老等）	43.1
2	物质生活质量（收入、消费、住房、出行等）	40.6
3	生态环境质量（空气、绿化美化、水环境等）	38.2
4	社会安全程度（人身安全、财产安全、生产安全、食品安全、药品安全等）	34.9
5	个人发展（就业机会、发展前景、受到尊重、自我实现等）	33.0
6	社会公正程度（依法办事、机会平等、分配公正等）	32.5
7	政府管理服务（规划与治理能力、工作效率、工作作风等）	29.8
8	精神生活质量（文化体育休闲娱乐、人际关系等）	27.6

3.期待改善的前三项现状与近年改善情况对比

社会保障程度的现状评分和近年来改善排名均为中等偏上，但期待改善排名居首位，表明相关部门近年来在民生方面的投入和改进基本得到认可，但仍有进一步提升的空间；物质生活质量的情况类似，居民收入虽然近年来有所提高，但仍然是市民除社会保障之外的最大期待；生态环境质量现状评分和近年来改善排名均为首位，仍是第三大期待改善的指标，表明市民非常重视日常生活与生态环境的密切关系，也期待广州未来生态环境更加美好（见表5）。此外，个人发展、社会公正程度的发展水平及进程与市民的期望值之间仍存在较大差距，政府未来应着重对这两方面的建设发力。

表5   对生活环境各方面的评价与期望的差距对比

内容	现状评分	近年来改善最大的比例(%)	未来期待进一步改善的比例(%)	期待与改善的比例差距（个百分点）
个人发展（就业机会、发展前景、受到尊重、自我实现等）	6.64	21.6	33.0	11.4
社会公正程度（依法办事、机会平等、分配公正等）	6.87	24.1	32.5	8.4
社会保障程度（就业、教育、医疗、养老等）	6.98	37.7	43.1	5.4
物质生活质量（收入、消费、住房、出行等）	6.92	41.0	40.6	-0.4
政府管理服务（规划与治理能力、工作效率、工作作风等）	7.07	32.5	29.8	-2.7
精神生活质量（文化体育休闲娱乐、人际关系等）	6.86	30.6	27.6	-3.0
社会安全程度（人身安全、财产安全、生产安全、食品安全、药品安全等）	7.01	41.5	34.9	-6.6
生态环境质量（空气、绿化美化、水环境等）	7.08	46.4	38.2	-8.2

（二）最能提高幸福感的改善方向

医疗改善最有助于提高市民幸福感一项，就业与收入次之。对广州未来应着力改善的方面，总体上看，85.2%的受访者选择"医疗"，比例高居首位，可见医疗要素的完善意义重大，任重道远；其次是"就业与收入"，比例为73.5%；比例在六到七成的是"养老"和"居住"，分别为66.3%和61.7%；其他项均在六成以下，依次分别是"教育"、"环境治理"、"公共安全"、"政府管理服务"和"其他"（见表6）。

表6 最有助于提高幸福感的各项改善选择比例（多选项）

单位：%

排名	内容	比例
1	医疗	85.2
2	就业与收入	73.5
3	养老	66.3
4	居住	61.7
5	教育	57.6
6	环境治理	50.9
7	公共安全	47.5
8	政府管理服务	32.8
9	其他	0.1

公共服务、资源供给对不同群体的覆盖不平衡，导致需求的差异化。调查结果显示，不同户籍性质的群体，影响其幸福感的因素存在较大差异，非广州市户籍的市民，比广州户籍市民更多关注"就业与收入""教育""居住"等方面的改善。从行政区划看，从化区居民比其他区居民对改善"就业与收入"有更多期待；南沙区居民与越秀区、荔湾区居民在"教育"改善需求关注上相差超过20个百分点；海珠区、越秀区和黄埔区对"养老"方面的改善诉求居全市前三位；花都区和天河区对"公共安全"的关注度明显高于全市平均水平；同样作为有农村区域的两个行政区，从化区和花都区之间在"环境治理"方面的关注度相差41个百分点；希望改善"政府管理服务"方面，天河区和番禺区居民呼声最高（见表7）。

表7　最有助于提高幸福感的各项改善选择比例（分户籍、分区域）

单位：%

内容	是否广州户籍		区域										
	是	否	白云	从化	番禺	海珠	花都	黄埔	荔湾	南沙	天河	越秀	增城
就业与收入	72.2	81.9	68.7	82.0	77.3	69.5	84.5	80.5	71.4	74.0	76.4	70.1	76.0
教育	56.5	64.9	58.8	56.0	64.5	51.1	67.5	65.1	46.8	68.7	64.9	48.7	61.8
居住	60.9	67.1	51.1	60.0	63.8	63.0	63.0	56.5	63.0	52.7	68.9	64.3	67.6
医疗	86.0	80.0	81.5	88.0	86.0	86.6	83.0	85.6	88.0	85.3	85.3	85.4	84.0
养老	68.4	52.3	60.1	69.0	61.8	72.4	64.5	70.4	63.4	65.3	68.4	70.6	52.4
公共安全	47.1	49.5	47.1	33.0	47.8	46.0	56.5	46.4	39.2	44.0	56.4	46.6	45.8
环境治理	51.1	49.1	52.0	21.0	51.5	48.4	62.0	58.7	50.0	46.7	56.0	47.4	42.7
政府管理服务	32.8	32.8	29.1	24.0	40.8	30.3	35.0	31.7	25.6	31.3	41.5	32.0	33.3

（三）各方面急需改善的具体内容

1. 医疗方面

医疗保障水平、医疗服务价格和优质医疗资源的分布成为最应着力改善的内容。在医疗方面应着力改善的内容，有45.0%的受访者首选"医疗保障水平"，可见目前较多市民对医疗方面的改善更多地寄望于医保改革；以下是"医疗服务价格"合理调整和"优质医疗资源分布"均衡的改善诉求，分别为41.8%和38.3%，其余各项均在三成以下（见表8）。

表8　居住方面应着力改善内容的各项选择比例（多选项）

单位：%

排名	内容	比例
1	医疗保障水平	45.0
2	医疗服务价格	41.8
3	优质医疗资源分布	38.3
4	医疗服务水平	29.2

续表

排名	内容	比例
5	医院收费的公开	27.0
6	医德医风	24.4
7	社区卫生服务中心的接诊能力	18.0
8	医患关系	12.1
9	重大疾病和传染病防控	11.2
10	家庭医生签约服务	3.6
11	其他	0.3

2. 就业与收入方面

就业机会、薪酬待遇和生活保障是最应着力改善的内容。在就业与收入方面，被访者认为是应着力改善的内容，选择比例最高的是"就业机会"，为40.2%，好的就业机会和岗位是提高收入幸福感的基础；以下是"薪酬待遇"和"生活保障"，分别为39.6%和31.8%，其余选项比例均在三成以下（见表9）。

表9 就业与收入方面应着力改善内容的各项选择比例（多选项）

单位：%

排名	内容	比例
1	就业机会	40.2
2	薪酬待遇	39.6
3	生活保障	31.8
4	收入差距	26.7
5	权益保障	25.3
6	创业环境	18.6
7	收入渠道	12.5
8	人才引进政策	11.0
9	就业培训	9.4
10	其他	0.1

3. 养老方面

社区养老服务的完善、养老金水平的提高成为养老方面最期望着力改善的内容。在养老方面，"社区养老服务"的改进呼声最高，选择比例为

35.1%，以下是"养老金水平"和"养老方式的多样性"，分别为34.1%和22.6%，其余各项的中选率除"养老机构价格"为22.2%之外，均在两成以下（见表10）。

表10　养老方面应着力改善内容的各项选择比例（多选项）

单位：%

排名	内容	比例
1	社区养老服务	35.1
2	养老金水平	34.1
3	养老方式的多样性	22.6
4	养老机构价格	22.2
5	丰富老年人的娱乐生活	19.7
6	养老机构入住难	19.5
7	养老机构服务的专业性	13.6
8	养老机构管理	10.9
9	异地社保关系转移接续	9.2
10	家政服务市场监管	7.8
11	其他	0.1

4. 居住方面

房价、住房保障和物业管理为居住方面最应着力改善的内容。近年来房价持续上涨，居高不下的房价逐渐成为市民的压力源和话题焦点，针对居住方面应着力改善的内容，有近一半的被访市民选择了"房价"，以下是"住房保障"和"物业管理"，选择比例分别为27.0%和22.2%，其余各项比例均在两成以下（见表11）。

表11　居住方面应着力改善内容的各项选择比例（多选项）

单位：%

排名	内容	比例
1	房价	48.3
2	住房保障	27.0
3	物业管理	22.2
4	老旧小区更新改造	19.9

续表

排名	内容	比例
5	建筑质量	13.9
6	简化房屋交易手续	9.7
7	租户入学权利	9.6
8	对开发商、房屋中介的规范管理	9.5
9	城中村环境整治	8.8
10	违章建筑整治	7.1
11	拆迁补偿	4.8
12	其他	0.2

5. 教育方面

优质教育资源分布、教学质量和素质教育被认为是教育方面最应着力改善的内容。针对教育方面应着力改善的内容，被访市民选择比例最高的是"优质教育资源分布"，为34.7%，以下是"教学质量"和"素质教育"，分别为31.8%和23.4%，其余各项选择比例均在两成以下（见表12）。

表12　教育方面应着力改善内容的各项选择比例（多选项）

单位：%

排名	内容	比例
1	优质教育资源分布	34.7
2	教学质量	31.8
3	素质教育	23.4
4	户籍限制	17.5
5	师德师风	17.2
6	教育费用	14.0
7	课后托管	11.3
8	提供多种教育形式	7.7
9	在校食宿条件	7.0
10	校外培训管理	5.3
11	其他	0.1

6. 环境治理方面

空气质量、饮用水质量和环境卫生为环境治理方面最应着力改善的内容。针对环境治理方面应着力改善的内容，市民呼声最高的是"空气质量"，选择比例为33.9%，以下是"饮用水质量"和"环境卫生"，分别为29.4%和21.8%，其余各项比例均在两成以下（见表13）。可见空气、饮水、卫生此三个与市民生存生活最密切相关的环境因素在未来较长一段时间内依然面临不断改善的压力和挑战。

表13   环境治理方面应着力改善内容的各项选择比例（多选项）

单位：%

排名	内容	比例
1	空气质量	33.9
2	饮用水质量	29.4
3	环境卫生	21.8
4	垃圾分类	13.6
5	噪声污染防治	12.0
6	城市绿化	11.3
7	河涌湖泊整治	10.4
8	自然生态环境保护	7.8
9	环保方面立法执法	6.1
10	新能源普及	3.6
11	其他	0.1

7. 公共安全方面

食品药品安全、社会治安、打击诈骗和虚假宣传为公共安全方面最应着力改善的内容。针对公共安全方面应着力改善的内容，选择比例最高的是"食品药品安全"，为36.4%，凸显政府相关监管部门责任重大；以下是"社会治安"和"打击诈骗和虚假宣传"，分别为26.1%和21.3%，其余各项比例均在两成以下（见表14）。

表14　公共安全方面应着力改善内容的各项选择比例（多选项）

单位：%

排名	内容	比例
1	食品药品安全	36.4
2	社会治安	26.1
3	打击诈骗和虚假宣传	21.3
4	女性、儿童、老人等特殊群体的安全保障	17.6
5	交通安全	13.1
6	信息安全	11.3
7	生产安全	5.9
8	水电气的安全	5.0
9	应急管理能力	3.3
10	其他	0.1

8. 政府管理服务方面

便民惠民政策的制定落实和完善、政府工作效能的提高和反腐倡廉的环境被认为是政府管理服务方面最应着力改善的内容。其中选择"便民惠民政策"的比例最高，为23.8%，以下是"政府工作效能"和"反腐倡廉"，分别为14.3%和12.3%，其余各项比例均低于12%（见表15）。

表15　政府管理服务方面应着力改善内容的各项选择比例（多选项）

单位：%

排名	内容	比例
1	便民惠民政策	23.8
2	政府工作效能	14.3
3	反腐倡廉	12.3
4	政务公开	11.1
5	依法行政	11.1
6	排解社会矛盾纠纷	8.6
7	社会治理的信息化水平	6.2
8	政民互动	4.8
9	购买社会服务	4.6
10	其他	0.1

　　新时代，随着社会主要矛盾的转变，如何实现高质量发展、满足人民日益增长的美好生活需要，从而推动人的全面发展等一系列重大课题对经济社会发展、政府执政能力提出更高要求。本次调查发现，近年来广州作为一线城市，其发展保持着稳中有进的态势，各方面发展水平得到市民的广泛认可，市民对提高生活水平、增强幸福感的需求更为广泛、层次更高、更为具体。原来的"硬需求"（物质生活、社会保障、生态环境等）升级换代为叠加多样化、多层次、多方面的"软需求"（安全、公平、民主、法治等）。在政府满足各种需求的努力得到市民认可的同时，广州仍然面临经济发展质量、民生保障水平、宜居环境、社会法治公平、创新动力等方面的诸多挑战。政府在今后的经济社会发展战略、政策制定方面，应更多地考虑这些具体需求，顺应市民的期待，做到与时俱进、有的放矢，切实推进实现高质量发展，不断提高市民的获得感和幸福感。

（审稿人：田丰）

B.20
广州市民对目前经济形势、生活
水平和文化消费调查

广州市统计局普查中心 广州市统计咨询中心 *

摘　要：　为了了解市民对广州经济形势的看法、生活水平的评价以及
　　　　　文化生活现状与期待，广州市统计局于 2018 年 3 月中旬利用
　　　　　万户居民调查网，对全市 11 区 40 条行政街 200 个社区，年
　　　　　龄为 18 ~ 65 周岁的 5000 名常住居民进行了入户调查。调查
　　　　　结果表明：市民看好广州市经济发展，对未来家庭生活有信
　　　　　心，家庭支出结构更趋合理；有 96% 以上的市民有家庭文化
　　　　　消费支出，消费项目多样，文化消费支出主要受收入、兴趣
　　　　　爱好和时间等影响；近八成市民认为广州市文化氛围浓厚，
　　　　　最期待完善公共文化基础设施、推出文化惠民补贴。

关键词：　经济形势　生活水平　文化消费

一　经济形势判断与生活水平评价

（一）市民看好广州市经济发展，对经济形势判断预期向好

近年来，广州市经济社会发展稳中向好，经济实力稳步提升。随着高新

---

* 课题组成员：欧阳飞，广州市统计局普查中心主任；倪静，广州市统计局固定资产投资研讨
处副处长；张蕾，广州市统计咨询中心研究助理。执笔：张蕾。

技术企业的快速发展、城市枢纽功能的强化和营商环境的优化,广州的城市竞争力和影响力不断提高,2017年成功举办"财富全球论坛",更为构建全球经济新格局贡献了广州智慧和广州力量。广州经济社会发展取得的成就使市民的获得感不断提升,市民对广州市经济发展充满信心。超过八成的市民看好广州未来的经济形势,有六成半以上的市民对今后两年经济形势持乐观态度。追踪调查结果显示①,市民对广州市经济发展的信心不断提高,对经济判断预期不断向好。

有25.4%的受访者认为,广州的经济形势比前两年将"好很多",56.1%的受访者认为"好一些",合计有81.5%的市民看好广州的经济形势,较上年(69.0%)提高12.5个百分点;认为"无变化"的有12.1%,认为"差一些"和"差很多"的分别为3.7%和0.5%,剩余的人选择"说不清"。

对于广州今后两年的经济形势,有65.5%的受访者认为将会"越来越好",较上年(49.7%)提高15.8个百分点;有28.7%的受访者认为"变化不大";仅有0.8%的受访者认为"越来越差",另有5.0%的受访者表示"说不清"。

(二)家庭生活水平评分继续提高,市民对未来生活有信心

随着广州市经济和社会的发展,市民收入水平、生活质量不断提高,人民生活持续改善,幸福感不断提升。跟踪调查结果显示②,市民家庭生活水平评分连续5年呈上升趋势,认为未来两年的生活水平会"越来越好"的比例也在逐年上升。

2018年,市民对目前家庭生活水平评分仍继续保持在7分以上,平均分为7.28分,较上年提高0.22分。将家庭月收入在10000元及以上、3001~9999元和3000元及以下的受访家庭分为高、中、低三组(下同),不同收入水平的家庭对生活水平的评分各不相同,其中收入在3000元及以

---

① 2014年和2016年调查未包含市民对经济形势的判断,下同。
② 2016年调查未包含对未来两年家庭生活水平的判断,下同。

下的家庭平均分为 6.39 分, 收入在 3001 ~ 9999 元的家庭平均分为 7.14 分, 收入在 10000 元及以上的家庭平均分为 7.56 分 (见表 1)。

表 1   2012 ~ 2018 年广州不同收入水平家庭生活水平自评分数

序号	收入	2018 年	2017 年	2016 年	2015 年	2014 年	2013 年	2012 年
1	10000 元及以上	7.56	7.38	7.04	7.17	6.96	7.46	7.39
2	3001 ~ 9999 元	7.14	6.96	6.70	6.66	6.36	6.76	6.83
3	3000 元及以下	6.39	6.43	6.32	5.89	5.72	6.17	6.35
	总体平均分	7.28	7.06	6.79	6.68	6.38	6.7	6.80

对于未来两年家庭生活水平的预判, 有 51.0% 的受访者认为将会 "越来越好", 较上年 (39.1%) 提高 11.9 个百分点; 仅有 0.6% 的受访者认为会 "越来越差", 较上年 (1.9%) 下降 1.3 个百分点; 另有 45.6% 的受访者表示 "变化不大", 2.8% 的受访者表示 "说不清"。不同收入水平的家庭对未来两年家庭生活水平判断各不相同, 在高、中、低收入家庭中认为未来两年家庭生活水平将会 "越来越好" 的比例分别是 56.0%、47.9% 和 41.4% (见表 2)。

调查结果表明, 家庭收入越高, 对自身家庭生活水平评分越高, 预期未来两年生活水平将会 "越来越好" 的比例也更高。

表 2   2012 ~ 2018 年广州不同收入水平家庭认为未来两年
生活水平将会 "越来越好" 的比例

单位: %

序号	收入分组	2018 年	2017 年	2015 年	2014 年	2013 年	2012 年
1	10000 元及以上	56.0	45.5	51.7	33.3	42.8	38.0
2	3001 ~ 9999 元	47.9	37.2	37.5	23.3	28.7	31.4
3	3000 元及以下	41.4	29.8	26.1	20.1	20.0	26.3
	总体评价	51.0	39.1	41.6	24.5	28.1	31.2

(三) 支出结构更趋合理, 不同收入家庭对收入支配各有侧重

随着经济发展进入新常态、经济结构转型升级及消费结构调整, 加之人

民生活水平提高和消费观、投资理财观不断变化，市民家庭收入支配也随之逐渐"转型升级"，更加优化，除满足消费和储蓄支出外，有越来越多的家庭会在投资和还贷上加大投入。跟踪调查结果显示①，2018 年消费、储蓄、投资、还贷各项支出占比与 2017 年相比变化不大。与前几年相比，市民在消费和储蓄方面的支出总体呈下降趋势，投资、还贷支出较前几年均有所上升。总体而言，市民对家庭收入的支配更趋合理。

受访市民的消费支出占家庭总收入的比重为 55.50%，较上年（53.49%）提高 2.01 个百分点；储蓄存款占家庭总收入的 23.57%，较上年（25.06%）下降 1.49 个百分点；消费和储蓄二者占比为 79.07%，较上年（78.55）略上升 0.52 个百分点。投资支出占比为 11.53%，较上年（11.62%）略下降 0.09 个百分点；还贷支出占比为 9.40%，较上年（9.84%）略下降 0.44 个百分点（见表 3）。不同收入家庭对于收入支配各有不同，收入越高家庭还借贷和投资支出比重越高，消费支出比重越低；中等收入家庭储蓄支出比重高于其他收入水平的家庭。高、中、低收入家庭消费支出分别为 49.95%、59.19% 和 72.11%，还借贷支出分别为 15.5%、10.86% 和 6.74%，投资支出分别为 16.85%、11.66% 和 9.12%；储蓄支出分别为 23.87%、24.98% 和 20.53%。

表 3 2012~2018 年广州市民家庭总体收入支配构成

单位：%

项目	2018 年	2017 年	2016 年	2015 年	2014 年	2013 年	2012 年
消费	55.50	53.49	54.82	60.69	64.20	65.85	64.00
储蓄	23.57	25.06	24.62	23.85	22.81	22.93	21.00
消费＋储蓄	79.07	78.55	79.44	84.54	87.01	88.78	85.00
投资	11.53	11.62	10.61	9.36	7.01	5.79	8.00
还贷	9.40	9.84	9.95	6.09	5.98	5.44	7.00

---

① 受数据资料本身的限制，市民总体收入中消费、储蓄、投资、还贷各项支出的分配构成运用简单算术平均，特此说明。

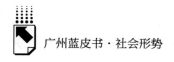

二 文化生活情况与期待

（一）96%以上的市民有家庭文化消费支出，收入越高支出越多

连续多年的跟踪调查结果显示，市民对广州经济发展有信心，对家庭生活水平评分逐年提高，家庭收入支配结构渐趋合理，随着广州经济提质增量和市民生活质量不断提升，文化消费越来越成为人民追求美好生活的重要组成部分，本次调查了解了市民文化消费现状及对文化生活的期待。结果显示，有七成以上市民家庭文化消费支出有不同程度的增加，收入越高家庭，文化消费支出越多。

有10.5%的受访者表示，2018年家庭文化消费支出或计划会"大幅增加"，59.7%的受访者表示会"小幅增加"，合计为70.2%；有仅有2.1%的家庭表示会"小幅减少"，0.7%的家庭表示会"大幅减少"，合计占2.8%；还有4.0%的受访者表示2018年家中无文化消费支出或计划；其余为保持不变，此外，家庭收入对文化消费支出有所影响，收入越高的家庭，文化消费支出越高，高、中、低收入家庭文化消费支出增加或保持不变的比重分别是96.40%、91.90%、79.00%。

（二）市民文化消费项目多样，最中意旅游度假

随着消费观升级，文化消费逐渐融入百姓生活，各类产品和服务给市民带来不一样的文化体验，市民文化生活层次和品质随之不断提升。调查显示（以下为多选项），近八成市民最愿意在旅游度假上消费，在"旅游度假""教育培训""健身"方面消费的中选率分别为79.3%、39.1%和36.1%；中选率较高的还有"电影及音像制品"（34.8%）和"纸质书刊"（34.1%）。另外，"表演（音乐会、演唱会、舞台剧等）"中选率为16.6%、"付费网络文化产品（网络影视作品、音乐、电子游戏等）"中选率为15.6%，"体育赛事"中选率为13.9%，"展览"中选率为11.5%；"都不消费"占比为3.1%。

与家庭文化消费支出相对应，收入越高的家庭文化消费意愿越强，各项文化产品或服务在高、中、低收入家庭中的消费意愿逐渐降低。调查显示，男性受访者偏好在"体育赛事"上消费，中选率为20.9%，高于女性12.3个百分点；在"电影及音像制品""展览"上的消费意愿也略高于女性。除"旅游度假"在各年龄段的中选比例均超过七成半外，其他各项文化产品或服务在不同年龄段的消费偏好有所不同。其中"电影及音像制品"、"健身"、"表演"和"付费网络文化产品"在18~29岁年龄段的市民中选择比例最高，分别为46.9%、41.3%、24.4%和23.8%；"教育培训"（54.4%）和"体育赛事"（15.8%）在30~39岁年龄段的市民中最受欢迎；"纸质书刊"（44.4%）和"展览"（14.6%）则更受60岁及以上年龄段的市民青睐。

（三）市民文化消费主要受收入、兴趣爱好和时间影响

随着文化市场繁荣，文化产品和服务繁多，人民文化生活更加丰富，文化消费意愿更加强烈，但仍存在诸多制约市民文化消费的因素。调查结果显示，六成以上的市民表示收入是影响其文化消费的最主要因素；此外，兴趣爱好和时间也成为影响市民文化消费的重要原因。

在列举的影响文化消费的因素中（以下为多选项），中选率排名前三位的分别是"收入"（63.6%）、"兴趣爱好"（57.6%）、"时间"（57.5%），以下的"产品或服务价格""产品或服务质量""健康状况"中选率也在两成以上，分别为28.3%、26.8%和23.2%；另有18.8%市民选择"身边氛围"，13.6%市民选择"产品或服务种类"。

不同因素对不同年龄段市民的文化消费影响各不相同，与其他年龄段相比，"收入""兴趣爱好"和"产品或服务种类"对18~29岁的市民文化消费影响更大，中选率分别为65.3%、60.3%和18.9%；"收入""时间""产品或服务质量"和"产品或服务价格"对30~39岁的市民文化消费影响更大，中选率分别为65.3%、62.6%、32.2%和31.1%；"身边氛围"对40~49岁的市民文化消费有更大影响；"健康状况"则对于60岁及以上市民的文化消费影响更大。

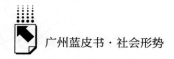

（四）广州文化氛围受市民肯定，近八成受访者认为广州市文化氛围浓厚

文化发展助力广州重要中心城市发展，市民的文化自信和文化认同是广州社会发展的重要力量。调查结果显示，市民高度认可广州市文化氛围，近八成受访者表示广州文化氛围浓厚。

有13.8%的市民认为广州文化氛围"很浓厚"，有65.4%的市民认为"比较浓厚"，合计为79.2%。有16.2%的市民认为"不太浓厚"，1.2%的市民认为"不浓厚"，另有3.4%的市民选择"说不清"。

（五）市民寄厚望于完善公共文化基础设施，期待推出文化惠民补贴

近年来，广州市委、市政府高度重视文化建设，大力推动文化事业和产业的繁荣发展。调查结果显示，市民既希望政府通过完善公共文化基础设施、推出文化惠民补贴、提高公共文化服务水平等举措来提高文化事业发展水平，也希望能在宣传文化精品、培育高端文化产品等方面有所作为。

市民最期待的是政府"完善公共文化基础设施"以提高文化生活质量，中选率为72.8%；以下是"推出文化惠民补贴"（60.0%）、"提高公共文化服务水平"（49.6%）、"加强文化市场监管"（45.9%）。此外，选择"加强文化交流"的有35.5%，选择"宣传文化精品"的有24.4%，选择"培育高端文化产品"的有22.3%，选择"保护知识产权"的有21.7%。

随着广州市扎实推进国家重要中心城市建设全面上水平，城市经济社会文化发展迎来新时代，市民获得感、幸福感更加充实、更可持续。此次调查结果显示，市民对广州市经济形势评价向好，对自身家庭生活水平打分逐年提高，家庭收支分配更加优化，消费结构不断升级，消费信心相应增强，文化消费支出增多，文化消费意愿强烈，消费需求多元。值得注意的是，除了收入水平、兴趣爱好和时间成为满足市民文化需求的主要影响因素，文化市场期待更加丰富的供给侧变革，文化产品和服务同样需要创新和提质增效，

市民作息时间的弹性化安排仍有改善的空间，带薪休假无论在制度保障、思想观念、舆论宣传等方面都应进一步提升和加强。通过不断增强广州市经济创新力和竞争力，把人民对美好生活的需要和向往作为奋斗目标，践行"四个走在前列"，以新作为开创广州市经济社会文化发展新局面，开启新征程。

（审稿人：贺忠）

专题研究篇

Special Topics

B.21
广州市环境竞争力评价与提升对策研究

广州市环境保护科学研究院课题组*

摘　要： 环境是生产力，也是竞争力。本报告从环境与经济的关系出
发，构建了以资源、质量、设施、技术、创新和管理六大分
项竞争力指数为二级指标的城市环境竞争力指标体系，对包
括广州在内的12座城市进行评价分析，分析城市环境竞争力
的总体特征。评价与分析结果显示：广州环境竞争力较强，
但创新能力不足；广州各分项竞争力比较均衡；广州环境竞
争力排名与经济规模排名相当，但尚未转化为经济发展速度
优势。报告从保持环境资源优势、建立环境质量长效机制、

---

* 课题组成员：李明光，博士，广州市环境保护科学研究院环境政策研究中心主任，高级工程
师，主要研究方向为环境政策、环境规划与评价；关阳，硕士，广州市环境保护科学研究院
环境政策研究中心高级工程师，主要研究方向为环境经济；王进，硕士，广州市环境保护科
学研究院环境政策研究中心工程师，主要研究方向为环境科学。

完善绿色基础设施、提升环境产出效益和技术竞争力、大力
提升环境创新竞争力和有效提升环境管理竞争力等方面提出
广州市环境竞争力的提升对策。

关键词： 广州　环境竞争力　绿色城市

一　研究背景与目的

（一）研究背景与意义

党的十八大以来，党和国家把生态环境保护放在重要的地位，习近平总
书记先后提出了"绿水青山就是金山银山""保护生态环境就是保护生产
力，改善生态环境就是发展生产力"等重要论断，环境竞争力就是一个地
区通过环境促进经济社会发展的能力。这种能力不仅包括环境作为经济社会
发展的基础或条件，更重要的是包括环境作为经济社会发展动力的能力和环
境管理，即为公众提供环境公共产品和服务，满足日益增长的美好环境需求
的能力。开展环境竞争力评价，提升环境竞争力对一个地区促进经济社会发
展以及加强生态环境保护、建设生态文明有着十分重要的意义。

环境竞争力评价在我国最早是城市竞争力的一部分，中国社会科学院城
市与竞争力研究中心倪鹏飞等主编的《中国城市竞争力报告》将环境竞争
力作为城市竞争力的一个子系统进行评价，并主要用城市环境质量的竞争力
来反映城市环境竞争力。福建师范大学经济综合竞争力研究中心李建平等主
编的《中国省域环境竞争力发展报告》对环境竞争力进行了专门的研究，
该研究全面地论述了环境管理的目标和内容。国家近年来推行的绿色发展及
生态文明评价主要是对地区发展绿色程度以及生态文明建设情况的评价，也
是对一个地区通过环境促进经济社会发展的能力的评价。

国外并没有专门的研究报告对环境竞争力进行评价，与其相关的评价有

全球宜居城市排名、亚洲绿色城市指数等，这些评价以"宜居"和"绿色"为重点来构建指标体系。但是，宜居城市评价所构建的指标体系中的环境指标并不全面，没有环境质量指标；绿色城市指数所构建的指标体系包括能源、土地利用和建筑、交通、固废、水、卫生、空气质量和环境质量8项指标，指标体系不够系统。

总的来看，国内外现有的环境竞争力研究还没有完全揭示城市环境竞争力的本质及其影响因素，还没有建立起城市环境竞争力较好的理论体系和评价模型，尚没有对城市环境竞争力的专项、专业的连续研究。

（二）评价目的与对象

本研究是从环境竞争力的本质（通过环境或环境保护促进经济社会发展的能力）出发，在"资源—能力"竞争力通用评价模型上，通过进一步深入揭示环境与经济社会发展的内在关系，构建简明、专业的城市环境竞争力评价模型，试图以此模型对全国主要大城市环境竞争力进行跟踪评价，并重点对广州市进行分析，明确广州市环境竞争力的优劣势，研究广州市的竞争战略及提升对策。

评价对象分别是北京、上海、广州、重庆、天津、深圳、杭州、南京、武汉、成都、苏州和西安。这些城市总面积占全国的2%，除深圳较小外，其他城市均超过6000平方公里；人口都超过800万人，平均人口达到1513万人，人口总和占全国的13%；经济规模除西安外，均超过1万亿元，平均GDP达到1.6万亿元，经济规模合计占全国的26%；人均GDP达到11万元，其中9个城市超过11万元（见表1）。可见，包括广州在内的这12座城市是我国的主要大城市，包括全部国家中心城市和主要区域中心城市，是国内目前和未来有能力参与全球竞争的主要城市①，除广州外的11座城市是广州在国内（除港澳台地区外）的主要竞争者。

---

① 仲量联行（JLL）：《中国12强：全球格局下的中国城市》，2018年4月。

表1　12座城市土地、人口、经济等基本情况

城市	土地面积 （平方公里）	人口（万人）	GDP（万亿元）	人均GDP（万元）	GDP增速（%）
广州	7434	1404	1.95	14.19	8.2
北京	16411	2173	2.49	11.82	6.8
上海	6341	2420	2.82	11.66	6.9
天津	11917	1562	1.79	11.51	9.1
重庆	82402	3048	1.77	5.79	10.7
南京	6587	827	1.05	12.73	8.0
武汉	8569	1077	1.19	11.15	7.8
西安	10106	883	0.63	7.14	8.3
深圳	1997	1191	1.95	16.74	9.0
杭州	16596	919	1.13	12.43	9.6
成都	14335	1592	1.22	7.70	7.7
苏州	8657	1065	1.55	14.56	7.5
全国	9600000	138271	74.41	5.40	6.9

资料来源：各城市2017年统计年鉴及国民经济和社会发展统计公报。

二　城市环境竞争力评价模型

（一）环境与经济关系框架

综合联合国环境计划署（UNEP）、经济合作与发展组织（OECD）、GHK等机构对环境与经济方面的研究成果，通过环境促进经济社会发展，主要有以下几种途径。

1. 改善经济社会发展的必要条件

加强环境保护，加大生态资产投入，改善环境质量，能够保障企业所需的作为生产资料的大气、水、土地资源等资源质量和劳动力质量；建设环境基础设施，增大环境容量，为规模化的产业发展提供条件，并且降低企业单独治理污染的成本，防止企业经济活动因污染或突发环境事件所出现的经营中断风险，为经济发展提供必要条件。

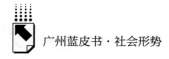

2. 直接促进产业发展和就业

加强环境保护，改善环境质量可以促进农业、旅游业等高度依赖环境质量的产业发展，吸引高流动性、对环境质量和生态资源条件要求高的投资项目和人才，推动信息技术、生物医药等先进制造和现代服务产业发展，推动环保产业发展。实施环境治理、生态环境建设可直接带动经济发展。

3. 促使企业提高生产率和促进创新

加强环境保护，通过制定合理的环境价格、实施环境税费、提高污染物排放要求和控制管理水平等手段促使企业改进工艺技术，减少污染物处理成本，提高资源生产率和全要素生产率，加强节能环保相关产品及工艺技术研发，实施生态创新，发展创新经济。

因此，城市环境竞争力就是相比其他城市，一个城市通过环境促进其经济社会发展的能力。这种能力不仅包括环境作为经济社会发展的基础或条件，更重要的是包括环境作为经济发展动力的能力，以及在环境保护管理方面，为公众提供环境公共产品和服务，满足公众日益增长的美好环境需求、保持社会稳定发展的能力。对现阶段的中国主要大城市而言，环境竞争力的重点在于吸引高端发展要素、促进经济高质量发展以及改善环境质量维持社会稳定发展的能力。

（二）评价模型

基于前述环境与经济的关系以及"资源—能力"竞争力通用评价模型框架，结合系统分析，城市环境竞争力可以从以下六个分项进行评价。本报告的城市环境竞争力评价模型，以六个分项为二级指标，构建六大竞争力指数，综合评价得出城市环境竞争力指数。

环境资源竞争力指数　简称资源指数，表征城市环境资源丰富的程度。

环境质量竞争力指数　简称质量指数，表征城市环境质量良好的程度。

环境设施竞争力指数　简称设施指数，表征城市环境基础设施及服务完备的程度。

环境技术竞争力指数　简称技术指数，表征城市资源利用和环境排放水平的高低。

环境创新竞争力指数　简称创新指数，表征城市生态环保方面创新潜力的大小。

环境管理竞争力指数　简称管理指数，表征城市环境管理能力和水平的高低。

（三）指标体系

本次中国城市环境竞争力评价指标体系见表2。指标体系的构建与指标的选取原则是科学性、系统性、准确性、简洁性、可比性以及数据可得性。

表2　中国城市环境竞争力评价指标体系（2017年版）

二级指标	三级指标	单位	权重	
环境资源指数	资源丰度指数		0.06	0.08
	环境成本指数		0.02	
环境质量指数	空气优良率	%	0.16	0.30
	地表水功能区达标率	%	0.10	
	区域环境噪声年均值	dB（A）	0.04	
环境设施指数	终端清洁能源使用率	%	0.07	0.23
	城镇污水处理率	%	0.05	
	生活垃圾无害化处理率	%	0.02	
	一般工业固体废物综合利用率	%	0.04	
	人均公园绿地面积	m^2	0.05	
环境技术指数	单位GDP产生工业固体废物	吨/万元	0.04	0.12
	单位GDP排放NOx	千克/万元	0.04	
	单位GDP排放COD	千克/万元	0.04	
环境创新指数	R&D资金占总体比例	%	0.06	0.12
	环保产业发展指数	%	0.03	
			0.03	
环境管理指数	法治政府指数		0.06	0.15
	污染源监管信息公开指数		0.04	
	节能环保资金占财政预算比例	%	0.05	

环境资源从资源丰度和环境成本两个方面评价，资源丰度是指土地、水等自然资源的充裕程度；环境成本是指根据法律法规要求，企业排放主要污

染物需要付出的经济成本。

环境质量从空气、水、声环境质量三个方面进行评价。随着全国土壤污染防治工作的加强，未来可以增加土壤环境质量方面的指标。

环境设施从清洁能源、污水处理、生活垃圾处理、一般工业固体废物处理与综合利用和绿化五个方面进行评价。目前生活污水处理、生活垃圾处理设施以城镇方面的指标为主，未来可以考虑增加农村方面的指标。

环境技术是指城市资源利用和环境排放水平的高低，并非环境保护科学技术的发展程度，评价的是在环境推动经济社会发展过程中的技术效应，从城市单位 GDP[①] 主要大气污染物排放量、主要水污染物[②]排放量、工业固体废物排放量三个方面进行评价。

环境创新从研发（R&D）资金比例和环保产业发展情况两个方面进行评价。受统计类别限制，R&D 资金目前还难以区分出环境方面的 R&D 资金；上市公司是创新的主体，因此环保产业发展情况重点考虑环保类上市公司数量及产值情况。未来可以考虑从专利方面进行评价。

环境管理从依法行政（法治政府）、政府环境信息公开、财政投入三个方面进行评价。依法行政方面直接使用法治政府方面的第三方评价结果，政府环境信息公开直接使用污染源监管信息公开方面的第三方评价结果，财政投入使用节能环保资金占财政预算比例。

（四）评价方法

指标权重采取主观和客观相结合的方法确定。首先采取因子分析法这一相对客观权重确定方法计算各指标的权重，并结合近年来专家对广州环境竞争力评价指标体系权重的打分情况，对客观计算的权重进行调整。随后，报告以此权重的评价结果与采用蒙特卡洛模拟实验方法的排序结果进行比对，

---

① 本报告此次选取氮氧化物（NO_X），是因为它是目前全国城市的主要大气环境污染问题，包括固定源和移动源，目前全国多数城市已经解决二氧化硫的污染。

② 本报告此次选取化学需氧量（COD），COD 仍是目前全国城市主要水环境问题的主要原因，包括工业源和生活源。

以此验证权重确定的合理性和评价结果的可靠性。

本研究采用极差标准化和加权综合法进行评价，即首先将原始数据进行极差标准化，然后与权重相乘计算标准化后的得分情况，总和后即为城市环境竞争力的总分。评分采用百分制。

三 总体评价结果

（一）北京居首位，国家中心城市更具环境竞争力

城市环境竞争力指数从高到低排名为北京、广州、深圳、杭州、重庆、上海、苏州、成都、南京、天津、武汉和西安。最高分为北京的65.1分，最低分为西安的33.3分，最高分与最低分相差31.8分，平均分为49.1分，标准差为11.1。根据数据统计特征，将城市分为三个梯队，位于第一梯队的是北京、广州、深圳和杭州，第二梯队的城市有重庆、上海、苏州和成都，位于第三梯队的是南京、天津、武汉和西安（见表3）。

表3 城市环境竞争力综合得分及排名情况

梯队	城市	综合得分	排名	与前一名差距
第一梯队	北京	65.1	1	
	广州	62.1	2	3.0
	深圳	60.9	3	1.2
	杭州	60.3	4	0.6
第二梯队	重庆	51.4	5	8.9
	上海	50.5	6	0.9
	苏州	46.8	7	3.7
	成都	44.7	8	2.1
第三梯队	南京	39.0	9	5.7
	天津	37.6	10	1.4
	武汉	37.0	11	0.6
	西安	33.3	12	3.7

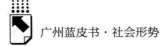

总的来看，国家中心城市（北京、上海、天津、广州、重庆）除天津外，比区域中心城市（深圳、南京、武汉、沈阳、成都、西安）更具环境竞争力。从空间分布上，东部和南部城市环境竞争力明显超过西部和北部城市。除北京外，天津、西安等西部或北部城市排名居后。从城市规模上来看，超大城市（北京、上海、广州、深圳、重庆、天津）比特大城市（南京、苏州、武汉、杭州、成都、西安）更具环境竞争力。

（二）多数城市分项相对不均衡，特色较为鲜明

通过对 12 座城市各分项指数的排名标准化进行均衡性分析，分项标准差≤2 的为分项相对均衡型城市，2＜分项标准差≤3 的为分项较不均衡型城市，分项标准差＞3 的为分项很不均衡型城市。

结果显示，广州和成都属于分项相对均衡型（全能选手型）城市，广州总分居第二位，分项标准差次小，属于前列的全能选手，而成都排名第8，分项标准差最小，属于排名居中的全能选手。北京、重庆、西安和杭州属于分项很不均衡型城市，特色鲜明。其中北京设施、技术、创新、管理指数排名在前两位，而资源、质量指数排名在后两位，分项标准差最大。反之，重庆资源、质量指数排名在前两位，而技术、管理指数排名在后两位。杭州资源和管理指数较为领先，西安则质量、创新、管理指数均排在最后。上海、武汉、深圳和苏州属于分项较不均衡型城市，单项具有一定特色，特别是深圳的设施、技术、创新、管理指数均领先。天津、南京也属于分项较不均衡型城市，但没有领先的单项指数。

表4　城市各分项指数排名及标准差情况

城市	环境资源指数	环境质量指数	环境设施指数	环境技术指数	环境创新指数	环境管理指数	分项标准差
广州	5	2	2	4	6	4	1.6
北京	12	11	1	2	1	1	5.32
上海	10	7	9	5	2	6	2.88
天津	11	9	11	6	4	8	2.79

城市	环境资源指数	环境质量指数	环境设施指数	环境技术指数	环境创新指数	环境管理指数	分项标准差
重庆	1	1	5	12	7	11	4.75
南京	8	8	12	11	11	5	2.64
武汉	3	10	7	9	8	10	2.64
西安	4	12	6	3	12	12	4.31
深圳	9	5	3	1	3	3	2.76
杭州	2	4	4	7	10	2	3.13
成都	6	6	8	8	5	7	1.21
苏州	7	3	10	10	9	9	2.68

注：表格中浅灰色填充的代表前三强，深灰色填充的代表后三名。

（三）北京、上海等多数城市属于能力型城市

将环境竞争力的组成要素分为条件和能力两种类型，条件要素包括资源容量和环境质量，能力是指在配置、开发、使用和保护环境资源的能力。本报告构建了条件指数和能力指数进行分析，条件指数是环境资源指数和环境质量指数标准化得分的总和，能力指数是环境设施指数、环境技术指数、环境创新指数和环境管理指数标准化得分的总和。条件指数超过能力指数的为条件型城市，先天条件为竞争力的主要来源；反之为能力型城市，后天能力为竞争力的主要来源。

结果显示，属于能力型城市的有北京、上海、深圳、天津、武汉和西安，这些城市的环境竞争力更多地来自后天努力，排名在前的城市证明其通过后天努力可以弥补资源方面的劣势，在环境竞争中取得领先。属于条件型城市的有重庆、成都和苏州，这三座城市的环境竞争力更多地来自资源优势，应在充分利用资源优势的基础上加强能力建设。其余三座城市，即广州、杭州和南京属于条件与能力相当型的城市，即环境竞争力中的先天资源和后天努力比重大致相当。

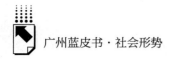

（四）近半城市属于低成本弱创新城市

根据波特的竞争战略理论，城市的竞争战略主要分为低成本和差异化两种。环境竞争也是如此，低成本战略是指城市通过较低的环境资源价格或环境管理成本作为生产要素吸引企业，获取低成本的竞争优势，差异化策略则主要是通过环境资源、环境质量、环境设施、环境科技与产业、环境管理等方面的差异化有针对性地吸引对象企业，获取差异化的竞争优势，差异化的竞争优势主要通过创新取得。本报告通过分项的环境成本指数和环境创新指数，就12座城市的环境成本指数和环境创新指数得分，划分出成本型和创新型城市，并将其划分为低成本强创新型、高成本高创新型、低成本低创新型和高成本低创新型四个类型。

结果显示，深圳属于低成本强创新型的城市，两方面的竞争优势明显。广州、重庆、武汉、西安、成都和杭州属于低成本弱创新型城市，主要依靠成本优势参与竞争，应加强培育和发展创新能力。北京、上海和天津三座国家中心城市属于高成本高创新型城市，主要依靠创新优势参与竞争，弥补成本劣势，需要维持创新优势。南京和苏州属于高成本弱创新型城市，创新能力较弱，成本较高，需要加强创新能力建设，弥补较高的成本。

（五）环境竞争力和经济总量有一定正相关关系，与经济发展速度的相关关系不大

通过分析，12座城市的环境竞争力和经济总量的正相关关系较明显，表明环境竞争力的提升目前更有可能影响经济总量。环境竞争力排名和经济总量排名均位于前6名的城市有北京、上海、广州、深圳、重庆；环境竞争力排名和经济总量排名均位于后6名的城市有苏州、成都、武汉、南京和西安（见表5）。

12座城市中环境竞争力排在前列的城市，总体看来好于经济总量排名和人均GDP排名，表明经济规模大和发展水平高的城市更重视环境竞争力。环境竞争力差于经济总量排名的城市有上海、天津、武汉，环境竞争力优于

经济总量排名的城市有北京、广州、深圳、杭州、重庆、南京，环境竞争力与经济总量排名相当的城市有苏州、成都、西安。

表5　城市经济总量、经济发展质量与环境竞争力数据排名

区域	环境竞争力排名	GDP（万亿元）		人均GDP（万元）		经济增长速度（%）		经济增长速度（%）	
		总量	排名	数额	排名	同比	排名	年均	排名
北京	1	2.5	2	11.8	6	6.8	12	6.9	11
广州	2	2.0	3	14.2	3	8.6	6	8.1	8
深圳	3	1.9	4	16.7	1	9.0	4	8.9	3
杭州	4	1.1	10	12.4	5	9.6	2	9	2
重庆	5	1.8	6	5.8	12	10.7	1	10.5	1
上海	6	2.8	1	11.7	7	6.9	11	6.9	11
苏州	7	1.5	7	14.6	2	7.5	10	7.6	10
成都	8	1.2	8	7.7	10	7.7	9	8.2	7
南京	9	1.1	11	12.7	4	8.0	7	8.9	3
天津	10	1.8	5	11.5	8	9.1	3	8.0	9
武汉	11	1.2	9	11.1	9	7.8	8	8.6	5
西安	12	0.6	12	7.1	11	8.3	5	8.5	6

12座城市环境竞争力和经济发展水平、当年经济发展速度也有一定正相关关系，与经济发展速度的相关关系不大，表明目前的环境竞争力差异还未体现在经济发展速度的差异上。在环境竞争力排名前六名的城市中，有4座城市的人均GDP和当年经济增长速度也居前6名。在环境竞争力排名前6名的城市中，只有3座城市的4年平均经济增长速度也居前6名。

四　广州对策

（一）广州环境竞争力现状

1. 广州总体竞争力较强，但创新能力不足

广州环境竞争力较强，位于国内城市第一梯队。广州环境竞争力指数排第2名，得分为62.1分，超出平均分23分，仅次于北京，与北京有一定差

距（相差3.0分），领先第3名深圳1.2分，差距较小。从条件—能力角度分析，广州属于环境竞争条件与能力相当型的城市，即环境竞争力中的先天资源和后天努力比重大致相当。从成本—创新角度分析，广州属于环境竞争低成本弱创新型城市，主要依靠环境成本优势参与竞争，环境创新驱动能力较弱，应加强培育和发展创新能力。

2. 广州环境竞争力各分项比较均衡，但优势和劣势指标表现突出

从环境竞争力各分项排名上看，广州环境竞争力各分项比较均衡，全部分项指数均排名中上游。但从各分项的具体指标来看，广州优势和劣势指标表现突出。

广州环境资源指数排第5名，随着人口增长、经济社会发展，广州资源丰度优势减弱，低环境成本优势明显。广州环境质量指数居第2名，大气环境质量较好，但广州水环境和声环境质量表现一般。广州环境设施指数排第2名，总体较好，清洁能源进步迅速，绿化建设表现突出，生活污水及固体废物设施建设需要加强。广州环境技术指数排第4名，总体较强，大气污染物、固体废物相关环境技术较强，产出效益较高，但水污染相关环境技术不强，产出效益相对较低。广州环境创新指数排第6名，是排名最低的分项竞争力，创新竞争力不强。广州环境管理指数排第4名，总体较强，依法行政、信息公开突出，但环境管理投入力度不足，管理能力相对较弱（见表6）。

表6　广州环境竞争力的主要优劣势指标

主要优势指标	环境成本指数、空气优良率、终端清洁能源使用率、城镇污水处理率、一般工业固体废物综合利用率、人均公园绿地面积、单位GDP产生工业固体废物、单位GDP排放NOx、法治政府指数、污染源监管信息公开指数
主要劣势指标	环保产业发展指数、节能环保资金占一般财政预算支出比例、生活垃圾无害化处理率、单位GDP排放COD

3. 广州环境竞争力排名与经济规模排名相当，但尚未转化为经济发展速度优势

从环境—经济角度分析，广州市环境竞争力排第2名，经济总量

（GDP）和经济发展水平（人均 GDP）均为第 3 名，经济发展速度居第 6 位。可见，广州环境竞争力排名优于经济总量排名，但两者排名基本相当；优于经济发展水平排名，但两者排名基本相当；明显优于经济增长速度排名。这表明广州日益重视环境竞争，近年来加大投入治理和建设环境力度，基本与经济地位相适应，但环境竞争力优势尚未转化为经济发展速度优势，需要充分利用环境竞争力优势吸引高端发展要素。

（二）提升对策

广州面临着国家中心城市间以及全球大城市的激烈竞争，应该强化城市环境竞争意识，从环境保护"优化发展"理念拓展到"优化发展、助力竞争"理念，充分发挥自身优势，努力弥补短板，缩小差距，争取创新，抓住环境保护机构改革和生态文明体制改革带来的创新契机，在适度控制环境成本的前提下，实施差异化的生态环境发展战略，打造兼具资源特色、环境质量、管理效率与创新机制的环境竞争优势，助力提升城市综合竞争力。

1. 加快外围新城基础设施建设和公共服务配套，加强生态资源保护与活化开发，保持一定的环境资源优势

加快外围新城基础设施建设和公共服务配套，引导中心城区人口向外围新城疏解，形成产城融合、职住平衡的人口分布格局；增强产业发展对人口发展的带动作用，推动低端劳动密集型产业有序转移，带动就业人口同步转移。

加强生态资源保护与活化开发，增强自然生态吸引力。完善自然保护区和森林公园管理体制，对广州自然保护区、森林公园、风景名胜区、自然文化遗产、湿地公园、地质公园等保护地进行功能重组，试点建立国家公园，提升保护级别和保护水平。打造北部生态旅游区、中部都市生态休闲区、南部生态滨水区三大森林公园片区，重点建设一批湿地公园，充分发挥广州自然生态资源优势，活化为生态产品，增强对高端发展要素的吸引力。

2. 打好污染防治攻坚战，建立环境质量长效管理机制，持续提升环境质量

打好广州市大气、水和土壤三大污染防治攻坚战。到 2020 年底，$PM_{2.5}$

年均浓度保持稳定达到国家标准（≤35 微克/立方米），空气质量达标天数比例力争达到 90% 以上。实现尽快消除城市建成区内黑臭水体，地表水环境功能区达标率达到 90% 以上。初步遏制土壤污染加重趋势，土壤环境质量保持总体稳定。加强噪声污染防治，改善声环境质量。新改扩建城市道路采用低噪声技术和材料，加强现有交通噪声超标路段治理，推行建筑施工夜间施工总量控制，推行社会生活噪声自治管理。

围绕环境质量改善目标进行决策、规划及监管执法，在国内率先实现环境管理的战略转型。建立高层决策与各区域各部门统筹推进机制，推行污染治理三年行动计划。探索建立地方环境质量财政奖惩机制，对环境质量优良地区或环境质量改善显著地区实施财政奖励。制定广州市环境质量达标管理办法；实施清单管理，划定各类环境质量未达标区域，要求地方政府或负责单位制定达标规划，限期治理达标。

3. 加强污水和固体废物基础设施建设，为产业发展提供先进、强大的绿色基础设施

完善城乡污水处理基础设施。完善排水建设管理体制，加强公共排水设施建设。城镇新区建设均实行雨污分流，现有合流制排水系统加快实施雨污分流改造。加快推进现有污水处理设施配套管网建设，新建、扩建污水处理设施的配套管网应同步设计、同步建设、同步投运。现有 29 座城镇污水处理设施要因地制宜进行提标改造，达到国家和省标准较严值。

完善固体废物处理基础设施。完善水泥行业等建材企业作为一般工业固体废物综合利用的主渠道，建设工业资源综合利用基地和示范工程。建设危险废物及严控废物收集监控系统，提高危险废物及严控废物收集处理率，推进广州市废弃物安全处置中心二期工程建设，合理控制处置费用，确保危险废物安全处置率达到 100%。加快建设生活垃圾无害化处理设施，城镇生活垃圾无害化处理率达到 98%，95% 以上的农村生活垃圾得到有效处理。

4. 严格环境准入，促进污染深度治理，提升环境产出效益和技术竞争力

严格环境准入。结合产业发展目录要求，在生态保护红线划定的基础上，开展编制环境质量底线、资源利用上线和环境负面清单（"三线一单"）

工作，提出广州全市各区域污染物排放管控以及水资源、土地资源及能源利用规模、强度、效率等要求，建立各管控单元的环境负面清单，明确禁止和限制的环境准入要求。积极发展清洁生产和循环经济，推进绿色制造。鼓励产业集聚发展，原则上禁止新建工业企业在产业园区外落户发展，禁止现有园区外企业单纯的扩大产能项目；推动工业园区集中供热、集中治污、中水回用、循环利用、产业补链的循环化改造，创建生态工业、循环经济示范园区。积极推进创建绿色工厂、绿色园区、绿色设计、绿色供应链等绿色制造工程。

逐步提高环境要求，促进污染深度治理。不断加大对重点行业的环境管理力度，制定相关环境标准或技术规范，促进重点行业加强环境管理，实施污染深度治理，削减污染物排放量。例如，强化工业集聚区水污染治理，安装自动在线监控装置；电力行业完成超洁净排放改造，提升脱硫脱硝除尘效率；石化行业推广泄漏检测与修复技术（LDAR），开展储罐区及油品码头油气回收治理等。

5. 加大环保科技研发力度，培育发展环保产业，大力提升环境创新竞争力

推进绿色化与创新驱动深度融合，加强绿色创新动力。把绿色化作为广州实施创新驱动发展战略、经济转型发展的重要基点，推进绿色化与各领域新兴技术深度融合发展。加大环保科技投入，建设环保创新平台。加强重点实验室、工程技术中心、科学观测研究站、环保智库等科技创新平台建设。大力发展新型研发机构，加快构建层次清晰、分工明确、运行高效、支撑有力的生态环保科技创新体系。强化企业创新主体作用，积极引导企业与科研机构加强合作，推动环保技术研发、科技成果转移转化和推广应用。加快推进公益性环保科研机构体制改革，加大公益性、基础性环保科技研究创新支持力度。

培育发展壮大环保产业。在广州市战略性新兴产业资金中划出专门的节能环保产业发展资金，共同促进节能环保产业的发展。加快建设节能环保产业集聚区建设，鼓励各区、开发园区和企业通过城市更新建设节能环保特色产业园。抓住广东省广州市绿色金融改革创新试验区建设机遇，培育发展绿

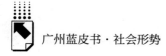

色金融组织体系，支持发展绿色金融专营机构。强化创新创业服务，加速建设科技企业孵化器，鼓励环保企业利用主板、创业板、科创板、新三板、区域股权交易市场等多层次资本市场发展壮大。

6. 加大环保管理投入，创新环境管理模式，有效提升环境管理竞争力

加大环境管理投入，加强环境管理机构建设。加快推进环保机构垂直管理改革，在前一阶段建立基层专职环保员队伍的基础上，全面建立镇街基层环保机构，彻底解决基层薄弱问题。优化执法资源配置，研究跨街（镇）的区域派出执法机构和委托街（镇）执法机制，加强执法力量建设，统一执法体系。加大环保科技投入，提升环境管理中的科技含量，提升环境管理现代化水平。

大力推进政府环境信息公开，打造全国环保政务服务品牌。积极建立环保部门、咨询机构、社会组织及企业等共同参与的企业环保守法支持体系，鼓励企业公开环境信息、接受环境培训教育，并与环保部门签订自愿环保协议等行为。推行环保信用承诺制，推行违法失信道歉制度，加强社会舆论监督。实施多部门联合奖惩，实现守信处处受益、失信寸寸难行。打造环境保护示范领域区域。选取广州生态环境保护的优势区域领域，集中研究及管理资源，开展相应的策划和顶层设计，举全市之力，打造具有全国甚至世界影响的环保示范区域。

参考文献

倪鹏飞：《中国城市竞争力报告 No. 10——竞争力：筚路十年铸一剑》，社会科学文献出版社，2011。

倪鹏飞：《中国城市竞争力报告 No. 11——新基准：建设可持续竞争力理想城市》，社会科学文献出版社，2012。

李建平等：《"十二五"中期中国省域环境竞争力发展报告》，社会科学文献出版社，2014。

国家发展和改革委员会：《关于印发〈绿色发展指标体系〉〈生态文明考核目标体

系〉的通知》，国家发改委网站，http：//www. ndrc. gov. cn/gzdt/201612/t20161222 _ 832304. html，2016 年 12 月 12 日。

UNEP，*Towards a Green Economy*：*Pathways to Sustainable Development and Poverty Eradication*，2011.

OECD，*Towards Green Growth*：*A Summary for Policy Makers*，2011.

GHK，*The Economic Benefits of Environmental Policy*，2009.

仲量联行：《中国 12 强：全球格局下的中国城市》，Useit 知识库网站，https：// www. useit. com. cn/thread – 18725 – 1 – 1. html，2018 年 4 月 19 日。

《国务院关于调整城市规模划分标准的通知》（国发〔2014〕51 号），2014 年 10 月。

（审稿人：贺忠）

B . 22
"房住不炒"定位下的广东住房
租赁市场发展研究

李济泰　李美景　闫瑞娜*

摘　要：　本文通过构建租售比模型来分析发展住房租赁市场的紧迫性；
通过对广州、深圳、佛山、肇庆四个加快发展住房租赁市场的
试点城市以及珠海的相关专题调研来分析住房租赁市场的发展
现状；通过对广东居民的问卷调查来分析住房租赁市场发展的
满意度；最后提出了住房租赁市场发展面临的问题和政策建议。

关键词：　房住不炒　住房租赁　广东

　　习近平总书记在党的十九大报告中指出，坚持房子是用来住的、不是用
来炒（以下简称"房住不炒"）的定位，加快建立多主体供给、多渠道保
障、租购并举的住房制度，让全体人民住有所居。而加快推进租赁住房建
设、培育和发展住房租赁市场，是贯彻落实"房住不炒"定位的重要举措，
是加快房地产市场供给侧结构性改革和建立购租并举住房制度的重要内容，
是解决新市民住房问题、加快推进新型城镇化的重要方式，是实现全面建成
小康社会住有所居目标的重大民生工程。因此，研究广东住房租赁市场的发
展情况具有十分重要的现实意义。

---

　*　李济泰，硕士，国家统计局广州调查队主任科员、统计师，主要研究方向为专项统计调查；
李美景，硕士，国家统计局广州调查队副主任科员、经济师，主要研究方向为劳动力调查；
闫瑞娜，硕士，国家统计局广州调查队主任科员、统计师，主要研究方向为生产价格调查。

一　发展住房租赁市场是"房住不炒"的必然要求

（一）"房住不炒"定位的提出

改革开放前，福利分房阶段。新中国成立初期，我国实行计划经济，政府和国有企业一直是住房建设和分配的主体，通过公有住房实物福利分配的方式满足城镇居民的住房需求，房子只有居住属性。但随着市场经济发展和城镇居民人口的不断增加，公房福利分配越来越难以满足职工基本生活需求。一方面有平均主义倾向、存在寻租的现象、阻碍了劳动力的流动，另一方面加重了政府和企业财政的负担。实践证明，计划经济体制下的住房完全靠国家包下来实行福利分配的路子走不通。

1978～1997年，住房商品化转型阶段。改革开放后，邓小平同志提出了关于房改的问题，并明确指出住房改革要走商品化的路子。我国住房制度的商品化改革正式开启，住房除了居住属性外还具有了商品属性。20世纪80年代初，以"公房出售"为主要内容的住房制度改革开始。1988年，《关于全国城镇分期分批进行住房制度改革的实施方案》发布；1991年，《关于全面推进城镇住房制度改革的意见》发布。但由于各种原因，居民购房意愿不强烈，低价贱价出售公房的现象比较严重。1994年，国务院发布《关于深化城镇住房制度改革的决定》，明确了城镇住房制度改革的根本目的："建立与社会主义市场经济体制相适应的新的城镇住房制度，实现住房商品化、社会化；加快住房建设，改善居住条件，满足城镇居民不断增长的住房需求。"

1998～2004年，住房全面市场化阶段。1997年亚洲金融危机爆发，为度过危机，扩大内需，政府下定决心深化城镇住房制度改革。1998年，国务院发布《关于进一步深化城镇住房制度改革加快住房建设的通知》，明确了深化城镇住房制度改革的目标是：停止住房实物分配，逐步实行住房分配货币化；建立和完善以经济适用住房为主的多层次城镇住房供应体系；发展住房金融，培育和规范住房交易市场。自此，住房实物分配制度从政策上彻底退出历史舞台，新的住房制度开始实施，住房开始具有金融属性和投资属性，房地产行业开始高速发展。这不仅大幅满足了广大居民的住房需求，也使房地产行业成为中国经济发展的重要驱动力。

2005～2015年，叠加调控的房地产市场发展阶段。随着房地产市场的快速发展，房地产行业逐步成为国民经济的支柱产业，土地出让金逐步成为地方财政收入的重要来源，但与此同时带来的房价快速上涨也引发了一系列社会问题。2005年，国务院办公厅发布《关于切实稳定住房价格的通知》，拉开了价格调控的大幕。2008年，国际金融危机爆发，为稳定经济增长，房地产调控开始转向刺激住房消费。2010年，中国经济复苏，房价过快上涨，房地产调控政策从刺激转向遏制。2014年，中国经济面临下行压力，房地产库存较大，在"稳增长"和"去库存"的诉求下，调控政策又开始转向刺激。随后，房价又开始快速上涨。

2016年至今，"房住不炒"回归住房基本功能的房地产市场规范发展阶段。房价的过快上涨，已经严重影响了人民的生产生活和市场秩序。2016年，中央经济工作会议明确提出，坚持"房子是用来住的、不是用来炒的"的定位，加快研究建立符合国情、适应市场规律的基础性制度和长效机制，既抑制房地产泡沫，又防止大起大落等。党的十九大报告提出，加快建立多主体供给、多渠道保障、租购并举的住房制度，让全体人民住有所居。至此，住房将回归其居住属性和民生属性的"初心"。

（二）发展住房租赁是落实"房住不炒"的重要举措

贯彻落实"房住不炒"的定位需要需求侧与供给侧的共同发力。一方面，在高房价现状和供给刚性的制约下，大力发展住房租赁市场，能够降低购房需求、减少住房支出，从而在需求侧缓解房价上涨压力，降低"炒房"的收益预期，减少"炒房"现象，促进房地产市场的良性发展。另一方面，住房租赁市场是供给侧的重要方面，是房地产市场的重要组成部分，是解决住房供应问题的重要渠道。

当前,大中城市新市民多,住房租赁需求旺盛,但住房租赁市场却存在租赁房源总量不足、市场秩序不规范、政策支持体系不完善等问题,租赁住房解决城镇居民特别是新市民住房问题的作用没有得到充分发挥。为此,需要大力发展住房租赁市场,多渠道增加新建租赁住房供应,整顿住房租赁市场秩序,健全相关法律保障,提高租房舒适度,满足多层次的住房需求。

二 从租售比模型看发展住房租赁市场的紧迫性

本文从我国的实际情况出发,在房屋使用年限、温和通货膨胀、机会成本、房屋残值、房产税预期等方面设置假定条件,构建符合我国国情的合理租售比的计算模型。并通过广州、深圳两个一线城市的真实租售比与合理租售比的对比,分析广东发展住房租赁市场的紧迫性。

(一)合理租售比确定的原则

租售比通常指每平方米建筑面积的月租金与每平方米建筑面积的房价之间的比值。租金反映的是人们真实的居住需求,是房屋使用价值和消费属性的体现,即承租人完全为了获得房屋的居住功能,而支出与居住功能等价的租金。租金大小主要取决于房屋本身的居住条件,几乎不存在投机因素。若购房的总成本超出了房屋本身的居住功能和消费属性,即超出租房的总成本时,意味着房价存在脱离理性真实房屋价值的泡沫。当购房的总成本等价于其使用价值,即等同于租房的总成本时,此时的租售比定义为合理租售比。

确定合理租售比的这一基本逻辑和原则与中央提出的"房子是用来住的、不是用来炒的"这一定位是一致的。学术界通常用真实租售比和合理租售比的偏离度,来衡量一个区域房产运行状况是否健康、是否含有泡沫。

(二)合理租售比模型的构建和计算

对于购房来说,付出的总成本包括买房的总房价、交易税费、维修保险费,以及以上支出伴随的利息损失(机会成本);对于租房来说,付出的总

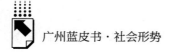

成本包括每个月的租金，还有租房期的租金利息（机会成本）之和。根据合理租售比原则，购房所需付出的总成本与租房所付出的总成本相等。

1. 模型的假定条件及参数值

（1）设房屋价格为 P，月租金为 R，则租售比 $= R/P$。

（2）设房屋的使用寿命为 n。参照住宅用地使用年限，取 $n = 70$。

（3）设购房税率为 j。考虑到我国购房的税费主要为契税，参照 90 平方以下住房契税的征收率，取 $j = 1\%$。

（4）设购房经常性年支出费率（含维修、维护、保险等费用）为 α。综合考虑各项费用，取 $\alpha = 0.5\%$。

（5）设房价、租金、经常性年支出等各项价格的年均增长率为 k。参照温和通货膨胀率，取 $k = 3\%$。

（6）设机会成本率为 i。机会成本主要为购房、租房各项支出所伴随的利息损失。参照 5 年及以上银行贷款基准利率，取 $i = 4.9\%$。

2. 模型的构建和计算

（1）租房总成本。租房总成本为租金支出及其伴随的利息损失。设租房总成本为 X，第 m 年的租房成本为 X_m，则：

$$X = \sum X_m = \sum 12R(1+k)^{m-1}(1+i)^{n-m} \quad (m = 1,2,\cdots,n)$$

根据等比数列求和公式得知：

$$X = 12R(1+i)^{n-1}\left[\left(\frac{1+k}{1+i}\right)^n - 1\right]\bigg/\left(\frac{1+k}{1+i} - 1\right)$$

（2）购房总成本。购房总成本包括购房一次性支出、经常性年支出以及伴随它们的利息损失。设购房总成本为 Y，购房一次性支出成本为 B，经常性年支出成本为 F，第 m 年的经常性年支出成本为 F_m，则：

$$Y = B + F$$
$$B = P(1+j)(1+i)^{n-1}$$
$$F = \sum F_m = \sum \alpha P(1+k)^{m-1}(1+i)^{n-m} \quad (m = 1,2,\cdots,n)$$

根据等比数列求和公式得知：

$$F = \alpha P (1 + i)^{n-1} \left[\left(\frac{1 + k}{1 + i} \right)^{n} - 1 \right] / \left(\frac{1 + k}{1 + i} - 1 \right)$$

因此：

$$Y = P(1 + j)(1 + i)^{n-1} + \alpha P (1 + i)^{n-1} \left[\left(\frac{1 + k}{1 + i} \right)^{n} - 1 \right] / \left(\frac{1 + k}{1 + i} - 1 \right)$$

根据合理租售比原则 $X = Y$，可知合理租售比 R/P 的计算模型为：

$$\frac{R}{P} = \frac{(1 + j)(1 + i)^{n-1} + \alpha (1 + i)^{n-1} \left[\left(\frac{1 + k}{1 + i} \right)^{n} - 1 \right] / \left(\frac{1 + k}{1 + i} - 1 \right)}{12 (1 + i)^{n-1} \left[\left(\frac{1 + k}{1 + i} \right)^{n} - 1 \right] / \left(\frac{1 + k}{1 + i} - 1 \right)}$$

将各项参数取值代入公式，可得合理租售比为：

$$\frac{R}{P} = 1 : 395$$

3. 考虑房屋残值的模型构建

上述合理租售比的计算模型是建立在房屋使用寿命到期后，房屋残值为 0 的基础上。但在我国现实情况中，房屋除了其本身的使用价值，通常还是各项公共服务获取的重要载体，比如户籍、学位等。因此，为量化房屋作为公共服务获取载体的价值，设房屋残值为 C，房屋残值率为 γ，则：

$$C = \gamma P (1 + k)^{n-1}$$

设考虑房屋残值的购房总成本为 Y_1，则：

$$Y_1 = Y - C$$

根据合理租售比原则 $X = Y_1$，可知合理租售比 R/P 的计算模型为：

$$\frac{R}{P} = \frac{(1 + j)(1 + i)^{n-1} + \alpha (1 + i)^{n-1} \left[\left(\frac{1 + k}{1 + i} \right)^{n} - 1 \right] / \left(\frac{1 + k}{1 + i} - 1 \right) - \gamma (1 + k)^{n-1}}{12 (1 + i)^{n-1} \left[\left(\frac{1 + k}{1 + i} \right)^{n} - 1 \right] / \left(\frac{1 + k}{1 + i} - 1 \right)}$$

综合考虑各种因素，取 γ 值为 0 ~ 10%，代入公式计算，可得合理租售比为：

$$\frac{R}{P} = 1:395 \sim 1:405$$

4. 考虑房地产税的模型探讨

根据 2018 年国务院政府工作报告和全国人大常委会公布 2018 年立法工作计划，房地产税已进入立法推进阶段。本文根据国际上已有房产税的一些共性特点，将房地产税简单纳入模型，作为探讨。设房地产税总成本为 T，第 m 年的房地产税支出成本为 T_m，房地产税税率为 β，则：

$$T = \sum T_m = \sum \beta P (1 + k)^{m-1} (1 + i)^{n-m} (m = 1, 2, \cdots, n)$$

根据等比数列求和公式得知：

$$T = \beta P (1 + i)^{n-1} \left[\left(\frac{1+k}{1+i} \right)^n - 1 \right] / \left(\frac{1+k}{1+i} - 1 \right)$$

设考虑房地产税的购房总成本为 Y_2，则：

$$Y_2 = Y + T$$

根据合理租售比原则 $X = Y_2$，可知合理租售比 R/P 的计算模型为：

$$\frac{R}{P} = \frac{(1 + j)(1 + i)^{n-1} + (\alpha + \beta)(1 + i)^{n-1} \left[\left(\frac{1+k}{1+i} \right)^n - 1 \right] / \left(\frac{1+k}{1+i} - 1 \right)}{12 (1 + i)^{n-1} \left[\left(\frac{1+k}{1+i} \right)^n - 1 \right] / \left(\frac{1+k}{1+i} - 1 \right)}$$

根据国际上已有房产税的税率，取 β 值为 1% ~ 3%，代入公式计算，可得合理租售比为：

$$\frac{R}{P} = 1:199 \sim 1:297$$

国际上用来衡量一个区域房地产运行状况良好的租售比一般界定为 1:200 ~ 1:300，与本文模型计算的数据相吻合，印证了本文模型的有效性。

（三）从租售比看发展住房租赁市场的紧迫性

1. 真实租售比与合理租售比偏离较大

本文从合富置业、链家等大型房地产中介机构获取 2017 年全年二手住宅买卖均价和二手住宅租赁均价①，算得广州、深圳 2017 年真实租售比分别为 1∶624、1∶798。这也就是说，在广州、深圳购买一套房屋用于出租，分别需要 624 个月（52.0 年）和 798 个月（66.5 年）才能收回购房资金，年收益率仅有 1.9% 和 1.5%，这一收益率仅相当于银行一年定期存款基准利率。与合理租售比对比来看，合理租售比为 1∶395~1∶405，真实租售比明显低于合理租售比。

2. 培育和发展住房租赁市场的紧迫性凸显

当前真实租售比与合理租售比的较大偏离，反映出房地产市场蕴藏着较大的泡沫和风险。为尽快促使真实租售比向合理租售比回归，抑制泡沫和风险，一方面需要遏制房价上涨，另一方面需要提高房屋租赁的服务水平，而这些都迫切需要大力培育和发展住房租赁市场。

三　广东住房租赁市场发展现状

2017 年 1 月，广东省人民政府办公厅印发《关于加快培育和发展住房租赁市场的实施意见》；8 月，省住建厅等部门联合印发《转发住房城乡建设部等九部门关于在人口净流入的大中城市加快发展住房租赁市场的通知》并提出具体实施意见。为了解广东住房租赁市场发展情况，课题组对广州、深圳、佛山、肇庆四个试点城市②以及珠海的相关部门和企业进行了专题调研。

（一）机构化、规模化住房租赁企业蓬勃发展

1. 国有企业渐成气候

2016 年 7 月，广东省率先在全国成立省属国有专业化住房租赁机

---

① 二手住宅均价数据来源范围，广州不包括增城区、从化区，深圳不包括光明区、坪山区。

② 2017 年，住建部等部门确定 12 个城市作为首批开展住房租赁试点的城市，广东省为广州、深圳、佛山、肇庆 4 个城市；原国土部等部门确定在 13 个城市开展利用集体建设用地建设租赁住房试点，广东省为广州、佛山、肇庆 3 个城市。

构——广东建鑫投融资住房租赁有限公司，并通过广东建鑫公司与地方合作的形式，在佛山、肇庆、东莞、清远、汕头、中山建立6家地市级国有住房租赁企业。广州城投集团、珠江实业集团、越秀集团分别出资设立市属国有住房租赁企业。深圳市委、市政府出资1000亿元注册成立深圳市人才安居集团，承接市属国有住房租赁专营企业的职能。截至2018年3月，全省已成立20家国有住房租赁企业，筹集房源近4.5万套。

2. 民营企业百花齐放

各方民间资本纷纷进入广东住房租赁市场。例如，有房地产开发背景的万科泊寓、龙湖冠寓、碧桂园碧家等，有房地产中介背景的链家自如、世联行红璞公寓等，有酒店背景的铂涛窝趣、华住城家等，有互联网创业的魔方公寓、优家社区等。截至2018年3月，全省共有长租公寓品牌企业300多家，运营管理房源20多万套，建筑面积1000多万平方米。预计至2020年房源总量将突破70万套。例如，万科泊寓在广州、深圳、佛山、东莞四市开业项目30多个，经营房源1.8万套，平均出租率90%以上，入住人数1.5万人左右，计划未来3年在广东开业10万套以上。

（二）多渠道增加租赁住房供应稳步推进

1. 努力新增用地建设租赁住房

（1）增加租赁住房用地供应。广州、深圳、佛山等地通过竞自持、全自持等方式出让土地，截至2017年底，全省通过竞自持方式出让用地9宗，全自持方式出让用地2宗，合计用地面积约53万平方米，企业自持总建筑面积约36万平方米。2017年8月《广州市2017~2021年住宅用地供应计划》发布，明确未来5年在用地供应计划中安排825万平方米、15万套租赁住房用地，占全市住宅用地（3200万平方米）的26%。深圳提出在新出让居住用地中提高"只租不售"用地比例。

（2）增加政策性住房用地供应。2017年，广州通过划拨方式供应公租房、廉租房项目用地4宗，用地面积47万平方米，规划建筑面积36万平方米。深圳提出从2018年起，在新增居住用地中，确保人才住房、安居型商品房和公共租赁住房用地比例不低于60%。2018年3月,《珠海市配建公共租赁住房和人才住房实施办法(试行)》出台,明确落实新出让土地商品住房开发项目、城市更新项目配建人才住房和公共租赁住房政策,配建面积不得低于住宅建筑面积的10%。

(3)开展利用集体建设用地建设租赁住房试点。佛山共有11个集体建设用地建设租赁住房项目启动,并于2018年2月在佛山新城西区核心位置——顺德葛岸村举行拥有3500套住房和配套学校等资源的租赁住房示范小区奠基仪式。

2. 积极盘活存量房屋用于租赁

(1)明确提出允许将在建、建成、库存的商业用房等按规定改建为租赁住房。广州确定2家企业12个项目共6万平方米的商业、办公物业作为改造租赁住房试点。佛山出台《关于推进商业、商务办公用房改建为租赁住房加快租购并举住房制度建设工作的通知(试行)》,积极探索通过商改租的方式增加租赁住房的有效供给。

(2)积极推进将符合条件的城中村房屋改造为租赁住房,规范管理、统一出租。广州由万科泊寓、世联行等租赁企业在城中村采用"统一包租+投资改造+管理运营"模式,打造泊寓棠下、金沙里洪璞公寓等品牌长租公寓。深圳拟在"十三五"期间通过收购、租赁、改建等方式由专业化、规模化租赁企业收储不低于100万套(间)村民自建房或村集体自有物业。佛山禅城区奇槎红星村临江一带民房由碧桂园整体租赁、改造、运营。

(三)住房租赁金融支持力度加大

1. 搭建住房租赁政银企合作平台

广东省住建厅与建设银行广东省分行签订了住房租赁发展战略合作意向书,广州、深圳、佛山等地也分别与银行签订了住房租赁发展战略合作意向书。此外,建设银行广东省分行及各支行还在多地与大型房企签订住房租赁市场合作协议。多地住房租赁市场获金融机构大力支持,如广州已取得各类金融机构意向性授信支持超过5000亿元,为首宗全自持租赁房项目争取到

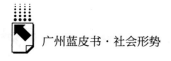

专项贷款 20 亿元。

2. 推进住房租赁资产证券化

银监、证监、深交所等单位与住房租赁企业积极探索试点发行多款资产证券化产品。例如，保利地产发行国内首单房企租赁住房房地产信托投资基金（REITs）、深圳人才安居集团推出全国首单公共人才租赁住房类 REITs、碧桂园租赁住房首期 REITs 在深圳证券交易所正式挂牌流通。

3. 开展个人住房租赁金融服务

建设银行广东省分行积极探索存房、按居贷等个人金融服务。2018 年 3 月，建设银行广州住房金融服务中心开业，截至 2018 年 5 月，已有开展存房业务的房源 1000 余套。建设银行在广东省内推出全国首款个人住房租赁贷款产品——按居贷，面向符合条件的自然人发放用于支付住房租金的贷款，贷款额度最高 100 万元，最长期限为 10 年。截至 2018 年 5 月，深圳分行已办理按居贷业务 85 笔，涉及金额 800 多万元。

4. 提高租房提取公积金额度

在公积金提取方面，广州规定租房提取公积金最高额提升到每月 5940 元，增幅达 33%；深圳将用于支付房租的住房公积金月提取比例由 50% 提高至 65%。

（四）住房租赁管理体制继续完善

广州、深圳、肇庆等地不断完善住房租赁管理体制。其中，广州成立了住房租赁试点工作领导小组，加强统筹协调和督促落实，构建了四级租赁管理体制，强化了管理模式。深圳建立和完善了相关部门联合监管机制并建立了定期信息报送机制，设立了三级住房租赁管理机构，完善住房租赁网格化管理机制。佛山从加快培育和发展住房租赁市场、加强租赁项目实施管理、加强房屋租赁合同管理、加强租赁企业和从业人员房屋租赁管理四方面筹谋出台相关政策和租赁管理配套文件。肇庆重新修订并发布实施了《肇庆市房屋租赁管理办法》，强化了租金监测和调控管理，加强了对房屋租赁当事人办理房屋租赁登记备案的要求。

（五）政府住房租赁交易服务平台基本建成

广州、深圳、佛山、肇庆 4 个城市政府住房租赁交易服务平台已建立并正式上线试运行。截至 2018 年 5 月，广州房屋租赁信息服务平台已登记入库房源 13.8 万套。深圳住房租赁交易服务平台发布总房源 3.1 万套。佛山市住房租赁监管及交易平台上线房源 3059 套，线上交易 733 笔，上线租赁企业 10 家，上线中介机构 3 家。肇庆市住房租赁交易服务平台具备基本的住房租赁监管、企业租赁服务管理功能，并根据实际应用情况逐渐完善其他功能。

（六）"租购同权"配套措施逐步跟进

广州在教育政策上，规定户籍无房的租房户子女入学确保学位供给，租房的来穗人员子女以积分入学方式申请学位，租房情况与购房情况分值权重同等考虑；在积分入户方面，合法租赁住房和自有产权住房享受同等积分上限。佛山承租人可按照国家有关规定凭登记备案的住房租赁合同等有关证明材料申领居住证，在居住地可享受包括申请入户、申请公租房、随迁子女申请入读义务教育公办学校、随迁子女参加本市居民医保享受财政补贴等 18 项基本公共服务，几乎与户籍人口的"市民待遇"等同。

四　广东居民对住房租赁市场发展的满意度评价

为了解广东居民对住房租赁的满意程度，课题组重点在广州、深圳、佛山、肇庆 4 个试点城市开展了问卷调查。结果显示，广东居民对住房租赁总体满意度分化，租客满意度一般，房东满意度较高。

（一）基本情况

调查常住居民 224 人，其中租客 141 人，房东 70 人，既是租客又是房东 13 人。按常住地划分，广州 79 人，深圳 62 人，佛山 35 人，肇庆 21 人，省内其他城市 27 人。

1. 租客情况

有六成以上的租客年龄为 26 ～ 35 岁（见图 1）；有五成的租客有子女（见图 2），其中大部分为未成年子女；有 2/3 的租客在当前常住地的居住时间为 5 年以下，其中大多为 3 年以下（见图 3）；有近八成租客的家庭年收入在 15 万元以下（见图 4）。

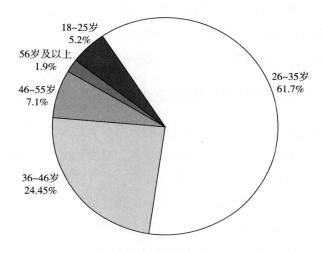

图 1　租客年龄分布

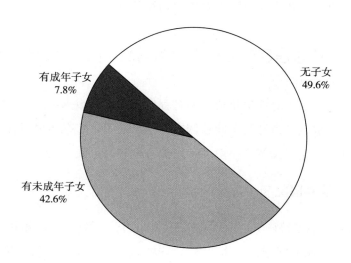

图 2　租客子女情况

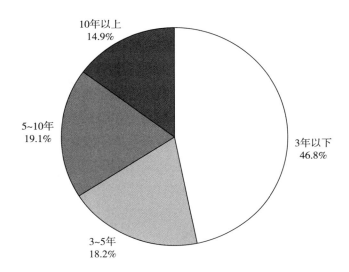

图3　租客居住时间分布

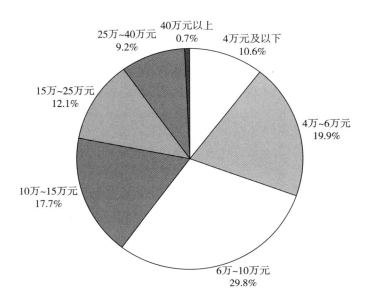

图4　租客家庭年收入分布

2. 房东情况

房东年龄相对年轻，45 岁以下的占 65.1%，分布比较分散（见图 5）；八成多的房东有子女（见图 6）；约七成的房东在当前常住地的居住时间为 5 年以上（见图 7），其中大多为 10 年以上；近六成房东的家庭年收入在 15 万元以上（见图 8）。

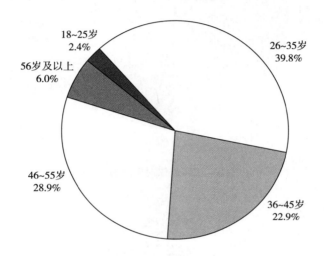

图 5 房东年龄分布

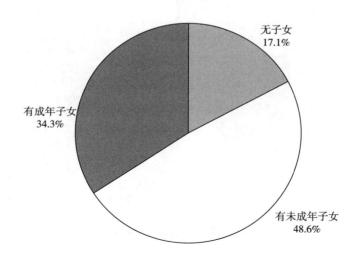

图 6 房东子女情况

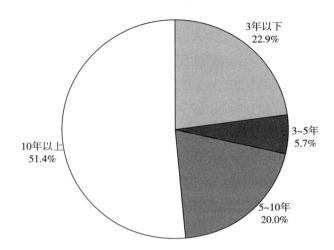

图7　房东居住时间分布

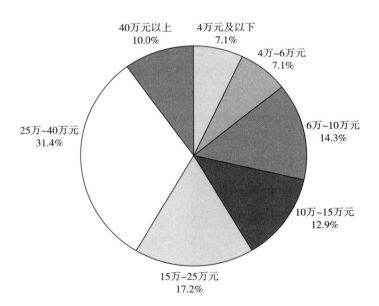

图8　房东家庭年收入分布

3. 房屋租赁情况

租赁住房以商品住房和城中村住房为主，占比分别为48.1%和30.4%，
是政策性租赁住房，占比为9.3%（见图9）。

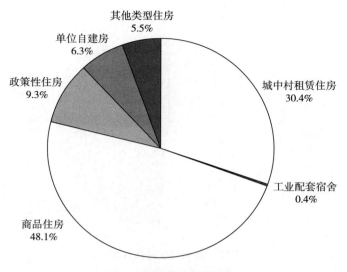

图9 租赁住房分类情况

租赁市场以居民散租为主，机构化租赁占比较低。租客直接或通过房产中介与个人房东签约的占比达74.0%，与住房租赁企业或机构签约的仅占3.9%（见图10）。

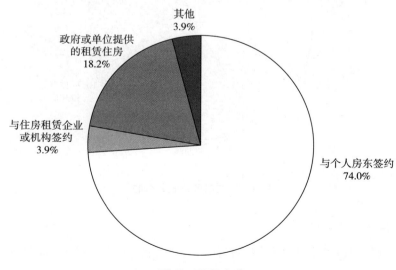

图10 承租方式

（二）住房租赁满意度分析

1. 租客总体满意度一般，房东总体满意度较高

（1）租客的总体满意度一般。认为总体满意度一般的租客占55.9%，认为比较满意、很满意的分别占17.5%、4.5%，认为比较不满意、很不满意的分别占13.0%、9.1%。从住房类型看，政策性住房的满意度较高，商品住房次之，城中村住房的满意度较低。由此可以看出，租客对政策性租赁住房的各方面条件比较满意，但对城中村住房的条件和环境有所不满。

（2）房东的总体满意度较高。认为很满意、比较满意的分别占6.0%、41.0%，认为一般的占47.0%，认为比较不满意、很不满意的分别占3.6%、2.4%。从住房类型看，商品住房房东的满意度高于城中村住房。由此可以看出，商品住房房东受益于房价上涨及租客经济实力相对较强，满意度较高，而城中村住房租金较低，租客的经济实力也相对较弱，其房东的满意度一般。整体来看，房东的满意度普遍高于租客，因此可以认为在现在的租赁市场中卖方占据比较优势的地位。

2. 租赁对象和租期满意度较高，租赁市场比较稳定

居民对租赁对象的满意度较高。比较满意和很满意的合计占比为42.6%，比较不满意和很不满意的合计占比为11.0%。对租期的满意度也较高。比较满意和很满意的合计占比为46.8%，比较不满意和很不满意的合计占比为10.2%。说明在目前的居民散租市场中，租赁关系比较稳定，市场运行较好。

3. 对人身财产安全满意度较高，但仍存隐忧

居民对人身财产安全的满意度较高。认为很满意、比较满意的分别占4.6%、40.5%，认为一般的占44.7%，认为比较不满意、很不满意的分别占5.1%、5.1%。但目前社会上也存在装修污染引发人身安全、不合规的"租金贷"引发财产安全等问题，有59.1%的租客表示对人身财产安全有所担心。

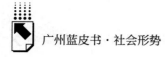

4. 对租金满意度有分化，租客担忧情绪明显

（1）租客对租金的满意度较低。比较满意和很满意的合计占比为19.4%，比较不满意和很不满意的合计占比为33.8%。房东对租金的满意度较高。比较满意和很满意的合计占比为39.7%，比较不满意和很不满意的合计占比为20.5%。这一方面与租赁市场中房东占优势地位有关；另一方面是由于随着近年来房价的快速上涨，租金也有一定幅度的提高，租客负担加重，而多数房东购买住房时间较早，成本相对较低，因此租金收益也相对可观。

（2）租客对租金的担忧情绪明显。租客可以接受的租金范围在1000元及以下、1001~2000元、2001~3000元的分别占44.2%、36.4%、13.0%（见表1）。租客可以接受的租金占收入的比例在10%以下、10%~30%的分别占50.0%、48.7%（见表2）。有79.2%的租客认为目前租金太高，47.4%的租客担心租金还会上涨。

表1　租客可接受租金范围占比

单位：%

可接受租金范围	占比
1000 元及以下	44.2
1001~2000 元	36.4
2001~3000 元	13.0
3001~5000 元	5.2
5001 元及以上	1.2

表2　租客可接受租金占收入的比例占比

单位：%

可接受租金占收入的比例	占比
10% 及以下	50.0
10%~30%（含）	48.7
30%~50%（含）	1.3
50% 以上	0.0

5. 对政府政策满意度一般,稳房价控租金最受关注

租客对政府住房租赁相关政策的满意度一般。认为很满意、比较满意的分别占 2.6%、18.2%,认为一般的占 50.0%,认为比较不满意、很不满意的分别占 18.8%、10.4%。房东对政府住房租赁相关政策的满意度较高。比较满意和很满意的合计占比为 30.1%,比较不满意和很不满意的合计占比为 13.3%。但有部分房东满意是未对住房租赁进行登记备案而逃避政府监管造成的,调查中发现仅有 31.6% 的住房租赁办理了登记备案。

在最受关注的政策中,稳房价控租金相关政策的关注度最高,达 58.2%;"租购同权"相关政策次之,达 40.5%。加大租赁住房供应和公租房、人才住房等政策性租赁住房政策分列第三位和第四位,关注度分别为 34.6% 和 34.2%。

五 广东住房租赁市场发展面临的问题

(一)租房实现住有所居的理念需培育

居民的住房观正逐步从购买住房到租购并举转变,然而目前多数人仍然认为买房才能安家,才能称为实现住有所居,这种理念在一定程度上制约了住房租赁市场的发展。

1. 产生这想法的房价上涨预期仍未完全扭转

租房只能获取房屋的使用价值,而不能获取投资价值。近些年房屋价格快速上涨激发了居民买房实现资产增值的热情。近年来中央提出坚决遏制房价上涨,房地产市场成交量下降明显,房价也出现松动。房价上涨预期正在扭转中,但仍需要时间。珠海公租房住户满意度调查显示,大部分承租人没有长期租住公租房的打算,仅将公租房视为临时住宅。有 71.4% 的新就业职工、66.7% 的异地务工人员和 65.4% 的专业人才家庭有明确的购房意愿。

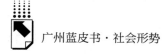

2．"租购同权"尚不完善

在公共服务总体供应不足的背景下，公共服务与住房、户籍关联程度较高，难以实现完全的"租购同权"。珠海公租房住户满意度调查显示，异地务工人员想要购房的主要原因是希望子女获得更好的教育资源。前文租客对"租购同权"政策的关注度排第二位，表明满意度一般。

3．承租人租住体验不佳

目前热点城市的住房租赁市场处于卖方市场阶段，承租人处于弱势地位，其权益难以得到保障。小部分长租公寓有关装修污染危害租客健康、滥用"租金贷"导致租客权益受损等问题都引起承租人的担忧，并引起社会上的广泛关注。

（二）住房租赁企业的盈利状况难乐观

调研结果显示，大部分调研企业均处于亏损状态，比如在深圳和肇庆调研的6家住房租赁企业全都未实现盈利。原因归纳起来大致有三条。

1．成本高盈利难

对于重资产运营模式，主要有两种方式筹集房源，招拍挂市场拍地新建自持和购买存量房屋。在招拍挂市场上，土地成本很高，更是面临政策性国企的激烈竞争。比如，深圳前四宗租赁用地均被承接市属国有住房租赁专业企业职能的深圳市人才安居集团拍得。在房屋买卖市场上，以目前的房屋租售比水平，房屋租赁企业面临高昂的购房成本。被调研的企业反映，现在热点城市的租金收益水平每年在2%左右，甚至无法覆盖企业的融资成本（6%左右），因此目前重资产运营的盈利点大多寄希望于资产的增值，而这与"房住不炒"的定位并不契合。对于轻资产运营模式，目前的盈利点主要在租金价差。调研企业反映租赁房源对地理位置要求较高，一次性收储、改造房源的投入很大，投资回收期过长。

2．税收负担较重

住房租赁企业需缴纳增值税、企业所得税、房产税、印花税、城镇土地使用税等，综合税赋成本较高。被调研的多家企业反映，经营税额占租金收入的 20% ~25% ，这对盈利能力偏弱的住房租赁企业来说负担过重。相比税收征缴率不高的个人房东，租赁企业面临的成本竞争压力巨大，也压制了住房租赁企业的规模化、规范化、专业化发展。

3. 融资成本偏高

被调研的多家企业反映，目前的银行贷款利率一般高于基准利率10% ~20% ，相比住房租赁行业保本微利的特征，企业融资成本偏高。

（三）居民散租市场监管难以完善

在目前的住房租赁市场中，机构化、专业化、规模化租赁占比较低，大部分是个人房东通过房地产经纪机构分散出租。此类住房的租赁登记备案率很低，形成了事实上的隐形租赁市场。此类市场逃避了政府监管，形成消防治安隐患，同时还成为推广政府住房租赁交易服务平台的一大障碍。前文的满意度调查显示，仅有 31.6% 的住房租赁办理了登记备案。其主要原因在于躲避税收，而各地对个人出租房屋税费的综合征收率为 4% ~11% 。

（四）住房租赁相关政策需细化

1. 土地用途调整和规划审批流程不畅

对商业用房改建为租赁住房等涉及土地用途改变的情况，被调研的企业反映，在有关调整土地用途、补交土地出让金、如何通过规划审批等方面并没有十分明确具体的细则和指引，这类项目推进较为困难。

2. 消防报验流程不畅

对商业用房改建为租赁住房、"城中村"通过综合整治开展规模化租赁等情况，涉及消防规范时，由于缺乏有针对性的住房租赁消防管理办法，消防审批通道不畅。房屋租赁企业反映，在申报消防验收过程中，由于项目产权、性质等问题常出现不受理的情况，并且目前没有明确的长租公寓消防规范，在消防验收中，有的参照住宅，有的参照写字楼，有的参照酒店，这种标准不清的现状给建设和运营都增加了不确定性。

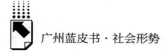

3. 出租屋人员登记管理不明晰

被调研的企业反映，在出租屋人口管理上，时常出现多头管理、人员反复登记的现象。比如，公安部门、房屋管理部门、街道、居委等似乎都需要进行登记备案，而且不同街道的政策又不尽相同，给企业带来不小的行政管理负担。

（五）租金上涨对低收入者的影响需关注

城中村是外来年轻人或低收入群体的主要租住场所。深圳市房地产研究中心的数据显示，深圳有出租房 783 万套（间），面积约 3.48 亿平方米，占存量住房总套数的 73.5%，其中城中村租赁住房共 490 万套，占全市租赁住房的 61.3%。城中村收储统租需要开展大量的外部综合整治和环境提升、内部改造和添加设施设备等工作，相关投入巨大，势必推动项目租金上涨并带来周边房源的租金上涨。同时，各路资本纷纷进入房屋租赁市场，大量收储房源，也在一定程度上推升了房租。深圳市规土委调研数据显示，水围村改造后实际租金由原来的每月 70 元/平方米上涨到每月 150 元/平方米，租金提升无形中挤占了对显性价格非常敏感的低收入者的居住空间。

（六）人口净流出规模小的城市需求不足

近年来，肇庆人口净流出，住房租赁市场需求整体较少，租金单价较低，普遍在 25 元/平方米以下。珠海 2017 年末常住人口为 176.54 万人，户籍人口约占常住人口的 2/3，整体人口规模较小，流动人口少，住房租赁需求不大。因此，对于人口净流出、规模小的城市，发展住房租赁市场难度较大。

六　政策建议

（一）持之以恒提升租房人群的幸福感

一是持续加大租赁住房用地供应。平抑地价，降低房价上涨预期，从源头上提高机构租赁住房占比，提升租赁市场服务水平。二是持续加大政策性租赁住房供应。通过公租房、员工宿舍、人才住房等各种形式有效满足低收入人群、外来务工人员、中等收入"夹心层"等人口对住有所居的需求，盘活地方财政和国企的闲置存量物业进入租赁市场，降低商品住宅购买热情，培育租房理念。三是持续提高基本公共服务水平。尽量赋予租房者和购房者在基本公共服务方面享受同等权利。

（二）坚持发挥国有企业的引领作用

一是积极承接运营政府政策性租赁住房。提高政策性租赁住房的管理和服务水平，树立市场标杆。二是积极探索将商业用房按规定改建为租赁住房。在土地用途调整和规划审批等方面走出一条可操作、可推广的路子，将商业用房去库存和增加租赁住房有机结合。三是积极试点利用集体建设用地建设租赁住房。探索城乡一体化过程中租赁住房筹集的新思路和集体建设用地利用新模式，将增加农村和农民收入与增加租赁住房有机结合。四是积极发挥租赁市场"稳定器"的作用。利用手中的大量房源在稳定租赁关系和价格中发挥示范引领作用。

（三）继续加大税收政策的支持力度

调研对象普遍希望政府能对依法登记备案的住房租赁企业、机构和个人给予税收优惠或有关费用扣除的政策支持。例如，减免印花税、所得税，降低房产税，落实住房租赁企业适用6%的增值税税率等。

（四）继续加大金融政策的支持力度

被调研的企业希望对住房租赁企业给予政策性低息长期专项贷款，用于建设和筹集租赁住房，以减轻住房租赁企业的资金压力。

（五）警惕长租公寓"租金贷"金融风险

市场上部分长租公寓中介服务商正开展"租金贷"业务，即租客向第三方金融机构或 P2P 网络借贷平台申请信用贷款，机构一次性将等同于一年租金的资金放款给服务商，服务商并未将全部资金交给房东，而租客表面上按月付租金，实际上是每月向贷款机构还贷。"租金贷"容易形成资金池和期限错配，杠杆高、风险大。相关部门应警惕风险，加大对"租金贷"的监管力度。

（六）制定统一明确的消防报验标准

调研企业希望在专业化、规模化租赁住房的消防报验方面，规范消防改造标准，明确审批、报验、监管流程，保障住房租赁企业申报的通畅性。

参考文献

王振霞：《中国住房制度改革 40 年：回顾与反思》，《财经智库》2018 年第 3 期。

陈英纳：《广州市住房制度改革历程（1987～2002 年）》，《广州改革开放实录》第二辑，中共党史出版社、广州出版社，2017。

贺红卫、徐敏：《广州房地产业的起步与发展（1979～2002 年）》，《广州改革开放实录》第二辑，广州出版社，2017。

张源：《基于拉姆齐模型和房价租售比的上海市房地产租赁市场实证分析》，《统计科学与实践》2017 年第 1 期。

于潇波、殷跃建、伍环、冯文静、袁书玮：《基于 ESDA 的武汉市商品住房市场泡沫厘定与空间分异》，《住宅与房地产》2017 年第 2 期。

马冬、孙秀娅：《中国房地产市场真实租售比探析》，《学习与探索》2008 年第 2 期。

张小燕：《从住房租售比探讨东莞住宅价格的合理性》，《科技风》2013 年第 6 期。

（审稿人：梅声洪）

B.23

广州市南沙区建设"中欧绿色智慧城市"的条件分析与建议*

伍春丽　周永章　周世武**

摘　要：　本研究认为，建设绿色智慧城市是南沙勇立潮头的最优选择。首先，利用先进的信息技术和先进的城市管理理念，进行城市智慧化设计、管理和运行，运用大数据、物联网、人工智能等先进科学技术手段，分析、整合城市运行和管理系统，同时按照低碳、环保、绿色促进城市生态系统和谐发展和地球资源可持续利用理念，建设生态文明，把南沙区打造成优质生活区和生态河口区。

关键词：　中欧绿色智慧城市　优质生活区　生态河口区

南沙区是广州城市空间与产业经济南拓的核心区，位于粤港澳大湾区的中心部位，在未来广州发展中具有不可替代的重要性，是我国 15 个"中欧绿色智慧城市"试点项目之一。本研究借鉴智慧城市和生态文明的研究成果，特别是欧盟智慧城市和生态城市建设的成功案例，分析了南沙区建设绿

---

* 本文为广州市建设国家级科技思想库研究课题基金项目研究成果。
** 伍春丽，中山大学地球环境与地球资源研究中心副研究员，主要研究领域为工程项目材料质量技术和城市可持续发展；周永章，中山大学地球环境与地球资源研究中心主任、教授、博士生导师，主要研究领域为地球资源环境、应对气候变化及可持续发展研究与产融结合；周世武，硕士，广东高质资源环境研究院常务副院长、城市规划师、国际注册生态环境修复师，主要研究领域为资源环境与区域可持续发展、旅游规划和城乡规划。

色智慧城市的优势、劣势、机遇和挑战。本研究认为,建设绿色智慧城市是南沙勇立潮头的最优选择。一方面要利用先进的信息技术和先进的理念,进行城市智慧化设计、管理和运行,运用大数据、物联网、人工智能等先进科学技术手段,分析、整合城市运行和管理系统,为城市居民提供宜居宜业的生活生产空间,对民生、公共安全、城市服务、工商业活动等各种需求做出智能响应。另一方面要按照低碳、环保、绿色、可持续发展的理念,高标准建设生态文明示范区,把南沙区打造成优质生活区和生态河口区。加强对国土资源的控制使用,集约高效用土、水自然资源。建立合理的自然资源资产产权制度和用途管制制度,加强资源利用的全过程管理。合理利用滩涂资源。提高南沙区建筑、道路、桥梁建设标准,强化绿化要求。严格执行行业节能减排标准,开展监测行业龙头企业的节能减排示范创建活动,推动整个行业链的节能减排。港口码头的发展以及河口的开发,要实施严格的生态环境评价制度,最大限度地减少对海域及河口生态环境的影响。针对南沙河口生态特点,制定高于国家标准,符合南沙地方发展的能耗、水耗、地耗、污染物排放、环境质量方面的标准。科学保护南沙湿地以及生物多样性。推动南沙区高新技术产业组团的科技创新能力,建设新型研发机构,发展绿色产业和绿色金融。完善生态环境监管制度,采用智能定位监测预警机制,对排污严重的企业采用淘汰方式以减轻对生态环境的破坏,促进城市生态系统和谐发展和资源可持续利用。

一　现状分析

(一)地理位置

1. 位置价值

南沙区是珠江三角城市群的核心,生态环境上属生态河口区,也是大珠三角经济圈的中心,1 小时生活圈涵盖 14 个大中城市,五大国际机场,具有依托大珠三角腹地、辐射华南、影响南海海域附近国家和城市的强大影响力，也是当前粤港澳大湾区、珠三角九市的核心。

2. 交通条件

2018 年的南沙区政府工作报告指出，南沙港区三期全面建成投产，港区四期工程、深水航道拓宽工程、邮轮母港等项目加快推进。新增国际班轮航线 12 条（共 85 条）、内贸航线 4 条（共 32 条）和"空梭巴士"支线 6 条（共 60 条），新建无水港 5 个（共 33 个），多式联运集疏运体系辐射整个泛珠地区，南沙港区实现集装箱年吞吐量 1406 万标准箱，增长 10.5%，助力广州港进入全球 2000 万标准箱俱乐部；2019 年世界港口大会将在广州举办。同时地铁 4 号线南延段与庆盛站同步开通，地铁 18 号线开工建设，"三高三快"通道南沙段全面启动，与中心城区的联系更加便捷。

番禺十七届人大五次会议政府工作报告指出，到 2018 年底，番禺轨道交通建设大致情况为：穗莞深琶洲支线、地铁 3 号线东延段、7 号线二期、12 号线开工建设，广佛环城际、佛莞城际、地铁 18 号线、22 号线建设有序推进。南浦三桥建成通车，南沙大桥（原虎门二桥）主线贯通，南大干线全线施工，光明大桥工程进入收尾阶段，沙溪大桥（扩建）、番海大桥等动工建设，都会为南沙的交通和智慧城市建设做出贡献。

（二）经济建设

1. 建设成就

2003 年，南沙区的发展布局定位为"五大组团、四大产业、三大基地"。"五大组团"是指黄阁综合工业组团、万顷沙临港工业组团、龙穴岛现代物流业综合组团、南沙高新技术产业组团、地区综合服务业（第三产业）组团，"四大产业"是指临港工业、现代物流业、高新技术产业和以综合服务为主导的第三产业，"三大基地"是指石油化工工业基地、钢铁基地、造船基地。

2017 年，南沙区着力提高发展质量和效益，招商引资效果明显，出台实施"1＋1＋10"产业政策体系，有 33 家世界 500 强企业投资项目落户南沙；在重点项目加快建设中，全力推进基础设施、现代产业、生态环保、社

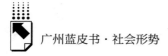

会民生四大领域重大项目建设，完成投资额 865 亿元，通过采用"EPC +
PP"模式推动万顷沙、大岗等项目动工建设。①

南沙区在推进自贸区改革开放中，持续优化营商环境，提升口岸通关效
率，打造"智检口岸"，推行"智慧海事"，全面提升对外开放水平，打造
南沙开放创新的形象。

着力实施创新驱动战略，不断增强区域创新能力，加快培育创新主体，
建设创新载体，蓬勃发展创新型金融，不断优化创新生态环境。以人—企—
园三点为创新系统，推动区域创新能力增强。

在加强城市管理方面，不断提升城市功能，推进总投资 2505 亿元的 91
个重大交通基础设施项目建设，加快建设城市重点功能组团，不断提升城市
综合治理水平，持续改善生态环境，着力增进民生福祉，发展社会事业，健
全社会保障体系，扎实推进"三农"工作，缔造美丽乡村，同时着力加强
政府自身建设，提高服务能力和水平。

2. 大湾区规划

2019 年 2 月，中共中央、国务院印发了《粤港澳大湾区发展规划纲
要》，该规划是指导粤港澳大湾区当前和今后一个时期合作发展的纲领性文
件，规划近期至 2022 年，远期展望到 2035 年。其意义在于建设世界级城市
群，有利于丰富"一国两制"实践内涵，进一步密切内地与港澳的交流合
作，为粤港澳珠三角九市的长远发展注入可持续发展的活力，有利于打造
"中国梦"的国际文化影响价值。在 2019 年广州市十五届人大四次会议中，
广州市本级财政共计安排 190. 2 亿元支撑粤港澳大湾区建设，在提到的六大
推动大湾区建设的要点中南沙占五个。

（三）生态环境

1. 生态资源

南沙区是广州重要的生态保护区，北部大多为农田，南部大多为围垦造

---

① 《南沙区政府工作报告》，2018 年 2 月。

地，自然生态保持良好，南部万顷沙湿地是广州最重要的人工次生湿地生态系统。生态系统以农田、林地生态系统为主，区内的耕地、林地、园地面积占62%以上，河流、河涌、山塘水库及鱼塘等面积占35%左右。南海水域广阔、岸线连绵，附近水域渔业种类丰富、生物多样性良好，水生生态环境处于较好状态。南沙区有着得天独厚的生态资源，区内具有比较完整的湿地生态系统、拥有成片天然红树林，该红树林是全国少见的有古红树林资源的林地。南部共19条河涌，湿地面积约1000公顷，自然环境和植被以湿地、滩涂、红树林为主。

目前，南沙区的主要旅游景点有南沙湿地公园、黄山鲁森林公园、天后宫、虎门炮台遗址、百万葵园等，独具风光景色。其中，南沙湿地游览区以"湿地晚唱"为名入选"羊城新八景"。南沙人工次生湿地生态系统素有粤港澳后花园之称，是休憩旅游的最佳场所。

2. 智慧空间

南沙区生态人居治理成果明显，但南沙河涌彻底还绿尚未成功，尚需努力。2017年，南沙港出入境旅客超40万人次，再加上人才引进的政策，以人才吸引技术、资本、产业的集聚政策，给南沙的生态环境和城市管理承载力带来了严峻的挑战。

现存的城市资源、公共配套设施和城市服务管理在一定程度上制约着高端人才进入南沙区发展。例如，在上下班高峰期间，公共交通的配套远远满足不了南沙区经济发展速度的需求，导致大量市民选择高碳出行方式。一方面导致城市资源极度浪费；另一方面对生态环境造成负面影响，尾气排放量过大、交通极度拥堵、城市噪声污染严重、灰霾现象加重等。智慧城市建设的首要要求是城市管理者具备智慧的城市眼光、智慧的城市心灵，再糅合智慧人才群体和防微杜渐的智慧城市管理方案。

南沙区拥有优质的自然生态环境，同时又属珠江河口生态环境，过去珠三角的粗放型经济发展模式，恶化了整个南沙区的生态环境，河口和海岸生态系统遭到严重破坏，如水质污染、大气污染和噪声污染等，尤其是养殖和农业污水没有做任何处理直接排进河流，大部分生活污水亦是如此直排。居民集中程度比较大的区域绿化率普遍偏低，滞尘、降噪效果差，导致空气质量、宜居指数偏低。部分老居民对进驻南沙的重型高碳排工业喜忧参半；喜的是经济机遇，忧的是生态环境恶化，人均绿地率是否会急剧下降。如何突破传统思维、推动创新型生态文明建设、打造一流南沙绿色智慧港口码头，是政府与科技工作者需要深思、研究和探讨的主要问题。

（三）欧洲经验

发展绿色智慧城市的目标是使城市的科技资源、生态资源、人力资源和历史文化资源等和谐高速发展，从而推动城市可持续发展。荷兰、法国、意大利等智慧城市建设的成功经验非常值得学习借鉴。

1. 荷兰阿姆斯特丹

通过生活实验室（Living Lab）推动政府部门、企业、科研机构及用户参与协作的用户体验、设计创新与示范推广，并推行了可持续能源、节能建筑、智能家居、电动汽车等计划，并鼓励市民、企业、政府积极合作，让居民和到访的游客都成为新技术应用实验区内参与设计、共同创新的主体，强调资源可循环利用，推动智能电网、区域供热、城市设计、智慧家居、太阳能和风能等再生能源的创新与示范应用，让所有自然资源都逐步实行计量使用和有偿消耗，并通过碳当量对废弃物实行交换，共同推动阿姆斯特丹可持续创新城市的建设，并提出到2025年较1990年减少温室气体排放达到40%的具体指标，以此指标来设计具体实践项目。阿姆斯特丹港口的73个靠岸电站配备了154个电源接入口，方便游船与货船充电，用清洁能源发电设施取代燃油发动机。通过技术创新等措施保障生活、工作、交通以及公共空间发展的可持续性，实现城市发展战略构想。

阿姆斯特丹采取开放数据策略，实施交通优化，提高出行效率。将交通和出行数据向公众开放，鼓励企业创新，提供新产品和移动服务，同时将与市民互动产生的社会媒体数据源提供给数据开发者和开发商，利用开放数据开发智慧化应用，实现交通流动量的优化，为出行问题共同提供解决方案，通过采用多种方式为出行者提供到达其目的地的实时出行信息。

另外，荷兰采用围海造田工程解决了咸潮上溯对沿海地区居民生活用水及工农业用水带来的灾害，这个工程不仅没有破坏该地区的生态系统，反而出现了面积达数万顷的自然保护区，是生态重建的成功案例。

2. 法国里昂

里昂实施智慧城市建设中，以人为本，注重民生效益、生态效益和经济效益，通过新技术提升民生效益，以降低 20% ~ 40% 的温室气体排放量，实现生态效益。

"智慧城市"概念考虑四个方面：一是环境问题和能源节约，鼓励使用过渡能源和清洁能源；二是政府、企业和城市居住者之间网络沟通；三是城市居住者参与智慧城市建设；四是整合、运用信息技术、机器人技术和智能交通运输系统等新技术，促进多网络信息资源共享和运行。

创新特色是新技术的整合和使用。里昂首先利用感应器来监控、测量和控制城市的环境，包括公共建筑的供水系统、街道照明控制系统和环境控制系统等，建立相应的大数据库提供给政府有关部门，为市政建设和城市管理治理提供参考，包括利用其实施城市节能，降低城市管理成本。其次，通过PPP（公私合作伙伴关系）等方式发挥企业和城市居民的相关协作，既可提高城市运行管理水平又为产业发展提供新机遇。再次，重视基础信息建设过程的信息安全，将云计算及相关基础设施建设交给企业完成。

3. 意大利米兰

米兰具有优秀的历史和文化传统，是意大利第二大城市，兼经济和金融中心，拥有众多文化机构和大学，拥有重要的博物院、剧院和地标性建筑。在智慧城市建设中，面临着文化遗产和环境保护问题，米兰的"智慧城市"概念为智慧经济、智慧公众、智慧管理、智慧移动、智慧环境、智慧生活和智慧世博，强调在数字城市的基础上，增强移动性，提升社会化创新，形成环境、文化、社会的和谐发展。

米兰在实施智慧城市建设中，以人为本，在保护现有文化的基础上应用新科技技术，在人文情怀下，实施节能和环保，实现技术与美景、

传统与现代的和谐共处；让市民积极参与智慧城市建设，共同制定城市管理政策；树立公共交通优先发展理念，将公共交通放在城市交通发展的首位，为自行车出行提供智能化服务和奖励。公共职能分工科学合理，城市警察随时为市民提供各类帮助、维护街面秩序、公共服务和城市管理事项。

4. 小结与借鉴

三个智慧城市各有特长，总体上具备了下面的特点，如何借鉴与引用，需根据南沙的具体情况分析。

（1）以人为本。注重从市民需求出发，鼓励市民参与，推进社会协同，开放创新空间，从而创造公共价值和独特智慧价值。通过公众参与和全方位信息反馈机制推动城市建设与社会各界高度融合，使经济社会发展更智能化。

（2）绿色。尊重并缔造绿色生态文明，用碳减排指标注重城市生态环境发展和资源的高效利用，通过节能减排、绿色环保、环境友好、生态可持续发展，建设宜人的绿色智慧宜居环境条件。

（3）尊重历史和文化。将历史人文特色融入可持续发展，将传统与现代结合，历史文化与信息系统、经济发展、公共管理服务相结合，构建城市特色。

（4）用技术创新推动经济发展。通过新一代技术应用推动行业融合，建立公众大数据平台，推动创新、激活生产力和生产要素间的和谐关系，从而提升经济效益和政治效率，促进社会、文化与城市发展。

（5）优化城市管理。公共职能分工科学合理，提高政务服务质量。

二 发展分析

绿色智慧城市建设的主要目标是建立在道法自然的理念下，优化国土空间格局，高效利用资源，改善生态环境质量，确立生态文明制度。南沙区建设面临资源趋紧，经济需高速发展的矛盾挑战，其发展分析如下。

（一）优化国土空间

节约国土资源。积极完善南沙主体功能区的战略，健全主体功能区的规划政策，根据南沙区相关产业链的不同，重点生态功能区的不同，优化产业经济结构和实施行业间合作，确保国土资源的高效利用。强调"多规合一"的规划政策，健全空间规划体系，科学布局和整治区内空间，要有一本规划、一张蓝图，确保项目实施质量的高效性与成本的节约化，编制全区的国土规划纲要，加快推进国土的综合整治和综合开发，扩大绿地、水域、湿地等的生态空间。

发展绿色建筑和低碳科技，推进南沙绿色生态城区建设，建设南沙区绿色智慧城市示范基地。大力推进南沙区的绿色区域化，加大区内空间绿化面积。

加快南沙区美丽特色小镇和美丽生态编制村建设，建立生态乡村旅游休闲业，实施科学务农教育和民风建设，推进南沙区文明村建设。将农村建设引进村镇规划管理，加强农村基础设施建设管理，强化河涌的综合治理，发展南沙区农业循环经济，将养殖与农业叠加开发，合理利用资源，治理农业污染，提高农产品质量。

加大河口生态环境的科学开发和生态环境保护力度，加大河口的开发利用管理和生态系统恢复力度。在保护南沙特有的河口生态环境的前提下，科学合理地发展港口码头和河口的生态经济。实施最严格的生态环境评价，保护和利用好南沙河口生态环境。

（二）推进技术创新及应用

推动绿色科技的创新和结构调整，调解经济发展与资源环境之间的矛盾，提高发展质量和效益，降低利用资源环境的代价。

推动南沙区高新技术产业组团的科技创新能力，建立南沙区生态文明领域工程技术类研究中心、实验室和实验基地建设，盘活组团的科技创新主体地位，在基础研究和前沿技术研发方面取得突破性成果，要积极加快产学研

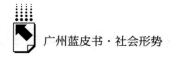

成果的应用速度。

优化产业结构。推动战略性新兴产业和先进制造业健康发展，采用先进节能低碳环保技术改造传统产业，积极发展第三服务业，合理布局产业，实施节能减排低碳监控，制定淘汰标准，加大淘汰能耗高碳型产业力度。鼓励优势产业参与国际分工，提高南沙区人力资源水平，推动低碳科技发展与应用。

发展绿色产业。推动节能环保技术和服务水平的提高，同时通过增强广大市民的意识拉动绿色消费。完善节能环保产业在重大技术装备产业区域的应用，多渠道引导社会资金流向绿色产业研发、推广和应用，

积极推进新一代创新技术在城市政务、城市公共政策、城市公共设施和城市管理中的应用。

（三）高效利用资源

节约资源是保护生态环境的首要之策，要制定适宜各行业不同参数标准的节约资源的积分制以实现资源的节约高效利用。推进节能减排，积极发展南沙区的清洁能源发电项目。积极推进新能源和环保技术的开发以及应用，采用严格的行业节能标准，开发行业龙头企业节能减排示范创建活动，推动整个行业链的节能减排，尤其是建筑行业和交通行业，制定节能减排指标参数，实施返税奖励制度，以鼓励各行业积极实施节能减排的方案措施。

发展循环经济。按照减量化、再利用、资源化的原则，鼓励变废为宝的开发利用技术。加强资源节约。集约高效用水、土地、矿产等资源，加强资源利用全过程管理。综合利用国土空间，加强对国土资源的控制，允许农村集体用地以入股方式参与基础建设。高效利用水资源，提高南沙区水资源的综合利用技术水平，合理开发雨水和海水利用技术，设置海水和雨水利用技术工程，引进海绵城市建设计划，征集工业居民使用海水与雨水的实施方案，加强工业以及生活污水治理措施，设置排污扣分制。

（四）改善生态环境质量

南沙区特有的河口生态，纵横交错的河涌，遍布的人工次生湿地生态系

统，决定了南沙区要实施保护和修复生态，全面推进污染防治，落实"9 + 2"泛珠三角经济圈生态环境保护方案。

在河口水质修复上，应以珠江河口以及区内纵横交错的河涌源构建区域生态环境体系，形成一个多层次、立体化、复合弄、多功能、网络式的红线区域生态系统，同时对涉及的上游地区建立相应的补偿制度，红线内相关政区必须步调一致地实施保护和修复水质的政策，加大相关水乡的工业和生活污水治理力度，尤其加大政府对电子产品生产基地的监测力度。

严格各项排污制度，继续实施非点源污染综合治理和水土保持工程，整治水上交通安全与船舶防污染监督管理。在大气污染上，以南沙区为点，划分一个空气生活圈，圈内的政区必须实施严格的空气污染治理措施，对圈内的空气按国家强制标准实施环境监测。

切实保护南沙湿地生物多样性，通过立法保护南沙湿地和红树林，在兼顾发展的前提下，最大限度地降低对土地的开发利用，并应用新的立体绿化技术还绿，以实现对生态系统的修复和保护。优化河口生态系统，加强港口的管理工作，合理利用滩涂资源。目前，我国海水稻科研工作已经取得阶段性进展，针对南沙区独特的河涌实情，可以考虑将海水稻成果转化为优化河口水生态系统工程。

（五）确立生态文明制度

健全的生态文明法律法规是生态文明建设的法律保障机制。完善标准体系，针对南沙河口生态特点，加快制定高于国家标准、符合南沙地方发展的能耗、水耗、地耗、污染物排放、环境质量等方面的标准。提高南沙区建筑、道路、桥梁绿化建设标准，增加绿化要求。

建立合理的自然资源产权制度和用途管制制度，对自然生态空间进行统一确权登记，明确国土空间的自然资产所有者、监管者及其责任，构筑合理的占有、使用、收益及处分权。完善生态环境监管制度，采用大数据智能定位监测预警机制。实施严厉的责任机制，构建新的政绩考核指标，建立生态

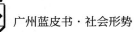

文明建设政绩考核指标，建立环境终身责任制，对排污严重企业采用淘汰方式，并强制修复措施。

三 对策及建议

本研究认为，南沙区要实施中欧绿色智慧示范城市建设，不仅是南沙科技创新发展的需求，同时也是粤港澳大湾区国际科技创新中心的要求。必须用生态的理念发展高新技术产业，以资源持续利用为宗旨，以改善生态环境为基础，集约利用每一寸国土资源，建设南沙区中欧绿色智慧城市示范点。

（一）港口绿色智慧建设

南沙区的港口管理水平以及建设会对河口生态，以及生物多样性产生严重影响。应从宏观的角度，根据广东省《珠江河口区的整体综合治理规划》进行管理。一是高效利用港口资源，节约国土资源；二是修复河口生态环境，开发码头绿植，建设码头绿色智慧示范工程，构建码头绿色智慧景观，实施绿色降温、降噪的码头治理工程；三是采用产业合作，节约土地资源，发展码头太阳能、风能等清洁能源产业，开发集装箱与太阳能电板相结合的产业模式；四是合理利用海水资源，降低水资源成本。

（二）绿色智慧规划

增加绿色规划，引进立体绿化理念，增加城市绿色景观，提高居住的舒适度和幸福感。广州市科技计划项目"南方城市屋顶耐旱耐瘠超薄生态隔热层技术产品研发与示范"研究实验数据表明，耐旱耐瘠的立体绿化可以协助解决水源涵养、暴雨径流、城市内涝、碳排、交通尘气、城市噪声、建筑材料热膨胀导致的热岛效应、管理成本等城市问题。

加强南沙区19涌的美丽水乡规划建设、政府管理的大数据平台应用，和河涌治污工作，将美丽乡村建设与历史文化结合，调动一切经济发展要素，发展19涌特色乡村经济。

以筑巢引凤的人才宜居服务机制吸引优质人才，积极推动市民参与绿色智慧建设的智创平台机制，对现有人才实施不同人才培育机制。

（三）构建绿色智慧监测大数据平台

构建南沙区绿色智慧建设监测大数据平台，应用区块链联合机制集合各行各业数据，数据一经输入，具备不可更改性，有利于政府实施智能监测管理。

南沙的工业区较为集中，要对高碳排放的企业实施监测。对黄阁工业区、石油化工区、造船和物流工业区等重点高排企业实施碳排放标配，并按阶段施以节能低碳的约束目标压力，以促进企业实施低碳智能技术应用。通过碳配额优化产业经济，建立最优的资源合作优化平台管理服务机制，针对不同的工业区采用碳配额指标的方式对"人—企业—产业"实施节能减排管理方案。同时，积极开发利用南沙区独特的太阳能、风能和海水资源，实施可再生能源的创新与示范应用，积极推广低碳技术在城市管理中的应用。

（四）加大环保投资力度

与周边以及上游城市建立环保友好合作城市关系，建立与政府共赢、与企业市民共利的环保体制。与周边一小时生活圈及上游政府，建立生态环保治理大数据平台，设立环境治理专家智库平台。

在生活污水处理方面，需要实施新农村改造工程，引进适宜农村的污水处理设施，城镇区可通过城市规划和建筑技术规范标准的颁布，将污水处理纳入城镇规划方案。

在高效和节约水资源上，可以将海水转为工业用水，考虑建立海水冲厕及城市清洁的规划方案，节约淡水资源，减少化学制剂在生活中的使用，使海水做完污水处理后可循环利用。实施海绵城市技术方案，亚热带地区降雨量丰富，可以通过建筑设计收集雨水用于城市景观浇灌和生活用水，缓解城市内涝，节约水资源，节约市政成本，直接向市民提供食品级用水。海水和雨水利用技术，需要在供排水系统中增设海水雨水管道。这虽然在一定程度上会增加给排水工程造价，但属城市可持续发展方案，需要先建立示范区，然后根据示范成果再从政策上提出城市更新改造方案。

优化农业及养殖结合方式，在保证水源、土壤的生态安全下，养殖水在一定程度上可用于农业，要实时监测工业、农业土壤受污染情况，加强土壤修复处理、河涌水质治理，采用既能增加区内绿化面积，又能治理河涌污染的生态创新技术，实现水、土的生态治理方案。

（五）政府的政策和保障措施

构建南沙区独特的河口生态文明体制，完善法律法规，依据国家生态文明建设指引方向将生态建设体系落实到具体事项中，包括各行业的法规、机制和政策。制定每个行业生态文明建设的量化指标，如资源节约率、环境修复率、节能减排量的年度指标。突出重点项目，如水环境治理中的治污要求、生态环境治理的补偿力度、容积率及绿地率等。加强河口生态的统计监测和执法监督，健全有偿修复治理补偿标准，完善绩效考核制和问责制。在文化宣传教育方面，实施生态文明宣传意识教育。

扬长避短，充分发挥政府管理工作。南沙区的"长"是：优质的生态资源，如两个国家森林公园、南沙湿地公园以及海滨公园；地理位置位于大珠三角的几何中心；当前南沙区内有大量广州市一流的科创、科研机构入驻，引进不少国内一流的人才，培育不少创业公司；等等。南沙区的"短"是：河口生态修复是一个艰巨而长期并且由多市合作的工程；人口压力大，人力资源水平有待提高；交通出行效率低；产业经济有待转变。

采用大数据平台，实施公共交通管理机制，优化交通，提高低碳出行效率。同时，采用大数据平台实施南沙区、镇（街道办）等政务管理工作。

对现有人才实施不同人才培育机制，采用筑巢引凤的人才宜居服务机制吸引优质人才，积极推动市民参与绿色智慧建设的智创平台机制。对绿色智慧建设采用建立示范，然后重点推广，从而达到最终目标。

参考文献

张正栋、周永章、邓国军、王树功、丁建:《珠江河口区可持续发展崭新模式建设生态河口研究》,《人文地理》2005 年第 4 期。

王丽、黄亮、朱远生、黄鹤、徐娟:《珠江河口综合治理规划中的生态保护》,《人民珠江》2016 年第 6 期。

水利部珠江水利委员会:《珠江河口综合治理规划》,2010 年 11 月。

住房城乡建设部:《海绵城市建设技术指南——低影响开发雨水系统构建(试行)》,2014 年 10 月。

吴坚:《"互联网 + 城管服务"开启智慧城市》,中国共产党新闻网,http://dangjian. people. com. cn/n/2015/1103/c117092 – 27770682. html,2015 年 11 月 3 日。

童腾飞、宋刚、惠刚:《欧洲智慧城市发展及其启示》,《办公自动化》2015 年第 4 期。

崔伟中:《珠江河口水环境的时空变异及对生态系统的影响》,河海大学博士学位论文,2007。

邱彭华、徐颂军等:《人工次生湿地生态系统健康评价的理论与实践——以广州南沙区万顷沙湿地为例》,中国环境科学出版社,2012。

Abstract

"2019 Guangzhou Social Development Analysis and Prediction" is co-edited by Guangzhou University, the Association of Guangdong of Blue Book of Regional Development, the Bureau of Guangzhou Social Affairs, the Bureau of Human Resources and Social Security. The Book is composed of seven parts: general reports, social governance, livelihood security, education development, legal construction, social investigation, and specific research.

"2019 Guangzhou Social Development Analysis and Prediction" is co-edited by Guangzhou University, the Association of Guangzhou Blue Book Research, the Propaganda Department of Guangzhou Municipal Party Committee, the Bureau of Guangzhou Social Affairs, the Bureau of Human Resources and Social Security, and the Commission of Social Work of Guangzhou Municipality. It is open to the public. The report is composed of seven parts: introduction, social governance, livelihood security, education development, legal construction, social investigation, and specific research. It brings together the latest research achievements of many experts, scholars and related departments on social issues from research institutes, universities, and government agents in Guangzhou. It provides important references to thematic analysis and prediction on social issues in Guangzhou.

In 2018, Guangzhou adhered to the general tone of steady progress, continued to vigorously implement the concept of new development, and promoted the work for steady growth, reform promotion, structure transformation, and people's livelihood and anti risk with the principles of inclusiveness, basic protection, equalization, and sustainability. Guangzhou increased investment in basic public services, established a list of basic public services, improved the basic public service system, improved the rate of basic public services. Hence, the basic survival and development needs of the people are effectively guaranteed, and the well-being of residents has risen steadily. In the supply of public services such as medical care, education, and old-age care, Guangzhou continued to increase and optimize and upgrade. In the important fields of social construction and development such as people's livelihood construction and social governance, Guangzhou has stabilized, innovated, improved, and achieved a increasingly better development.

At the same time, due to Guangzhou's strong population attractiveness, the annual population inflows continue to remain high, and the number of permanent residents has increased sharply, which has brought some pressure on Guangzhou to maintain a reasonable growth of public service supply. These pressures are particularly prominent in the fields of education, pension, and medical services. There are still problems such as weak grassroots governance capabilities, insufficient basic public service supply, lags in service systems such as education and old-age care, and the need to further improve the introduction and service mechanisms of high-level and high-quality talents.

Looking forward to 2019, Guangzhou will adhere to the people's interests and the people-centered development thinking, focusing on safeguarding and improving people's livelihood, and constantly complementing the shortcomings in the field of people's livelihood, especially focusing on quality education, medical care, and housing security. Guangzhou will speed up the allocation of high-quality public resources to the lower levels of the grassroots, further equalize the level of public resources and improve the quality, and keep the provision of basic public services in sync with economic and social development and fiscal revenue growth, ensuring that the reform and development results continue to be shared by all the people. In addition, in the context of the strategy of Guangdong, Hong Kong and Macao Greater Bay Area, Guangzhou will explore the construction of a quality living circle in Guangdong, Hong Kong and Macau.

Keywords: Guangzhou; Social Development; Public Service; People's Livelihood Security

Contents

I   General Report

Abstract: In 2018, Guangzhou followed the general principle of pursuing progress while ensuring stability, and continued to adopt a new vision for development. Meanwhile municipal government of Guangzhou accelerated social development with the focus on improving People's livelihood, fully strengthened the social security system, steadily improved the level of social security in urban and rural areas, further improved the equality and quality of public service resources such as pension, medical treatment, education and etc.. The municipal government also accelerated the speed of the quality of public service resources in the central urban areas to the surrounding urban areas. In 2018, Guangzhou's economy has registered a stable performance with good momentum for growth. The city construction of good live and working conditions have made great progress, which won the public's affirmation. People who lives and works in Guangzhou felt more satisfied, happy, and secure. In 2019, With the above in mind, the trends of Guangzhou's social construction and development this year are as follows: the allocation of public service resources such as pension, medical care, education, etc. will be more balanced and the quality will continue to improve; the construction of social security safety net and public service system will continue to make greater progress. A large number of social organizations will be found. The organizations that had been founded will get further standard development; The construction of establishing a social governance model based on collaboration, participation and common interests will reach a new stage.

Keywords: People's Livelihood Construction; Social Governance; Economic Development; Social Organizations; Guangzhou

II   Social Governance

B. 2   Research on Building a New Pattern of Social Governance in Guangzhou

Cai Bing, Zhao Chao, Wang Shengping and Liu Li / 027

Abstract: It is one of the important contents of General Secretary Xi Jinping's new requirement of "four leading positions" for GuangDong to be in the forefront of the whole country in co-construction, co-governance and sharing of social governance. As the provincial capital and the central city of the country, Guangzhou is duty-bound to take the lead in fulfilling this task. In recent years, with the basic level of Party construction as the focus and system improvement as the key point, Guangzhou has achieved certain results in forming a pluralistic co-construction pattern, opening up a new situation of co-governance, and improving the quality and level of shared services. Of course, there are still some problems that need to be solved urgently and restrict the further improvement of

Guangzhou's social governance level. In this paper, the achievements of social governance in Guangzhou are summarized in detail, and the deficiencies of social governance in Guangzhou are analyzed with reference to advanced cities at home and abroad, and specific countermeasures are put forward.

Keywords: Guangzhou; Social Governance; Co-construction Co-governance and Sharing

B. 3 Intelligent Management and Service System Innovation Practice of Guangzhou Public Transportation as a Transit Metropolis in the New Era

Zhang Zi / 045

Abstract: Facing people's upgrading demands of better traffic in the new era and taking the opportunity of Transit Metropolis establishment in Guangzhou, firstly, the public transportation intelligent management and service demands were analyzed including three aspects for the public, enterprises and government. Secondly, the framework of public transportation intelligent management and service system was constructed based on the overall plan with "one center, three platforms" in Guangzhou intelligent transportation. Thirdly, application of new generation information technology promote innovative practice of intelligent management and service for public transportation, such as big data, Internet of Things, mobile internet, cloud computing, etc.. As a result, the diversified demands of transportation services were met for the public, the enterprises management efficiency were improved, and the level of supervision, guidance and services were strengthened for government in public transportation. It has formed a new governance pattern of co-construction, co-governance and sharing for Guangzhou public transportation.

Keywords: Intelligent Public Transportation; Management Service; Big Data; Transit Metropolis

Contents ⌐⟩

Abstract: With the rapid development of the Internet, the emergence of online taxis has not only changed people's travel habits, but also impacted the cruise taxi industry. It has a greater impact on the management of the Guangzhou taxi industry. This paper analyzes the problems existing in the passenger transportation management of Guangzhou cruise taxis resulting from the evaluation of the passengers on the cruise passenger transport service, and the evaluation of the driver's management of the cruise taxi industry, It proposes recommendations for the "Guangzhou Cruise Taxi Management Regulations (Draft)" and the management of the cruise taxi industry.

Keywords: Cruise Taxi; Online Taxi; Opinion Poll; Guangzhou

Abstract: The emergence of The New Social Strata on the historical stage is an inevitable result of China's market-oriented reform. Its continuous growth and maturity are changing the structure of the whole society, especially the behavioral characteristics of the Youth Group who dare to break the traditional mode of class mobility and the pursuit of their own values, which brings new uncertainties to the national social governance. According to the survey of the Youth Group of the New Social Strata in Guangzhou, It shows seven main characteristics: firstly, they are composed of high quality, generally have higher education, higher income and pursuing a high degree of freedom; Secondly, the youth group is relatively solidified, internal circulation is smooth but external circulation is blocked; Thirdly, low status matching, and self-deprecating attitude towards their own economic/social/ political status; Fourthly, they are relatively independent with low social participation but strong awareness of legal rules. Fifthly, there is widespread anxiety about social security and a desire for higher incomes to ease the pressure on rents, the youth group are urgently need to reduce pressure; Sixthly, relatively self-center and take the similarity of views in world/life/value as a rule of friendship, At the same time the youth group care about home and country; Seventhly, the youth group of the new minority social Strata are keen on political participation and intend to maximize their interests through identity diversification.

Keywords: New Social Strata; Youth Development; Social Governance; Strata Mobility

B. 6 A Study of Contradiction Between Supply and Demand in Medical Service in Guangzhou in the New Era

Guangzhou Survey Office of National Bureau of Statistics of China / 086

Abstract: Nowadays, with the rapid development of economy, people's life is becoming better and better. The underlying goal of seeking medical service has changed from to survive to develop. As a tie one city in China, Guangzhou has an abundant medical service. However, due to a large population and a higher living standard, the contradiction between supply and demand is becoming fierce. In the context following, through creating an estimation system to medical service, evaluations are given to the Guangzhou medical service. By using a survey conducted randomly on citizens in Guangzhou, we analyzed the condition of medical service and its developing trend. The contradiction and its cause existed in supply and demand in medical service is also given and we also provided suggestions on how to increase the supply of medical service and people's sense of gain.

Keywords: Great Health; Medical Service; Supply and Demand Contradiction

III Livelihood Protection

Abstract: Guangzhou has been improving basic public services in order to meet with the people's needs for their basic living and developing, but it is advised that we should pay attention to some problems in relation to the lack of the services, reduce the financial burden and change the supplying mechanism. So, it is suggested that we should improve the list of basic public services, solve the problems and optimize the supplying mechanism.

Keywords: Basic Public Services; People's Livelihood; Guangzhou

Abstract: In recent years, the Guangzhou Municipal Committee and the Municipal Government have adhered to the people-centered development idea and promulgated a series of employment support policies. Employment has achieved remarkable results, the scale of employment has been expanding, the employment structure has been constantly optimized, and the average wage of employees has increased rapidly. In order to further understand the effect of the policy, in November

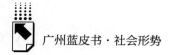

2018, the Guangzhou Survey Team of the National Bureau of Statistics conducted a survey on the policy assistance for the unemployed in 11 districts of the city, from which some problems were found and policy recommendations were put forward.

Keywords: Unemployment; Obtain Employment; Policy Assist

B. 9 Investigation on the Status of Pension Service for the Elderly Living Alone in Urban Communities of Guangzhou City

Wang Fu, Li Huixing and Ni Xiongfei / 124

Abstract: In order to understand the present situation of old-age service for the elderly living alone in urban communities of Guangzhou, the research group conducted a survey on the current situation of old-age care services for the elderly living alone in several communities in CK Street, Liwan District, SP Street, Tianhe District and ZC Street, Panyu District of Guangzhou City. It is found that there are still some problems in the macro level (government level), the intermediate level (community level) and the micro level (individual level) of community pension service for the elderly living alone in Guangzhou though some achievements have been made. Then, the research group analyzed the causes of the problems and put forward some suggestions for improving the provision of community-based old-age care services for the elderly living alone.

Keywords: Guangzhou; Urban Community; The Elderly Living Alone; Pension Service

B. 10 Research Report on the Service of Private Pension Institutions in Guangzhou in 2018

Guangzhou Consumer Council Research Group / 145

Abstract: To promote the implementation of pension undertakings policy and the healthy development of private old-age care services in Guangzhou, and carry out a special investigation on old-age care services in Guangzhou. Research found that, the comprehensive service level of Guangzhou private old-age services are good. The elderly community and voluntary services form a linkage mechanism. However, there is still a large gap between its overall level of development and the need to meet the pension needs of residents in the city. There are problems such as prominent structural conflicts between supply and demand, shortage of elderly beds, loss of personnel and insufficient funds. It is proposed that the government should build a development mechanism of co-construction and sharing, strengthen classification guidance to meet the needs of different levels of old-age pension, improve talent training and improve the publicity and education of elderly consumers to prevent fraud.

Keywords: Pension Undertakings; The Needs of Pension; Private Pension Institutions

B. 11 Preliminary Study on the Problem of Population Aging in Guangzhou

Research Group of the Population and Social Science and Technology Branch of the Guangzhou Municipal Bureau of Statistics / 160

Abstract: The problem of population aging is a common trend of population development in the world today, and it is affecting social and economic development extensively and profoundly. Through the demographic data, the article intends to analyze the status quo, characteristics and causes of population aging in Guangzhou, and then reveal its economic and social impact, and propose countermeasures.

Keywords: Population; Aging; Guangzhou

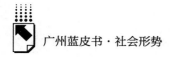

Ⅳ   Education Development

B. 12   Analysis on the Current Situation, Characteristics and Paths
of Employment and Entrepreneurship of College
Students in Guangzhou   *Sun Hui* / 176

Abstract: This report analyzes the current situation, characteristics and demands of employment and entrepreneurship of college students in guangzhou from two dimensions: employment intention and demand, entrepreneurial intention and demand. It is found that further study and admission to "in-system" units are important choices for college students in the face of "employment difficulties". With the diversified development of employment intention, emerging Internet start-ups have become "hot property" in the workplace. The employment demand of guangzhou university students focuses on the improvement of personal ability and the acquisition of employment information; To prove their ability is the most important motivation for guangzhou college students to start their own businesses. They prefer IT and other high-tech industries. College students in guangzhou have insufficient understanding of entrepreneurship support policies; Guangzhou college students hope that the entrepreneurship education courses will pay more attention to entrepreneurial practice, skills and environmental analysis; The demand for entrepreneurship support mainly focuses on capital, approval and organization. Based on these findings, this report put forward corresponding countermeasures and Suggestions from the government, schools and college students.

Keywords: College Students; Employment; Entrepreneurial Willingness; Guangzhou

B. 13   Research Report on Promoting the Healthy Development of

Guangzhou's Off-campus Education and Training Industry

Zhou Gui / 197

Abstract: The education and training industry outside the school is huge and the market scale continues to expand. Due to the lag of regulations and policies, and the lack of effective supervision, there are various chaos in the education and counseling industry outside the school, and the legitimate interests of parents and students are not guaranteed. Through the implementation of special governance actions, Guangzhou has achieved initial success in standardizing management. In the process of rectification, it is difficult to issue certificates, and it is urgent to introduce standards and rules, and establish a long-term mechanism for regulation and supervision to ensure the healthy and orderly development of the off-campus education and training industry.

Keywords: Guangzhou; Off-campus Training; Educational Institutions

B. 14   Suggestions on Strengthening the Management of Nursing

Services for 0 −3-year-old Infants in Guangzhou

Social Development Division, Research Office of the

Guangzhou Municipal People's Government / 205

Abstract: In recent years, great attentions have been paid to the nursery services for infants aged 0 −3 years from the central government to the grass-roots level. As a mega-city with a population of over 20 million, Guangzhou also has some problems, such as the contradiction between supply and demand of nursery services, and the urgent need to standardize the development of nursery market. This paper analyses the problems and causes of the management of infant care services in Guangzhou, and based on the experience of Nanjing and other places, puts forward some suggestions to strengthen the management of nursery

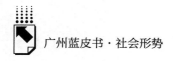
services for infants aged 0 −3 years.

Keywords: 0 −3 Years Old; Infants; Nursery Service

V Legal Construction

B. 15 The Analysis on the Current Situation of the Administrative

Legislation in Guangzhou in 2018 and Prospects in 2019

Research Group of Guangzhou Academy of

Development in Guangzhou University / 214

Abstract: In 2018, Guangzhou's administrative legislation has made great progress in the fields of people's livelihood, urban management, economic and social management, but the situation that the legislative reality does not fit with the legislative plan has always existed. It is estimated from the practice and the future propective that the following aspects be fallen into the major consideration in the local administrative legislation in 2019. The government's own construction, market system construction, urban safety system and transportation system construction should be regard as the point of legislation work in next year.

Keywords: Guangzhou; Local Administrative Legislation; Local Governance

B. 16 Research Report on Promoting the Pilot Reform of Relatively

Centralized Power of Administrative Licensing in Guangzhou

Song Weijiang / 230

Abstract: This report analyzes practices and experiences of carrying out the pilot reform of relatively concentrated power of administrative licensing in Guangzhou development zone, Nansha district, Tianhe district. It also summarizes existing problems and insufficiencies in the pilot reform. In combination with the practical situation of Guangzhou's pilot reform, it puts forward some thoughts on perfecting the relatively centralized administrative permission, which could be used for reference and guidance.

Keywords: Guangzhou; Administrative License; Administrative Licensing Law

B. 17   Research Report on Guangzhou Federation of Industry
and Commerce's Legal Service Capabilities on Protecting
the Private Enterprises' Civil Rights
Research Report on Legal Service Capabilities Guangzhou City
Federation of Industry and Commerce, Guangzhou Private
Enterprise Complaint Center Research Group / 246

Abstract: This paper combines the actual situation of the civil rights protection and legal services of the Guangzhou Federation of Industry and Commerce, and grasps the specific problems in the investigation, and strives to establish a long-term mechanism, optimize the development environment of the private economy, and improve the organization of rights and interests and the construction of legal service organizations at all levels. It then propose targeted countermeasures from the angle of establishing a linkage mechanism, establishing a legal publicity and training mechanism, enhancing the rights of private enterprises and legal awareness.

Keywords: Private Enterprise; Legal Service; Maintenance Rights

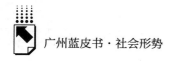
VI Social Investigation

Abstract: Based on the local market conditions in Guangzhou, this study conducted a network survey of 2, 793 residents in Guangzhou by means of a stratified cluster random sampling method based on the "Guangzhou Residents' Happiness Evaluation Index Questionnaire" compiled in 2013. The 2, 500 sample data of the year and the 2000 sample data of 2017 were compared. The results show that: (1) Guangzhou residents have higher satisfaction in spiritual life, quality of life and personal development, and have relatively lower satisfaction in social equity and social environment; (2) 7 residents in Guangzhou The indicators of happiness are influenced by gender, living time in Guangzhou, marital status, education level, place of residence, monthly income and consumption level, real estate status, occupation type, etc. (3) The relative deprivation of residents is still relatively common, and Differences in different social groups; (4) quality of life, social equity and personal development.

It is the most important factor affecting the improvement of residents' happiness, and social equity, quality of life and ecological environment are the factors that residents most want to improve; (5) Comparison with 2016 and 2017 data shows that from 2016 to 2018, the overall The annual change in happiness and the scores of the seven sub-dimensions showed a straight upward trend, and the scores for 2016 and 2017 were lower than 2018. Based on the results of this year's survey, the report made some suggestions on how to further improve the happiness of Guangzhou residents in the future.

Keywords: Guangzhou Residents; Happiness; Annual Comparison

B. 19　Investigation on Guangzhou Citizens Sense of Satisfaction on
the Living Environment

General Survey Center of Guangzhou Statistics Bureau ,

Guangzhou Statistics Consulting Center / 280

Abstract: The report of the 19th National Congress of the Communist Party of China pointed out that socialism with Chinese characteristics has entered a new era, and the main contradictions in our society have changed. To plan for development in the new era and to promote development, we must profoundly grasp the new characteristics of the major contradictions in our society, and firmly grasp the people's longing for a better life. In order to understand the views and expectations of the citizens on the needs of a better life in the context of the new era, Guangzhou Statistics Bureau conducted a survey of 5, 000 permanent residents aged 18 to 65 years old who live in 200 communities in 40 administrative streets in the 11 districts. The survey results show that the public feels good about the current level of living conditions and environment. People believe that the quality of the ecological environment has been improved in recent years. They are looking forward to further improvement in terms of personal development, social justice and social security. The prosperity of the people and the beautiful environment are the highest expectations of the citizens for the future of Guangzhou. More than 70% of respondents are optimistic about living and working in Guangzhou in the next three years. They believe that the improvement of medical care, employment and income will bring up the sense of happiness.

Keywords: Good Life; The Sense of Achievement; The Sense of Happiness

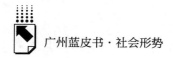

B. 20　Investigation on Guangzhou Citizen View on the Economic Situation, Living Standards, And Cultural Consumption

General Survey Center of Guangzhou Statistics Bureau,

Guangzhou Statistics Consulting Center / 294

Abstract: In order to understand the public's views on the economic situation in Guangzhou, the evaluation of living standards and the status quo and expectations of cultural life, Guangzhou Statistics Bureau conducted a survey of 5,000 permanent residents aged 18 to 65 years old who live in 200 communities in 40 administrative streets in the 11 districts. The survey results show that citizens are optimistic about the economic development of the city. They have confidence in future family life. And their family expenditure structure is more reasonable. More than 96% of the citizens have family cultural consumption expenditures, and the project is diversified. The cultural consumption expenditure is mainly affected by income, hobbies and time. Nearly 80% of the citizens think that the cultural atmosphere of the city is strong, and they are looking forward to improving the public cultural infrastructure and introducing cultural subsidies.

Keywords: Economic Situation; Living Standard; Cultural Consumption

Ⅶ　Special Topics

B. 21　Study on the Evaluation and Improvement of the Environmental Competitiveness in Guangzhou City

Research Group of Guangzhou Research Institute

of Environmental Protection / 302

Abstract: The environment is productivity and is also competitiveness. Based on the relationship between environment and economy, this report built an urban environmental competitiveness index system with six sub-indexes of resources, quality, facilities, technology, innovation and management as the secondary indicators. And then the paper evaluated and analyzed the overall characteristics of the environmental competitiveness of 12 cities including Guangzhou. The evaluation results shows that Guangzhou has strong environmental competitiveness, but its innovation ability is insufficient; Guangzhou's sub-items are relatively balanced; Guangzhou's environmental competitiveness ranking is equivalent to its economic scale's, but it has not yet been transformed into the speed advantage of economic development. Finally, the report proposed some measures in term of maintaining environmental resources advantages, establishing long-term environmental quality mechanisms, improving the green infrastructures, improving the environmental output efficiency and technological competitiveness, enhancing the environmental innovation competitiveness and effectively improving the environmental management competitiveness and so on to improve the environmental competitiveness of Guangzhou.

Keywords: Guangzhou; Environment Competitiveness; Evaluation System

B. 22 Research on the Development of Guangdong Housing Leasing Market under the Position of "Housing for Living"

Li Jitai, Li Meijing and Yan Ruina / 320

Abstract: This paper analyzes the urgency of developing the housing leasing market by constructing a rental-sales ratio model. It analyzes the housing leasing market through four pilot projects in Guangzhou, Shenzhen, Foshan, Zhaoqing and Zhuhai. It analyzes the status quo of development through the questionnaire survey of Guangdong residents to analyze the satisfaction of the development of the housing rental market. It finally puts forward the problems and policy recommendations for the development of the housing rental market.

Keywords: Housing Without Speculation; Housing Leasing; Guangdong

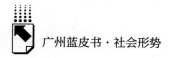

B. 23　Condition Analysis and Recommendations on the
Construction of "Central European Green Smart
City" in Nansha District, Guangzhou City

Wu Chunli, Zhou Yongzhang and Zhou Shiwu / 345

Abstract: This study deems that building a green and smart city is the best choice for Nansha. First of all, using advanced information technology and advanced urban management concepts to carry out urban intelligent design, management and operation, and use advanced scientific and technological means such as big data, Internet of Things, artificial intelligence, etc. to analyze and integrate urban operation and management systems. In accordance with the concepts of low carbon, environmental protection, green, promoting the harmonious development of urban ecosystems and sustainable use of earth resources, and building an ecological civilization, Nansha District will be built into a quality living area and an ecological estuary area.

Keywords: Central European Green Smart City; Quality Living Area; Ecological Estuary Area

社会科学文献出版社

❖ 皮书起源 ❖

"皮书"起源于十七、十八世纪的英国，主要指官方或社会组织正式发表的重要文件或报告，多以"白皮书"命名。在中国，"皮书"这一概念被社会广泛接受，并被成功运作、发展成为一种全新的出版形态，则源于中国社会科学院社会科学文献出版社。

❖ 皮书定义 ❖

皮书是对中国与世界发展状况和热点问题进行年度监测，以专业的角度、专家的视野和实证研究方法，针对某一领域或区域现状与发展态势展开分析和预测，具备原创性、实证性、专业性、连续性、前沿性、时效性等特点的公开出版物，由一系列权威研究报告组成。

❖ 皮书作者 ❖

皮书系列的作者以中国社会科学院、著名高校、地方社会科学院的研究人员为主，多为国内一流研究机构的权威专家学者，他们的看法和观点代表了学界对中国与世界的现实和未来最高水平的解读与分析。

❖ 皮书荣誉 ❖

皮书系列已成为社会科学文献出版社的著名图书品牌和中国社会科学院的知名学术品牌。2016年，皮书系列正式列入"十三五"国家重点出版规划项目；2013~2019年，重点皮书列入中国社会科学院承担的国家哲学社会科学创新工程项目；2019年，64种院外皮书使用"中国社会科学院创新工程学术出版项目"标识。

中国皮书网

（网址：www.pishu.cn）

发布皮书研创资讯，传播皮书精彩内容
引领皮书出版潮流，打造皮书服务平台

栏目设置

关于皮书：何谓皮书、皮书分类、皮书大事记、皮书荣誉、
　　　　　皮书出版第一人、皮书编辑部

最新资讯：通知公告、新闻动态、媒体聚焦、网站专题、视频直播、下载专区

皮书研创：皮书规范、皮书选题、皮书出版、皮书研究、研创团队

皮书评奖评价：指标体系、皮书评价、皮书评奖

互动专区：皮书说、社科数托邦、皮书微博、留言板

所获荣誉

2008 年、2011 年，中国皮书网均在全
国新闻出版业网站荣誉评选中获得"最具
商业价值网站"称号；

2012 年，获得"出版业网站百强"称号。

网库合一

2014 年，中国皮书网与皮书数据库端
口合一，实现资源共享。

权威报告·一手数据·特色资源

皮书数据库
ANNUAL REPORT(YEARBOOK)
DATABASE

当代中国经济与社会发展高端智库平台

所获荣誉

- 2016年，入选"'十三五'国家重点电子出版物出版规划骨干工程"
- 2015年，荣获"搜索中国正能量 点赞2015""创新中国科技创新奖"
- 2013年，荣获"中国出版政府奖·网络出版物奖"提名奖
- 连续多年荣获中国数字出版博览会"数字出版·优秀品牌"奖

成为会员

通过网址www.pishu.com.cn访问皮书数据库网站或下载皮书数据库APP，进行手机号码验证或邮箱验证即可成为皮书数据库会员。

会员福利

- 已注册用户购书后可免费获赠100元皮书数据库充值卡。刮开充值卡涂层获取充值密码，登录并进入"会员中心"—"在线充值"—"充值卡充值"，充值成功即可购买和查看数据库内容。
- 会员福利最终解释权归社会科学文献出版社所有。

数据库服务热线：400-008-6695
数据库服务QQ：2475522410
数据库服务邮箱：database@ssap.cn
图书销售热线：010-59367070/7028
图书服务QQ：1265056568
图书服务邮箱：duzhe@ssap.cn

社会科学文献出版社 皮书系列
SOCIAL SCIENCES ACADEMIC PRESS (CHINA)

卡号：467355745945
密码：

S 基本子库
SUB DATABASE

中国社会发展数据库（下设 12 个子库）

全面整合国内外中国社会发展研究成果，汇聚独家统计数据、深度分析报告，涉及社会、人口、政治、教育、法律等 12 个领域，为了解中国社会发展动态、跟踪社会核心热点、分析社会发展趋势提供一站式资源搜索和数据分析与挖掘服务。

中国经济发展数据库（下设 12 个子库）

基于"皮书系列"中涉及中国经济发展的研究资料构建，内容涵盖宏观经济、农业经济、工业经济、产业经济等 12 个重点经济领域，为实时掌控经济运行态势、把握经济发展规律、洞察经济形势、进行经济决策提供参考和依据。

中国行业发展数据库（下设 17 个子库）

以中国国民经济行业分类为依据，覆盖金融业、旅游、医疗卫生、交通运输、能源矿产等 100 多个行业，跟踪分析国民经济相关行业市场运行状况和政策导向，汇集行业发展前沿资讯，为投资、从业及各种经济决策提供理论基础和实践指导。

中国区域发展数据库（下设 6 个子库）

对中国特定区域内的经济、社会、文化等领域现状与发展情况进行深度分析和预测，研究层级至县及县以下行政区，涉及地区、区域经济体、城市、农村等不同维度。为地方经济社会宏观态势研究、发展经验研究、案例分析提供数据服务。

中国文化传媒数据库（下设 18 个子库）

汇聚文化传媒领域专家观点、热点资讯，梳理国内外中国文化发展相关学术研究成果、一手统计数据，涵盖文化产业、新闻传播、电影娱乐、文学艺术、群众文化等 18 个重点研究领域。为文化传媒研究提供相关数据、研究报告和综合分析服务。

世界经济与国际关系数据库（下设 6 个子库）

立足"皮书系列"世界经济、国际关系相关学术资源，整合世界经济、国际政治、世界文化与科技、全球性问题、国际组织与国际法、区域研究 6 大领域研究成果，为世界经济与国际关系研究提供全方位数据分析，为决策和形势研判提供参考。

法律声明

"皮书系列"（含蓝皮书、绿皮书、黄皮书）之品牌由社会科学文献出版社最早使用并持续至今，现已被中国图书市场所熟知。"皮书系列"的相关商标已在中华人民共和国国家工商行政管理总局商标局注册，如LOGO（　）、皮书、Pishu、经济蓝皮书、社会蓝皮书等。"皮书系列"图书的注册商标专用权及封面设计、版式设计的著作权均为社会科学文献出版社所有。未经社会科学文献出版社书面授权许可，任何使用与"皮书系列"图书注册商标、封面设计、版式设计相同或者近似的文字、图形或其组合的行为均系侵权行为。

经作者授权，本书的专有出版权及信息网络传播权等为社会科学文献出版社享有。未经社会科学文献出版社书面授权许可，任何就本书内容的复制、发行或以数字形式进行网络传播的行为均系侵权行为。

社会科学文献出版社将通过法律途径追究上述侵权行为的法律责任，维护自身合法权益。

欢迎社会各界人士对侵犯社会科学文献出版社上述权利的侵权行为进行举报。电话：010-59367121，电子邮箱：fawubu@ssap.cn。

社会科学文献出版社